18세기 개인의 발견 1

나는 기록한다

하지영 지음

KB165741

글항아리

머리말

저 또한 청천靑泉 신유한申維翰의 이름을 알게 된 것은 『해유록海
遊錄』을 통해서였습니다. 1719년 일본의 모습을 생생하게 담아낸
『해유록』은 그의 이름을 우리 문학사에 길이 남긴 명작입니다. 그
런데 연암燕巖 박지원朴趾源의 『열하일기』가 그렇듯, 신유한의 『해
유록』 역시 갑자기 길 위에서 탄생한 것은 아닐 것입니다.

박사 학위논문에서 조선 후기 진한고문론을 다루게 되면서, 신
유한의 문장을 찬찬히 살펴볼 수 있는 기회를 얻었습니다. 그의
문장은 정통 사대부들의 글과는 사뭇 달랐습니다. 궁벽한 고사
를 끌어 쓰고 구두를 끊어 읽기 힘들 정도였습니다. 문장이 획획
전환되는가 하면 뜬금없는 상상력이 발휘되곤 하였습니다. 세상
에 대한 냉소, 자신에 대한 과신, 좌절의 목소리도 유난히 거칠었
습니다. 그의 글이 가지는 이질감은 저만 느낀 것이 아니었습니
다. 조선 사대부들은 그에게 글을 왜 그렇게 이상하게 쓰는지 물
었고, 신유한은 자신의 문장이 정통을 따르지 않는 이유를 해명

하곤 했습니다.

신유한은 태생적으로 정통이 될 수 없었습니다. 서얼인 데다가 시골 출신이었습니다. 그의 문학은 늘 길 위에 서 있는 느낌을 줍니다. 그가 옛길로 고개를 돌렸던 것은, 지금 문장은 거짓이라 생각했기 때문입니다. 그는 이데올로기에 의해 구획되지 않은 옛 문장의 정신을 회복하려고 노력하였습니다. 천기天機, 참된 정을 담아야 한다는 생각에 그의 문학은 거리의 소리와 '나'의 감정을 중요한 소재로 다루었습니다. 신유한의 문학은 옛 모습을 하고 있으면서도 새로운 시대를 향하고 있습니다.

신유한의 이름을 『해유록』으로만 기억하기에는 아까운 작품이 그의 문집 『청천집』 안에 가득합니다. 물론 그를 18세기를 대표하는 거장으로 자신 있게 꼽지는 못하겠습니다. 그 이전에는 김창협金昌協이 있었고, 그 이후에는 박지원이 있었습니다. 하지만 신유한은 그만의 방식대로 견고한 조선 문단에 자그마한 파문을 일으켰습니다. 이렇다 할 가학도, 스승도, 동학도 없었기에 신유한은 그만의 이채롭고도 개성적인 문학을 꽃피울 수 있었습니다. 조선 문단의 경계 안으로 수렴되지 않는 그의 독특한 문학은 길 위에서 전전하던 그의 삶에서 비롯한 것이기도 합니다.

2년 전, 학교 일로 남산을 마주 보는 숙소에 머문 적이 있습니다. 잠시 짬이 나서 평전을 쓰다가 창밖의 남산이 눈에 들어왔습니다. 남산을 한참을 바라보다가 신유한의 「목멱산기木覓山記」를 다시 읽었습니다. 그의 문장이 새삼 비명처럼 들렸습니다. 남산과 종로 거리를 분주하게 오가던 신유한의 모습이 머릿속에 그려졌습니다. 아무리 종종거려도 자신을 경계 안으로 받아주지 않는 현실 앞에서 그는 무척 외로웠을 것입니다. 이번 평전이 그의 영혼에 자그마한 위로가 되길 바랍니다.

2016년 한국학진흥사업단의 한국학총서 사업 지원으로 신유한의 평전을 쓸 기회를 얻었습니다. 신유한의 삶, 문학, 그리고 그가 살았던 시대를 이해하고 통찰하는 것은 지난한 작업이었습니다. 많은 아쉬움이 있었지만 평전을 마무리하는 지금, 비로소 신유한의 문학을 마주한 느낌을 받습니다. 이 책이 독자들에게도 신유한의 삶과 문학을 이해하는 데 조금이나마 보탬을 주었으면 합니다.

박경남, 박동욱, 송혁기 선생님과 함께 18세기 문인의 평전을 쓰게 된 것은 큰 영광이었습니다. 유한준, 이용휴, 신유한에 대한 세 분의 선행 연구 덕분에 박사 논문을 쓸 수 있었던 저로서는 세 스승을 한자리에 모시는 행운을 누린 셈입니다. 함께하지 않았더라면 이 책을 시작하지도 완성하지 못했을 것입니다.

일본에서 바쁜 와중에도 기꺼이 통신사행에 관해 자문을 해준 이효원 선생님, 자상하게 한 글자 한 글자 검토해주신 글항아리 진상원 선생님에게도 감사드립니다. 또 신유한의 삶을 재구성해나갈 수 있었던 것은 참고문헌에 나열된 수많은 연구자 덕분이었음을 밝힙니다. 밀양, 고령, 가야산으로 신유한의 흔적을 찾아 떠나는 여정에 동참해주고, 번역을 바로잡아준 저의 남편에게도 다시금 고마움을 전합니다.

처음 평전을 시작했던 5년 전 저는, 젊은 신유한처럼 녹록하지 않은 현실에 애가 많이 달았습니다. 지금은 마음이 한결 가벼워졌습니다. 이 역시 평전을 쓰면서 배운 것입니다. 늘 종종거

리는 엄마를 기다려준 시현, 하주에게 이 책이 선물이 되었으면
합니다.

2021년 5월

하지영

밀양에서
다시
가야산까지

원컨대 백길 대를 베어 큰 붓 만들어
흉중의 넓디넓은 운몽호 쏟아내리
글월이 완성되면 명산대천에 주어서
만고토록 조금도 스러지지 않게 하리니
비바람과 귀신도 어이 뺏을 수 있으랴

시 골 유 생 신 유 한

1

가야산, 내가 돌아갈 곳

노인은 길 위에 다시 서 있었다. 남쪽으로 아련히 가야산이 보였다. 노인은 몸을 돌려 지나온 길들을 바라보았다. 얼마나 많은 길을 걸었던가. 명예를 구하기 위해, 평생의 벗을 만나기 위해, 왕명을 받들기 위해 길을 걷고 또 걸었다. 그의 걸음은 바다를 넘어 이국까지 이어졌다. 하지만 지나온 70년 세월이 가루처럼 손에서 부스러져 나갔다. 주름진 그의 얼굴에 듬성듬성한 백발이 나부꼈다.

아주 오래전부터 그는 오늘의 길을 꿈꾸었다. 그것은 당연했다. 가야산은 그가 청운靑雲을 꿈꾸며 청춘을 보내던 곳이었다. 그리고 돌아갈 곳이었다.

노인이 청년이었을 때, 꿈에 한 선사禪師가 나타났다. 얼굴에 하얀빛이 가득하여 옥 송이 같은 이였다. 선사는 자신을 신라의 대문장가 최치원崔致遠이라 했다.

"백 년토록 자네가 지낼 거처는 가야산밖에 없다. 그곳에서 무한한 즐거움을 누릴 수 있을 것이다."

꿈에서 깬 뒤 청년은 선사의 말을 계시와 같이 받아들였다. 가족을 이끌고 서쪽으로 강을 건넜다. 언덕배기를 의지해 작은 집을 지었다. 아내는 절구질하고 딸은 옷을 만들었다. 소박한 그 삶에 청년은 한동안 만족했다.

하지만 행복은 오래가지 않았다. 청년은 지나치게 영민한 자였다. 한번 본 글은 배 속으로 들어가고, 또 배 속의 글은 자기의 글로 금방 변했다. 배 속에 수만 권의 글을 품었다. 배 속에서 글들이 천하로 나가고 싶다고 아우성쳤다. 청년은 작은 집에, 산맥이 겹겹이 포개진 가야산에 숨이 막혔다. 그의 시선은 가야산 너머 먼 길로 향해 있었다. 얼마 지나지 않아 그는 짐을 챙겨 서울로 향했다.

처음에는 모든 것이 쉬웠다. 배 속의 글을 꺼내 보여주면 서울 사람들은 입을 다물지 못했다. 조선을 대표할 문장이라 했다. 고문古文이 되살아났다고도 했다. 그의 명성이 천하에 자자했다. 통쾌한 일이었다.

그러나 청년은 비천한 자였다. 타고난 영민함, 뛰어난 문장은 그의 분수에 걸맞지 않은 것으로, 그의 마음을 괴롭게 할 뿐이었다. 발 디딜 곳이 없었다. 성공으로 향하는 길은 존귀한 이들로 채워져 있었다. 이가 빠지고 머리털이 백발이 되도록 뛰어다녔지만 그는 결코 도달할 수 없었다. 세월만 덧없이 흘러갈 뿐이었다. 노인이 된 청년은 선사의 말을 다시 떠올렸다.

돌아가자, 돌아가자.

노인은 얼마 남지 않은 기운을 내며 다시 몸을 일으켰다.

1750년, 그렇게 신유한은 생의 마지막을 정리하기 위해 가야산으로 느리지만 가벼운 발걸음을 내디뎠다.

대나무골에서 태어난 아이

신유한은 18세기 조선 문단에서 이채로운 문학 세계를 보여주는 문장가이다. 흔히 그는 통신사행록 『해유록海遊錄』의 저자로 기억된다. 하지만 동시에 그는 천하제일의 문장을 꿈꾸었으며, 자신의 욕망에 솔직했고 또 좌절했으며, 길 위에서 삶의 모순을 목도했고, 세상의 굴레를 벗어나고 싶어하던 이였다. 그는 18세기 조선 문단에서 욕망, 모순, 균열의 지층을 보여주는 인물이다.

1장에서는 시간순대로 그의 삶을 따라가보겠다. 『청천집靑泉集』에 수록된 연보에서는 그의 탄생을 다음과 같이 기록한다.

대나무 숲속을 노니는 푸른 학. 너무나 선명한 꿈이었다. 김씨 부인은 배를 한번 어루만졌다. 배 속의 아기가 응답하듯 한 번 꿈틀 움직였다. 아직 동이 채 트기 전이었다. 부인은 자리에서 일어나 물을 길으러 집을 나섰다. 그녀의 집 근처에는 꿈속에서 보았던 것처럼 대나무 숲이 무성했다. 그 옆에는 심한 가뭄 중에도 절대 마르지 않는 샘이 있었다. 그런데 어찌 된 영문일까. 그 샘 줄기가 완전히 말라 바닥이 보였다. 일주일이 지나자 샘물이 다시 솟아올랐고 그날 부인은 산통을 느꼈다. 오랜 산고 끝에 부

밀양 죽원재사. 경상남도 문화재자료 제284호.

인은 드디어 아이를 품에 안았다. 아이가 태어났을 때 알 수 없는
신비한 향기가 온 집 안을 둘러쌌다. 밤새도록 그 향기는 그치지
않았다고 한다.[1]

　1681년 4월 15일, 밀양密陽 죽원리竹院里에서 신유한은 그렇게
태어났다. 신유한의 자는 주백周伯이고, 호는 청천靑泉이다. 청천은
바로 어머니 꿈속에 나타난 푸른 학과, 다시 솟아올랐다고 하는
샘을 합쳐서 만든 것이다.

　신유한이 태어났던 죽원리는 오늘날 밀양시 산외면山外面 다죽
리茶竹里에 위치해 있다. 죽원 마을은 이 마을의 동쪽에 있는 평
전산平田山 기슭에 죽림竹林이 무성했다 하여 붙여진 이름이다. 죽
동리竹東里라고도 했다. 이 마을은 밀성 손씨의 세거지이기도 하
다. 임진왜란 때 의병을 일으킨 성리학자 손기양孫起陽(1559~1617)

죽원재사 아래에는 손
기현 전 밀양문화원 원
장의 자택이 있다. 울창
한 대나무 숲속에 작은
샘이 확인되는데, 손기
현 전 원장은 이곳을 신
유한이 살았던 생가터
로 비정하여 '청천'이라
고 새겨진 돌을 세웠다.
신유한 생가와 관련하
여 많은 정보를 주신 밀
양문화원에 지면을 빌
려 감사를 전한다.

을 기리기 위해 지은 죽원재사竹院齋舍가 오늘날 남아 있다.

대나무골에서 태어난 신유한은 어릴 적부터 대나무를 무척 좋아했다. 100여 그루의 대나무를 집 주변에 손수 심어 대숲을 더욱 무성하게 만들고 「추황사秋篁詞」한 편을 지어 고고한 대나무의 덕을 기렸다.

밀양은 평화롭고 조용한 고을이지만, 몹시 궁벽한 곳이라 인물이 나오기 어려웠다. 『교남지嶠南誌』에 수록된 밀양군의 기록에 의하면 조선시대에 밀양 출신 문과 급제자는 총 57명인데, 이 중 37명이 15~16세기에 합격한 자들이고, 11명이 19세기 중후반에 합격한 자들이다. 17~18세기 200년 동안 밀양 출신으로 문과에 급제한 자는 신유한을 포함하여 9명에 불과했다.[2] 이러한 사정은 밀양뿐 아니라 다른 영남 지역도 마찬가지였다. 갑술환국 때 영남 남인의 거목 이현일李玄逸(1627~1704)이 실각한 이후 영남 출신 인물들이 중앙 정권에 진출하는 것은 갈수록 어려워졌다. 문과 급제자 수도 현저히 줄어들었다. 이른바 영남 사림파는 중앙 정권에서 소외되어 점차 재야 세력이 되고 만다.

정권에서 영남이 소외되면서 경화와의 문화적 차이도 자연스레 벌어졌다. 더구나 영남 지역은 도학적 전통이 강한 곳이었기에 문예로 이름을 낸다는 것을 자랑스러운 일로 생각지 않았다. 이미 李瀰(1725~1779)[3]는 다음과 같은 말로 『청천집』 서문을 시작한다.

영남은 산이 웅장하며 물은 아름답고 문헌은 많다. 그러나 시에는 신라 최문창崔文昌이 있고, 문에는 본조本朝의 김점필이 있으니, 수천 년 동안 겨우 2, 3명의 사람만이 문장

으로 이름났다.[4]

영남에 문장이 있는가. 고운孤雲 최치원(857~?), 점필재佔畢齋 김종직金宗直(1431~1492) 외에는 생각나는 인물이 없다는 것이다. 이런 고을에서 장원급제자이자 문장가인 신유한의 등장은 그야말로 놀라운 사건이었다.

서얼이라는 굴레

신유한은 한미한 가문 출신이었다. 그의 집안은 서얼 집안으로 알려져 있다. 역대 서얼의 역사를 담은 『규사葵史』에는 신유한의 이름 세 글자가 기록되어 있다. 출사 후 그의 관력을 보아도 서얼이 분명한 듯하다. 하지만 그의 족보 어디에서도 서얼 출신이라는 것을 확인할 수 없다.

그의 본관은 영해寧海로, 오늘날 영덕에 해당된다. 신숭겸申崇謙을 시조로 하는 평산平山 신씨와 같은 가문이었다가, 여말 유학자 문정공文貞公 신현申賢(1298~1377)이 영해에 봉해진 이후 평산 신씨에서 영해 신씨가 분파되었다.[5] 조선시대를 통틀어 영해 신씨에서 문과 급제자는 신유한을 포함해 총 6명이 배출되었을 뿐이다.[6] 영해 신씨 가문은 번성하지 못하고, 1960년 평산 신씨로 다시 편입된다.

신유한의 증조부는 신구년申龜年이다. 신구년의 형은 임진왜란 때 의병을 일으키다가 순절한 신규년申虯年(1544~1592)으로 고

『규사』, 1858, 서울대학교 규장각한국학연구원/중앙도서관. 2책 부록 「규사현인록葵史賢人錄」에서 신유한의 이름이 확인된다.

종 때 사헌부 감찰에 추증되었다.[7] 형이 전사한 이후 신구년은 평생 동안 잔치에 참석하지 않았으며 노모老母를 잘 봉양하여 효자로 칭송되었다. 그는 예빈시 첨정과 행남원도호부사行南原都護府使를 지냈다. 품계는 통훈대부通訓大夫다. 신구년의 아들이자 신유한의 조부 신성오申省吾는 1651년 진사에 합격했다. 신성오의 차남 신태래申泰來는 2남 1녀를 두었는데, 이 중 장남 신유한을 신태시申泰始에게 양자로 보냈다. 현재 영해 신씨 족보는 1764, 1824, 1901년본이 남아 있는데, 신유한 가계 중 어느 누구의 이름에도 서庶자 표기가 남아 있지 않다.

그런데 신유한이 서얼 출신이라는 것은 사마방목에 기재된 조

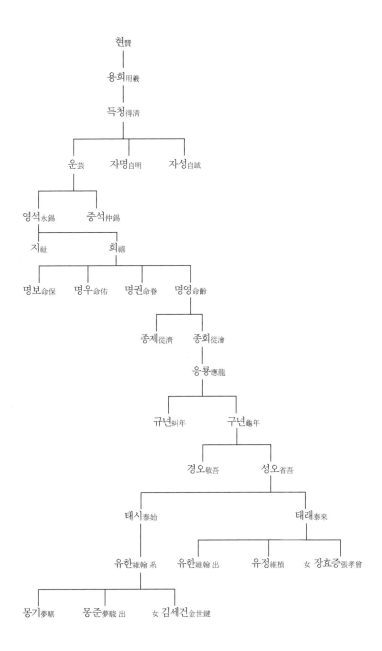

신유한 가계도

부 신성오의 이름에서 확인된다. 그의 이름 위에는 두 글자가 표기되어 있다.

"허통許通."

이는 과거 응시를 허락했다는 뜻으로, 그가 다름 아닌 서얼임을 의미한다. 임진왜란 때 전공을 세우거나 납속을 한 경우에 한하여 허통이 되어 신분을 상승시킬 수 있는 길이 열렸다. 납속허통책은 임진왜란 이후에도 전후 복구 사업, 북벌 준비를 위한 군비 확충, 빈민 진휼의 재정 확보를 위해 지속적으로 실시되었다.[8]

신유한 가계가 언제부터 서얼 가문이 되었는지는 알 수 없지만, 적어도 신성오부터는 공적으로 서얼로 인식되었음이 분명하다. 그렇다면 족보와 신유한의 기록은 어떻게 이해해야 할까. 우선 신유한의 가문에서 서자 표기를 의도적으로 삭제했을 가능성을 고려할 수 있다. 조선 후기 서파에 속하는 가문이 족보에서 서자 표기를 수정하는 시도가 빈번하게 있었던 것은 사실이다. 다음으로는 신유한 선조 대에 처첩의 구분이 엄격하게 되지 않았거나 첩의 소생이 승중承重했다가 뒤늦게 문제가 되었을 가능성이다. 족보에는 신귀년의 처로 유산 김씨柳山金氏와 야성 주씨野城朱氏 두 이름이 적혀 있다. 신성오가 사마방목에 허통으로 명시가 되었던 것은 그의 모친인 야성 주씨의 신분에 석연치 않은 점이 있었기 때문으로도 짐작할 수 있다. 하지만 이 모두 어디까지나 짐작일 뿐 족보를 통해 확인할 수 있는 것은 없다.

분명한 것은 신유한의 외가가 서얼 집안이라는 것이다. 1751년

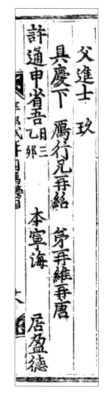

『신묘식년사마방목』, 국립중앙도서관.

영조가 연석에서 신하들과 나눈 대화를 보자. 이조참의 남태제南泰齊가 신유한이 봉상시에서 일한 공로를 인정하여 정3품직인 봉상시 정으로 등용할 것을 건의하자, 영조는 그의 신분을 물었다.

신유한은 바로 고 명신名臣 김일손金馹孫의 조카인, 기묘 명현己卯名賢 김대유金大有의 외손입니다. 김대유의 묘지명에 방실傍室의 아들이 있다고 하였습니다. 신유한이 과거 급제한 당시에 국조國朝의 고사故事를 많이 알았던 고 상신 이의현李宜顯이 분방分榜할 때 신유한을 교서관에 두었습니다. 이로 인해 신세가 막혀 사람들이 많이 억울한 일이라 생각하였습니다.

남태제의 말에 병조판서 홍계희洪啓禧도 응하기를,

신유한의 외숙인 김중겸金重兼 또한 문장을 잘하는 선비로, 문과에 급제하였습니다. 그런데 당시 사람들이 서얼로 의심하여, 관직이 성환찰방成歡察訪에 그치고 말았습니다. 신유한은 김중겸의 외조카로 그 또한 험난한 삶을 면치 못하고 있습니다. 신유한의 문장은 고문古文에서 구하여 또한 짝할 자가 드뭅니다. 이조참의가 차천로보다 낫다고 한 것은 지나친 말이 아닙니다.

하였다.[9] 이 대화에서 보이듯, 신유한의 집안은 친가보다는 외가가 먼저 거론된다. 신유한의 외가는 김해 김씨로 무오사화에 희

생된 사림 김일손의 조카인 김대유(1479~1551)의 후손 집안이었다. 김대유는 기묘사화 이후 청도에 돌아가 도학에 정진하며 후진을 양성했다. 김대유는 처에서 자식을 얻지 못하고 첩에서 자식을 얻어 후사를 이었다.[10] 16세기까지도 처의 소생이 없으면 양자를 들이기보다는 첩의 소생에게 종통을 잇게 하곤 했다. 김대유의 적손이자 신유한의 외숙부인 김중겸도 뛰어난 재능으로 1675년 문과에 급제했으나 찰방에 그쳤을 뿐, 제대로 된 관직을 얻지 못했다. 홍계희는 신유한의 외가를 서얼로 분류하기에는 다소 억울한 점이 있다고 본 것이다. 신유한이 과거에 급제한 후 그의 친가는 워낙 한미하여 그 가문을 따지지 못했고, 외가인 김중겸의 집안을 고려하여 함께 서얼로 취급받게 된 것으로 보인다.

민간에서도 신유한은 서얼로 기억된다. 신유한의 출생과 관련하여 영해 지역을 중심으로 흥미로운 전설이 전해진다. 그의 아버지가 어느 날 낮잠을 자는데, 붉은 해가 입안으로 들어오는 꿈을 꾸었다. 필시 뛰어난 인물을 낳을 꿈임을 직감하고 일어난 아버지는 베틀 앞에서 일하던 부인을 끌었다. 하지만 대낮에 무슨 망측한 일이냐는 핀잔을 듣고 물러난 그는 마침 부엌에서 일하던 몸종과 마주쳤다. 그녀와 동침을 하여 얻은 아들이 바로 신유한이라는 것이다. 신유한이 장원급제하고 난 후, 고향에 돌아와 영해 신씨 선산에 가서 알묘謁廟를 하려고 했는데, 당시 신씨들이 신유한이 서얼이라는 이유로 알묘를 막았다. 이후 신유한은 고향에 다시는 돌아오지 않고 조정에서 일하면서 영해 신씨들이 관직에 진출하는 것을 막아, 신유한 이후로는 영해 신씨들이 출세하지 못했다고 한다.[11]

이 이야기의 전반부는 마치 홍길동의 삶을 보는 듯하다. 물론 신유한이 여종의 자식이라는 기록은 어느 문헌에서도 찾아보기 어렵다. 뛰어난 재능에도 불구하고 서얼이라는 굴레에서 벗어나지 못한 신유한의 삶에 안타까움이 더해져 일종의 전설이 되어버린 것이다.

그런데 앞선 대화에서 볼 수 있듯 신유한이 살았던 18세기는 서얼들이 오랜 차별과 설움에서 차츰 벗어나던 때였다. 납속허통책도 폐지되어 서얼도 자유롭게 과거를 보고 벼슬할 기회를 얻을 수 있었다. 영조 즉위 이후에는 서얼에 대한 실질적인 처우가 큰 전환점을 맞이했다. 영조 즉위년인 1724년에는 정진교鄭震僑 등 서얼 273명이 서얼허통을 상소했다. 사상 유례가 없는 대규모 시위였다. 영조가 무수리였던 숙빈 최씨淑嬪崔氏 소생으로 적자가 아니었다는 사실이 중요한 동기로 작용했다. 이후 탕평 정국에 힘입어 각 분당의 인사 균등을 서얼에까지 확대 적용하기를 바라는 요구가 대두되었다.[12] 신유한은 어쩌면 이러한 사회적 변화의 시혜를 누린 행운아라고 할 수 있다. 그렇다면 신유한은 서얼이라는 신분적 굴레에서 벗어났을까? 그의 삶을 따라가보자.

특이한 문장 수업

신유한의 조부 신성오는 대대로 거주하던 영해를 떠나 밀양으로 이주했다. 신유한의 큰아버지이자 양아버지인 신태시와 친아버지인 신태래는 벼슬과 무관한 삶을 살았다. 하지만 신성오와 이들 형제는 문학에서만큼은 그 재주가 남달랐다. 영남의 선비들은 이 세 부자를 가리켜 중국 북송北宋 시대의 유명한 부자 문장가인 삼소三蘇, 즉 소순蘇洵, 소식蘇軾, 소철蘇轍에 견주어서 '밀성삼가密城三家'라고 불렀다고 한다. 신유한의 문학적 재능이 조부와 아버지, 숙부에게서 물려받은 것임을 뜻한다.

신유한이 문장을 학습하는 과정에서는 어머니의 영향이 더 컸던 것으로 보인다. 연보에는 돌잔치 날 노리개와 필묵, 서책을 늘어놓았는데 신유한이 『효경孝經』을 잡고 어머니에게 배우기를 청했다고 전한다. 어머니는 신유한의 나이 세 살 때 그에게 『효경』을 가르치고 네 살 때에는 백거이白居易의 「비파행琵琶行」과 이백의 고시 59수를 외우게 했다. 「비파행」은 비파를 연주하며 자신의 지나온 삶을 회고하는 여인의 노래이다. 이백의 고시는 불합리한 현실에 대한 비판과 회재불우한 심정을 오언고시 형식에 담아낸 것이다. 이 두 작품 모두 네 살 어린아이가 이해하기에는 어려운 시였다. 하지만 신유한은 어머니와 시를 읊으며 시인으로서의 감수성을 길러나갔다.

신유한은 명민한 아이였다. 그는 배운 것을 쉽게 흡수했다. 5, 6세경에는 서당 선생에게 굴원屈原의 「이소離騷」를 배우고자 했다. 선생이 웃으며 말했다.

"「이소」는 그 뜻이 깊고 말이 모호해서 어른들도 잘 이해할 수 없다. 네가 어떻게 배우겠느냐?"

신유한이 답했다.

"비록 뜻을 명확하게 알지는 못해도 이 혀가 있지 않습니까. 그 소리를 배우기를 원합니다."[13]

선생이 기특하게 여겨 가르쳤는데 열흘 만에 「이소」를 다 배웠다. 신유한은 「이소」를 감각으로 배웠다. 앉으나 서나 놀 때나, 입에서 계속 외웠다. 때로는 눈물을 흘리고 때로는 춤추기도 하면서 감개함을 가눌 수 없었다. 또 직접 비뚤빼뚤 글을 써서 책을 만들고는 소매 속에 늘 품고 다녔다. 책이 떨어지면 다시 써서 수십 번 종이를 바꿀 지경이었다. 이러한 「이소」에 대한 애호는 평생에 걸쳐 나타나면서, 그의 문학세계를 규명하는 중요한 특징이 된다.

일반적인 서당 교육이 『천자문』으로 시작해 『동몽선습』『통감』『소학』과 사서삼경을 익히는 과정으로 진행되었음을 생각해본다면, 신유한의 학습 과정은 무척 특이한 면이 있다.

저 유한은 산남의 농가에서 태어났고 궁벽하고 누추한 곳에서 고금古今 백가百家의 글을 볼 수가 없었습니다. 그러나 15세에 『시경』을, 16세에 『서경』을, 17세에 『논어』를 읽고서 그 글자가 옥을 조탁한 것과 같고 음이 종과 경쇠 소리 같다고 좋아하였습니다. 마침내 구절의 화려함 사이에서 고인의 모습을 구하였지만 다시 천리天理와 신해神解의 오묘함이 있다는 것을 알지 못하였습니다. (…) 그 당시 향리에 과거를 준비하는 소년이 진덕수眞德秀의 『고문진보古文眞寶』와 사방득謝枋得의 『문장궤범文章軌範』을 가지고 있기에 한번 얻어다 보았는데, 그 음률과 구절이 크게 다름을 괴이하게 생각하고는 이것을 육경六經의 이단으로 여기게 되었습니다.[14]

대제학 윤순尹淳(1680~1741)에게 준 서신이다. 그도 자신의 학습 과정이 일반적이지 않다는 것을 자각했을까. 주변 문인들에게서 문장에 대한 비판이 일자, 그는 정도에 따라 공부하지 않았다는 것을 시인했다. 궁벽한 시골 마을에서 자란 탓에 많은 서적을 접할 수 없었기에, 학습 과정과 문장이 특이할 수밖에 없었다는 것이다. 고문을 익숙하게 읽었기에 당시 과거시험을 준비하는 유생들에게 필독서로 유통되었던『고문진보』와『문장궤범』의 글이 도리어 괴이하게 느껴질 정도였다. 독특한 것은 신유한이「이소」를 배웠을 때와 마찬가지로 경서의 글자와 소리에 매료되었다는 점이다.

물론 신유한 역시 경서를 배울 무렵에는 도학道學에 큰 뜻을 두기도 했다. "학문을 구하는 자가 이외에 무엇을 구하리"라며『논어』를 만 번 읽었다고 한다. 또『맹자』가 이단異端을 물리친 공이 있으며, 성학聖學의 도학이 오로지『중용中庸』에 있다고도 했다. 하지만 그는 경서의 의미를 깊게 궁구하기보다는 글자의 이미지와 음률에 본능적으로 반응했다. 타고난 문학가였던 것이다.

신유한은 어릴 때부터 천재의 자질을 지녔다. 연보의 일화 몇 가지를 소개해본다. 그의 나이 9세 때 일이었다. 경상 감사가 밀양 영남루嶺南樓를 순회하다가 백일장을 실시했다. 신유한도 참여하고 싶었지만 집안이 가난해서 초지草紙조차 구비할 수 없었다. 그때 어머니가 집에 보관하던 혼서지婚書紙를 잘라서 시권試券으로 쓰게 했다. 순사巡使가 신유한의 답안지를 보고는 크게 칭탄했다.

종이는 매우 볼품이 없지만 글솜씨는 더 좋을 것이 없구

밀양 영남루.

나. 넉넉하게 상을 주어 앞으로 글 읽는 데 도움을 주도록
하라.[15]

또 1690년 10월의 일이다. 당시 열 살이던 신유한은 청도에 살
던 외삼촌인 김중겸의 집을 홀로 방문하러 가는 길이었다. 밀양
에서 청도까지의 길이 너무 멀어 날이 저물도록 도착하지 못했다.
어쩔 수 없이 어느 집 대문을 두드려 하룻밤 묵기를 청했다. 주인
은 신유한을 그냥 부랑아로만 알고, 박하게 대접하며 이부자리도
펴주지 않았다. 거처가 몹시 추워 신유한은 밤늦도록 잠들기가
어려웠다. 일어나 앉아서 『사기史記』「화식열전貨殖列傳」을 한 번 소
리 내어 읽었는데, 그 소리에 주인이 놀라 찾아왔다. 그제야 신유
한에게 이부자리를 펴주고, 밥과 국을 정갈하게 갖추어주었다.

백련암 전경. 가야산28, 김장삼, 공유마당.

내 늙고 눈이 보이지 않아, 봉황이 닭들 속에 들어온 것을
몰랐으니, 수재秀才는 허물하지 말게. 나 또한 어릴 적부터
독서로 이름났던 사람일세. 그동안 「화식열전」 읽은 것이
착오가 없다고 생각했는데 지금 수재의 구두를 들으니,
내가 틀렸다는 것을 알겠네.[16]

　　18세의 봄, 신유한은 혼인을 했다. 상대는 고령 김씨 호군護軍
김정중金鼎重의 딸로 송암松菴 김면金沔(1541~1593)의 후예이다. 김
면은 조식曹植과 이황李滉의 문인으로 선조 때 조목趙穆, 성혼成渾,
정구鄭逑 등과 함께 유일遺逸로 천거될 만큼 명망이 높았다. 임진
왜란 때 의병을 일으켰다가 사망했다. 이후 병조판서兵曹判書 겸
지의금부사知義禁府事으로 추증되었다. 추측건대 김정중 집안도

고령 지역 내 유력한 서얼 집안이었을 것이다. 김씨 부인과 신유한은 2남 1녀를 두었다. 그녀는 신유한과 평생을 해로하며 그보다 4년을 더 살고 세상을 떠났다.

23세 때 신유한은 합천의 백련암白蓮庵에 들어갔다. 백련암은 해인사의 부속 암자로 가야산 품에 싸여 있었다. 그곳에서 신유한은 이석보李錫輔, 황용서黃龍瑞 등과 과거시험을 대비하는 거접居接 모임을 가졌다.[17] 서로의 시부詩賦를 평가하며 함께 과거 준비에 매진했다. 1년간의 수험생활을 마치고 이듬해 가을 신유한은 24세의 나이로 향시鄕試에 붙었다.

2

서울 가는 길

향시에 합격한 이듬해인 1705년, 신유한은 증광增廣진사시에 2등 18위로 합격했다. 100명 중 23위였다. 이때 신유한의 나이는 25세로, 18세기 전반 생원진사시 합격 연령이 평균 34.4세인 것을 감안하면 무척 젊은 나이에 급제한 것이다.

  그는 곧바로 상경하여 성균관에 입학했다. 총 3년 동안 수학했는데 성균관 유생이 입교 후 반재泮齋에서 머물 수 있는 기한이 2년이었으므로, 1년 동안은 따로 거처를 마련하여 지냈던 것으로 보인다. 정말 신유한이 어릴 적 종이를 구하지 못할 정도로 가난했을까. 상경 비용과 성균관, 거처에서 생활하는 동안의 비용을 생각해볼 때, 그의 집안은 상당한 재력이 있었음을 알 수 있다. 이때 외에도 신유한은 과거시험에 응시하거나 관직에 응하기 위해, 서울과 영남을 평생에 걸쳐 적어도 12차례 이상 왕복했다.

1706년 26세	성균관에 입학하다.
1712년 32세	최성대와 교유하다. 임춘의 후손 임재무를 만나다.
1713년 33세	문과에 급제하다.
1714년 34세	원경하와 상경하다.
1716년 36세	최성대와 교유하다. 한 달을 서울에서 머물다가 병이 나 돌아가다.
1717년 37세	권지 교서관 부정자에 제수되다.
1719년 39세	모친의 병을 간호하느라 고령에 있다가 통신사 제술관 으로 차출되다.
1720년 40세	일본에서 귀국하여 복명하다.
1726년 46세	무장 현감에서 파직되고, 봉상시 첨정에 제수되다.
1735년 55세	일이 있어 상경하는 길에 연풍에서 최성대를 만나다.
1738년 58세	봉상시 첨정에 제수되다.
1744년 64세	연천 현감에서 파직되고, 봉상시 첨정에 제수되다.

문집에서 확인되는 신유한의 상경 시기와 내용을 정리하면 위의 표와 같다.

처음 오르는 상경길에 신유한은 "남아가 독서하고 아직 늙지 않았으니, 어찌 장안으로 말을 몰지 않으리오男兒讀書身未老 何不策馬長安道"[18]라는 시구를 읊으며 경쾌하게 발걸음을 옮겼다. 하지만 밀양에서 서울로 올라가는 길은 생각보다 험난했다. 열흘을 쉬지 않고 걸어야 겨우 도착할 수 있는 거리였다. 서울로 향하던 어느 날 신유한은 길가에서 숨을 고르며 시를 읊조렸다.

넘실넘실 동으로 흐르는 강물
물속에 동자개와 잉어 노니네
한강에 저녁 물결 일렁이는데

해 기울도록 먹이 아니 물구나
이토록 머나먼 길 걷고 걸으니
이리 뒤척 저리 뒤척 괴로운 마음
고향 집과는 만 리 거리 멀어져
매서운 추위에도 멈추지 못해
말은 초췌하기가 말할 것 없고
터진 털옷은 어느 누가 기우리
새벽 바람 불어대 수풀 울리니
외로운 짐승도 제 무리 그리네
걷고 걸어 날마다 먼 길 걸으니
하인도 덩달아서 힘들다 하네
산으로 올라가서 고사리 캐고
산에 내려가 개암, 구기자 따네
길을 가다 우연히 아는 이 만나
꿇어앉아서 고향 소식 물으니
"마을에 우렁차게 아이 울어서
웃음소리 하늘로 솟구치었네
앞마당엔 종과 북 벌여놓았고
뒷동산엔 복사꽃 오얏꽃 피네
시어머니는 하얀 명주실 짜고
며느리는 술에다 안주 내오지"
한창나이 때 집에 있지 않음은
청춘이 오래가지 않기 때문이라
편지를 적어 고향 집에 부치니

먼 길에 구슬픔이 가득하구나

汎汎東流水, 中有鱣與鯉.

江漢多夕浪, 日昃不含餌.

類此遠行役, 展轉懷苦意.

相去在萬里, 歲寒不遑止.

征馬何殗殗, 綻褐誰當理.

晨風鳴中林, 孤獸慕其類.

行行日以遠, 僕夫亦云瘁.

上山采薇蕨, 下山采榛杞.

路逢相識人, 長跪問故里.

里中何喤喤, 歡音揚天起.

前堂羅鍾鼓, 後巷生桃李.

大婦織紈素, 小婦供酒饌.

盛年不在家, 繁華難久恃.

寄書與故里, 遠行多悲思.

_「장가행長歌行」

추운 날씨를 뚫고 서울로 향하는 길에 말도 사람도 지쳐 있다. 그동안의 양식과 서울에서 생활할 살림을 꾸려 노비와 말을 대동하고 떠나는 여정은 고통스럽기 짝이 없었다. 우연히 고향 사람을 길에서 만나 집안 소식을 묻는다. 두고 온 어머니와 아내가 편안하게 잘 지내고 있는지, 그리운 마음을 가누기 힘들다. 「장가행」은 원래 한나라 악부시로 "젊고 건장할 때에 노력하지 않으면 늘그막에 한갓 서글퍼할 뿐이라오少壯不努力, 老大徒傷悲"라는 구

「공원춘효도貢院春曉圖」, 김홍도, 70.0×36.5cm, 조선 후기, 성호박물관. 신유한이 마주한 과거장의 풍경도 이와 다르지 않았을 것이다.

절로 마무리된다. 신유한도 원작의 뜻을 이어 청춘을 낭비해서는 안 된다고 마음을 달래며 서울로 발걸음을 옮겼다.

서울에 가까워지면서 신유한은 감탄을 금하지 못했다. 당시 서울 인구는 30만에 달했으며, 대도시의 모습을 갖추고 있었다. 서울 대궐들은 으리으리했고 선비들은 모두 아름다운 의관을 갖춘 채 거리를 활보했다. 서울 거리에 선 신유한은 자신이 초라하게 느껴졌다. 해마다 벼슬을 위해 과거장으로 몰려드는 시골 선비의 숫자는 수만을 넘었다. 문장으로 자부하던 그였지만 한갓 시골 선비 중 한 명일 뿐이었다.

신유한의 서울살이는 어떠했을까. 연보에서는, 서울의 진신 사대부들이 모두 신유한을 칭송하면서 그를 한번 만나보기를 원했지만 그는 문장과 덕망이 높은 자가 아니면 교유하지 않았다고 기술한다. 권세가들의 문하에 이르는 것을 달가워하지 않아, 억지로 초청받더라도 비굴하게 굴지 않았다고 한다. 당시 재상의 눈에 거슬려 별시에 급제하지 못했고, 또 훗날 벼슬길이 막힌 것도 바로 이같이 까다로운 성격 탓이라고 한다. 연보의 내용을 모두 믿을 수는 없겠지만, 신유한에 대해 "촌스럽다鄕暗, 野", "거칠다麤疎"라고 평가한 기록들을 볼 때[19] 그가 서울 사대부들에게 호감을 주는 인상은 아니었던 듯하다.

이동윤李東允(1782~?)의 『박소촌화초樸素村話抄』는 이 시절 신유한의 일화를 다음과 같이 기록하고 있다.

신유한이 아직 영달하지 못했을 때 회혼례回婚禮를 여는 집을 지나가게 되었다. 해진 옷에 떨어진 관을 쓰고는 불

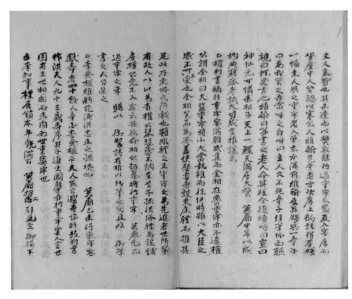

『박소촌화초』, 이동윤, 30.4×21.5cm, 19세기, 버클리대학 동아시아도서관.

쑥 그 집에 들어가 자리에 앉았다. 좌중에 있던 사람들이 모두 그를 거지로 생각하였다. 신유한은 사람들이 차례대로 시를 읊는 것을 보고는, 자기에게도 화전華箋 한 폭을 달라고 요청하였다. 아이들이 호기심에 신유한의 주위를 빙 둘러 앉았다. 신유한은 종이를 펼쳐 한 아이에게 주며 부르는 시를 대신 적게 하였다.

"주인은 오래도록 죽지 않으니主人久不死"

아이가 붓을 멈추고 고개를 들었다. 회혼례를 조롱할 셈인가. 그를 노려보며

"무슨 뜻이오?"

하니, 신유한이

"그냥 적거라."

하고는, 다시 읊조렸다.

"어찌 신선이 없다 하리豈曰神仙無.

적송자 가련하니可憐赤松子

천상에 일개 홀아비라네天上一鰥夫."

신유한의 시를 듣고는 좌중의 사람들이 모두 놀랐다고 한
다.[20]

시에 나오는 적송자는 고대 신선의 이름이다. 회혼례를 맞은
노부부의 삶이 천상의 신선보다 더 좋다는 것을 표현한 것이었
다. 물론 이 시는 『청천집』에 전하지 않아 실제 신유한의 작품인
지는 알 수 없다. 하지만 거지꼴로 경화사족의 집을 드나들던 모
습은 실제 신유한과 크게 다르지 않을 것이다.

성균관에서 수학한 지 1년이 훌쩍 지나, 신유한은 별시에 응시
했는데도 좋은 결과를 얻지 못했다. 마음과 몸에 병이 겹쳤다. 사
경을 헤맬 정도로 병세가 깊어졌다가 그믐에 겨우 병석에서 일어
날 수 있었다.

나그네 꿈 어느 때 이룰 수 있을까

이별 수심에 오늘 이 밤 길구나

등잔불 아래 귀뚜라미 소리 듣고

외로운 베개에서 원앙의 꿈 깨네

쇠한 기력에 강산은 멀기만 하고

그리운 이 못 본 채 세월 가누나

봄날에 만날 것을 미리 기약해

따스한 날 꽃필 적 거문고를 켜리

客夢何時到, 離心此夜長.

一燈聞蟋蟀, 孤枕罷鴛鴦.

筋力江山遠, 音容歲月忙.

預期春色裡, 花暖彩琴張.

_「정해 그믐에 병석에서 일어나 벗들의 안부 편지에 감사를

표하다丁亥歲暮病蘓 謝諸友以書問訊」

객지에서 아플 때보다 더 서러울 때도 없을 것이다. 더구나 섣달그믐은 친지들과 함께 한 해의 마지막을 기념하고 새해를 맞이하는 날이다. 서울 객지에서 병석에 누워 새해를 맞는 그의 마음이 어땠을지 충분히 짐작할 수 있다. 벗들이 보낸 문안 편지에 그는 서글픈 마음을 달래며 다시 만나고자 하는 기약을 보냈다. '원앙의 꿈'은 고향에 놓고 온 젊은 아내를 만나는 꿈이 아니었을까.

하지만 서울에 올라온 이유를 잊으면 안 될 터. 그는 같은 제목의 시에서 "치욕 씻고 청운에 오르고저, 날아올라 격조 높은 노래 부르리洗拂靑雲思, 飛騰白雪歌"라며 자신의 마음을 다잡았다. 이 시는 이백의 「국가행鞠歌行」의 구절 "진 목공이 다섯 마리 양 가죽으로, 죽게 된 백리해를 샀다네. 치욕을 씻고서 청운에 올랐으나, 당시에는 진흙처럼 비천했다네秦穆五羊皮, 買死百里奚. 洗拂靑雲上, 當時賤如泥"를 따온 것이다. 춘추 시대 진 목공이 다섯 장의 양 가죽 값을 주어 포로가 된 백리해를 데려와 재상으로 삼은 뒤에 그의 도움을 받아 패업霸業을 달성한 고사가 있다. 지금은 백리해

처럼 비천한 처지이지만 언젠가는 꼭 성공하겠다고 그는 마음을 다잡았다. 그렇게 신유한은 병석에서 몸을 일으키며 청운의 꿈을 향해 정진해나갔다.

촉석루에 서다

2년의 기한을 채운 뒤 성균관을 나와 신유한은 남산과 낙산 사이, 지방 유생이 으레 머물던 곳에 거처를 정하고 다음 과거를 준비했을 것이다. 그런데 뜻하지 않게 28세에 고향 집으로 돌아가게 되었다. 당시 생부 신태래의 상喪을 당했기 때문이다. 이듬해에는 또 양모養母의 상까지 당하는 아픔을 겪었다. 신유한은 상복을 벗지 않고 집에만 머물렀다. 연이어 상례를 치르는 힘든 시간이었지만, 어쩌면 그에게는 마음을 다잡고 과거 공부에 집중할 수 있는 시간이기도 했을 것이다.

총 4년의 상을 치르고 난 이듬해에는 32세의 늦은 나이에 첫아들 신몽기申夢騏를 품에 안을 수 있었다. 어린 아들이 그의 무르팍에서 한참 재롱을 떨었지만, 신유한은 아이를 밀어내고 집을 떠났다. 한양으로, 거창으로, 진주로 정처 없는 발길을 옮겼다. 그때 그가 품었던 것은 야심이었을까, 아니면 시심詩心이었을까. 그는 곳곳을 걸으며 시를 읊었고, 또 그의 시를 알아줄 시인들을 만났다. 평생의 지기 최성대崔成大(1691~1762)를 만난 것도 이때였다. 이에 대해서는 뒤에서 이야기하겠다. 거창에 가서는 김시빈金始鑌(1684~1729)을 만났다. 그는 이미 영남에서 시명詩名이 자자했다. 영천榮川 출신으로 신유한보다는 3세 아래였고, 19세의 나이에 문과에 합격한 수재였다. 신유한으로서는 그가 무척 부러웠을 것이다. 하지만 성대중成大中의 『청성잡기靑城雜記』에 의하면, 시를 잘한다고 자부한 김시빈이었지만 신유한을 떠받들어 그와 시재를 다투려 하지 않았다고 한다.

바로 이해 신유한은 자신의 문명을 세상에 떨치게 한 시를 내놓았다. 바로 「촉석루에 제하다題矗石樓」이다.

> 진양성 밖 강물은 동쪽으로 흐르고
> 대숲 난초 푸르게 모래섬 덮었네
> 천지엔 충성 다한 삼장사 우뚝하고
> 강산엔 손 붙드는 높은 누각 솟아 있네
> 노래 병풍 해 비치니 숨은 용 춤을 추고
> 검막에 서리 내리니 자던 백로 시름겹네
> 남쪽 하늘가 바라봄에 전운이 사라지니
> 장단將壇의 음악 소리 봄놀이 같구나
>
> 晉陽城外水東流, 叢竹芳蘭綠映洲.
> 天地報君三壯士, 江山留客一高樓.
> 歌屛日照潛蛟舞, 劍幕霜侵宿鷺愁.
> 南望斗邊無戰氣, 將壇筯皷半春遊.
>
> _「촉석루에 제하다」

신유한은 촉석루에서 도도하게 흐르는 진주 남강을 바라보며 그곳에 몸을 던진 영웅들의 이름을 불렀다. 삼장사는 진주성을

경상남도 진주 촉석루.

촉석루 주련을 장식하고 있는 신유한의 시.

지키다가 왜병에게 성이 함락되자 진주 남강에 몸을 던져 죽은 고종후高從厚, 김천일金千鎰, 최경회崔慶會를 말한다. 치열하고 비극적이었던 전란의 흔적이 사라지고, 이제 평화로운 시절을 알리듯 강물이 무심하게 흘러갈 뿐이다. 그 위로는 음악 소리가 쟁쟁하게 들린다. 신유한은 촉석루에서 강바람을 맞으며 태평성대의 기운을 느꼈다. 신유한의 촉석루 시가 명성을 얻었던 것은, 과거와 지금의 촉석루 모습을 교차시키며 오늘의 태평이 과거 삼장사의 공에서 비롯되었다는 메시지를 은근히 전하고 있기 때문이다. 연보에는 촉석루 시가 중국에까지 전해졌는데 악부의 음조에 맞는다는 평을 받았다고 기록되어 있다.[21]

신유한의 시는 인구에 회자되어 수많은 차운시를 남겼다. 최근 연구에 따르면 300편에 가까운 차운시가 남아 있다고 한다.[22] 촉석루에 올랐던 이라면 누구나 그의 시에 화답하여 시를 지은 셈이다. 촉석루 시의 명성은 1747년 『일성록』 기록에서도 확인된다. 그해 진주 사람이 남강 가에서 도장을 주워 조정에 진상했다. 알고 보니 삼장사 중 한 명인 최경회의 도장으로 남강에 몸을 던질 때 지니고 있었던 것이다. 영조가 그 일을 기념하여 촉석루 어제시를 내리는 일로 신하들과 이야기를 나누던 중이었다. 부제학 조명리趙明履와 우부승지 엄우嚴瑀가 수군거리는 것을 보고는 그들이 무슨 이야기를 하는지 물어보았다.

"문장을 잘하는 신유한이란 자가 촉석루에서 시를 썼는데 세상 사람들이 서로 전하면서 칭찬하고 있습니다. 신들은 아까 전에 그 이야기를 하고 있었습니다."

하니, 영조가 말하기를,

"신유한은 정말 문장을 잘하는 자다. 예전에 어떤 이가 한 시구를 읊으면서 자기가 지은 것이라 말하였는데, 뒤에 오광운吳光運에게 들으니 신유한이 지은 것이라 하더라. 이로써 신유한이 글을 잘하는 것을 알게 되었지. 그런데 그 사람은 좀 거칠더라."

하자, 엄우가 그저 시인일 뿐이라고 응수하였다.[23]

덧붙여 촉석루 시와 관련하여 흥미로운 사실이 있다. 촉석루 시의 하이라이트라고 할 수 있는 함련 "天地報君三壯士 江山留客一高樓"는 임란 포로 일기로 유명한 노인魯認(1566~1622)의 『금계일기錦溪日記』[24]에 수록된 시구와 유사하다는 것이다. 留자가 遊자로 바뀐 것 외에는 일치한다. 노인의 시는 중국 문인 홍여눌洪汝訥에게 자신의 시재詩材를 자랑하면서 기술된 것이다. 노인의 일기가 1599년 저술된 것을 고려하면 신유한이 노인의 『금계일기』를 보고 표절했던 것일까? 노인의 『금계일기』는 1798년경에 정리되어 1828년에 간행되었다. 책의 형태나 글씨 모양을 봤을 때 자필본으로 여기기에는 이미 의심스런 정황이 많다. 후손이 신유한의 촉석루 시를 따다가 일기에 채워 넣었을 가능성도 생각할 수 있다.

진실은 알 수 없지만, 신유한의 시는 지금도 진주 촉석루 기둥을 장식하며 그의 명성을 전하고 있다.

임춘을 다시 세상에 부르다

이즈음 신유한은 우리 문학사에 또 다른 업적을 남겼다. 바로 고려시대 문사 임춘林椿의 『서하집西河集』을 발견하고 간행에 관여한 일이다. 임춘의 문집은 그의 사후 이인로李仁老, 최우崔瑀에 의해 간행되었지만, 자취를 감춘 지 오래였다. 그의 시구 한두 구절이 사람들의 입에서 입으로 전해질 뿐 그의 작품은 온전히 전해지지 못했다.

『서하집』이 세상에 다시 나오게 된 것은 전설과 같다. 1656년 청도 운문사 승려 인담印淡이 시내 옆 바위에서 낮잠에 들었다. 꿈에 한 도사가 나타나 가까운 곳의 바위 언덕을 가리키며, 바위를 들어내면 희귀한 보물을 얻게 될 것이라 했다. 인담이 깨어나 그의 말대로 했더니 과연 4척 정도 높이의 동탑이 있었고 동탑 안에는 반 정도 높이의 구리 동이가 있었다. 뚜껑을 열어보니 『서하집』이 그 안에 있었다고 한다.

이후 그 문집은 운문사 근처에 거주하던 이인로의 후손인 이하구李夏耉의 소유가 되었다. 우연히 이하구의 집을 방문했던 신유한이 궤짝 안에 놓인 문집을 열람하게 되었다. 글씨는 고색창연하고 가끔씩 종이에 좀이 슬어 있을 뿐이었다. 그동안 임춘의 명성은 익히 들었지만 그의 작품을 본 것은 처음이라 신유한은 놀라움과 기쁨을 금치 못했다.

1712년 서울을 방문한 신유한은 임춘의 후손이자 홍양 영장이던 임재무林再茂를 만나 이 소식을 전했다. 임재무는 눈물을 흘리며 감사의 큰절을 올렸다. 이듬해 소론계의 유력 인물 최

『서하집』, 임춘, 29.0×19.3cm, 1713, 국립중앙
도서관. 신유한의 발문이 남아 있다.

석정崔錫鼎(1646~1715)과 조태억趙泰億(1675~1728)의 서문을 받아 마침내 『서하집』을 간행했다. 임춘의 문집 초간본이 간행된 지 거의 500년 만이었고 또 청도에서 그의 문집이 발견된 지 거의 60년 만이었다. 청도와 서울을 오가며 이인로의 후손과 임춘의 후손을 연결해준 신유한 덕분이었다. 사람들이 다투어 『서하집』을 구하여 보고 경이로운 이 사건을 전했다.

신유한은 이 모든 것이 조물주가 『서하집』을 보호한 것이라 여겼다.

조물주가 "밝고도 화려하니, 그대와 능함을 다툴 자 없고 그대와 더불어 전할 것이 없네" 하고는 홀연 『서하집』을 거두어 보관하였다. 혹 화가 생기더라도 물에도 적시지 못하게 불에도 태우지 못하게 도적들도 살피지 못하게 하였다. 이는 모두 그 조화로 할 것일 뿐, 여느 사람들이 알 수 있는 것이 아니다.[25]

뛰어난 문장은 애쓰지 않더라도 조물주의 권한으로 세상에 전해지기 마련이라는 것이다. 신유한이 『서하집』 발문을 쓰며 문장으로 천고에 이름을 남기고자 하는 자신의 소망을 얹었을지도 모를 일이다.

장원급제하다

1713년, 신유한은 드디어 오랜 공부의 결실을 거두게 된다. 이해 숙종의 즉위 40년과 존호를 올린 경사를 기념하고자 증광시를 실시했다. 이때 신유한은 회시에서 장원급제했다. '고를 지어 탕임금의 부끄러움을 풀어주다作誥釋湯慙'란 시제試題에 응하여 부賦를 지었는데, 연보에 의하면 상시관上試官인 상서 민진후閔鎭厚가 그의 시험지를 보고는 세상에 드문 영재라며 감탄했다고 한다.

이규상李圭象(1727~1799)의 『병세재언록幷世才彦錄』에는 신유한의 시험지에 감탄한 인물이 민진후가 아닌 최석정으로 나온다. 처음에는 그의 부가 매우 난삽하여 고과에서 떨어졌는데 당시 고관考官이었던 최석정이 이 부는 보통 솜씨가 아니라고 했다. 타처打處(잘못된 곳을 지적한 표시)를 닦아내게 하고 글을 따라가며 비점飛點을 찍어 내려가니 전편에 비점이 가득했다고 한다.

이 기록은 신유한의 문장이 일반적인 안목에 부합하지 않음을, 또 동시에 최석정과 신유한이 가졌던 모종의 인연을 시사해준다. 최석정은 1696년 납속허통법을 폐지하고 문무과에 급제한 서얼의 요직을 허용할 것을 주장한 이다. 이에 서얼은 금고법에서 완전히 해방되어 과거 응시가 자유로워졌다. 신유한이 장원으로 급제할 수 있었던 데에 실제로 최석정의 입김이 작용했는지 여부를 확신할 수는 없다. 하지만 서얼허통을 주장한 최석정 덕분에 신유한이 문과에 응시할 수 있었던 것은 분명하다. 이에 대해서는 3장에서 상술하겠다.

신유한의 과거 급제는 꽤나 회자되었던 모양이다. 『박소촌화초』도 신유한의 과거 급제에 관한 일화를 전한다.

> 신유한은 숙종 계사년에 증광시에서 「작고석탕참부」로 장
> 원을 차지하였는데, 명작으로 온 사람들 입에 자자하였
> 다. 방이 나붙자, 신유한은 아버지에게 다음과 같이 편지
> 를 보내기를, "38구에 비점이 8구였습니다. 삼상三上으로
> 특서特書하여 유생들 앞에 내보이니, 남아의 사업事業이 통
> 쾌하고 장대합니다"라고 하였다. 부형父兄에게는 이런 식
> 으로 글을 올리면 안 되지만 문인의 기습氣習임을 알 수 있
> 다.[26]

오랫동안 과거시험을 치르느라 몸과 마음이 고생했던 신유한
이었다. 장원으로 자기 이름이 나부낀 순간 그 통쾌함은 이루 말
할 수 없었을 것이다. 일생에서 가장 영광된 순간이었다. 그는 이
후 자신의 시문에서 '장원급제자壯元身'로 자칭하는 것을 꺼리지
않았다. 아버지에게 보내는 서신에서도 그 감격을 숨기지 않았을
것이다.

인용문에서 언급했듯 신유한의 부는 사람들 사이에서 명작으
로 회자되었던 것으로 보인다. 신유한의 「작고석탕참부」는 신유한
의 문집에는 없지만 조선의 과부科賦를 모은 『동부東賦』 선집 등
에서 확인할 수 있다. 또 그의 작품은 1733년 남원 괘서 사건에
서 다시 언급된다. 무신란이 진압된 지 5년 만에 남원에서 다시
반란을 예고하는 괘서가 발견되었다. 영조가 직접 추국할 정도로
중대한 사건이었다. 훈장을 하고 있던 곽처웅郭處雄이란 자가 무

「풍속도병풍」, 종이에 색, 130.0×36.0cm, 조선시대, 국립중앙박물관.

신란 이후 행적이 수상했다는 이유로 체포되었는데, 그의 집에서 「풍신제문風神祭文」이 발견되었다. 이 제문은 역적 무리들이 거사하려는 뜻을 계룡산에 고하여 은밀히 도와줄 것을 기원한 내용이라는 의심을 샀다. 그런데 이 글에 바로, 신유한의 과작 중 "군병의 기운이 봄비로 바뀌었네兵氣化以春雨"라는 구절이 들어가 있었던 것이다. 이때 형조판서 조상경趙尙絅이, 고과 때 이 표현이 예전에는 보지 못한 것이고 또 별로 좋지 않다는 이유로 시관들끼리 서로 다투었던 일을 기억한다며, 이 구절은 분명 신유한의 과작에서 나온 것이라고 영조에게 아뢰었다. 대신들도 곽처웅과 신유한이 같은 고령 사람이라 서로 아는 사이일 것이라고 의심했다. 크게 번질 수도 있는 사건이었다. 하지만 곽처웅이 고문을 받다가 곧 사망하여, 사건은 미궁으로 종결되고 말았다. 다행히 신유한은 이 사건에 끝내 연루되지 않았다. 문장이 이미 사람들 사이에 많이 회자가 되던 때였기에, 단순 인용으로 여겨졌는지도 모른다.[27]

이처럼 신유한의 과거 급제는 당시에 많은 화제를 불러일으켰다. 가문도 배경도 없는 한갓 시골 서얼이 장원급제를 한 것은 그야말로 놀라운 사건이었다. 같은 영남 출신으로 신유한보다 3년 앞서 1710년에 문과 급제한 권두경權斗經(1654~1725)은 신유한의 급제를 축하하며 시를 보냈다.[28]

영남에서 오늘날 문호文豪 보게 되니

어릴 적 명성이 준걸들을 압도했지

약관에 쉬이 급제해 성균관 입학하고

장원급제 관모에 계수 향기 높아라

손 안 트는 약으로 제후를 봉했는데

문명 떨친 그대가 봉모鳳毛임을 뉘 알리오

애석한 것은 오늘날 제값 받기 어려워

모든 가게 사소한 이익만 다툴 뿐일세

南州當日賞文豪, 丱角英聲壓俊髦.

弱冠摘髭芹舍選, 壯元簪髮桂香高.

封侯曾許不龜手, 鳴國誰知卽鳳毛.

可惜平天難售市, 滔滔列肆競錐刀.

_권두경, 「장원급제한 신유한에게 축하를 보내며寄賀申會元維翰

登第」

    권두경은 신유한의 장원급제 소식을 듣고, 예전 신유한의 부친과 나누었던 대화를 떠올렸다. 아들이 과거 공부를 해서 가난을 구제할 생각이 도무지 없다고 그가 하소연하자, 권두경이 다음과 같이 위로했다.

    "과거 공부가 고작 가난만을 구제하겠는가. 거북손으로 갈라지지 않게 하는 방책으로도 제후에 봉해지지 않았던가."

    '거북손'은 『장자』에 나오는 이야기다. 송宋나라 사람이 손 안 트는 약을 만드는 일을 했는데 그 기술을 한 나그네에게 팔았다. 그 나그네는 오나라 왕에게 약을 가지고 유세해서 장수가 되었고, 월나라와의 수전水戰을 승리로 이끌었다. 신유한의 부친은 겨우 가난에서 벗어나기 위해 아들에게 과거시험을 강권했지만, 권두경이 봤을 때 신유한은 더 큰 잠재력을 가진 아이였다. 지나고 보니 선견지명이 있었던 발언이다. 권두경은 진심으로 신유한의 장원급제를 축하했다. 그러면서도 세상에서 인정을 받기는 어려울 거라며 쓸쓸한 전망을 보였다. 사소한 이익으로 당파들끼리 싸우는 세상에서 그 같은 인재를 알아볼 수나 있을까.

권두경의 예상대로 신유한의 삶은 평탄하게 흘러가지만은 않았다. 전시殿試에서 신유한은 병과 35위로 밀린다. 합격자 51명 중에서 45등으로 거의 꼴등을 차지한 것이다. 전시는 당락과 무관하게 등수를 결정하는 시험으로 국왕이 친림하여 치러지는데, 이때 표문이 출제되었다. 표문은 짜인 형식 안에서 자신의 의론을 완곡하게 드러내는 고도의 기술을 요하는 글쓰기다. 서울 유생들이 전략적으로 표문을 연마하여 과거에 대비한 것에 비해, 그럴 기회가 없었던 지방 유생들은 표문에 취약했다. 이 점에서 신유한도 예외가 아니었던 것이다.

덧붙여 그가 이렇게까지 밀린 것에 대해 아무래도 신분 문제가 발복을 잡았을 가능성도 생각해보지 않을 수 없다. 시골의 한미한 가문 출신 신유한이 올라갈 수 있는 자리는 한계가 있었다. 신유한에게 장원급제는 분명 큰 영광이었지만, 그 후로 그는 자신의 이름자 뒤에 달린 영남 서얼이라는 꼬리표를 뼈저리게 자각하게 된다.

오랜 기다림

과거에 급제한 후 신유한은 바로 관직을 맡지는 못했다. 분관分館

되기까지 무려 4년을 기다려야 했다. 분관은 문과에 급제한 사람을 권지權知라는 이름으로 승문원承文院, 성균관成均館, 교서관校書館 삼관三館에 배속시켜 실무를 익히게 하는 것을 말한다. 오늘날로 치면 일종의 인턴에 해당된다. 숙종 대에는 과거 합격자들이 대거 적체되는 바람에 분관되는 데에도 많은 시일이 걸렸다.

신유한도 빠른 시일 안에 분관되지 않을 것을 짐작했는지, 문과 급제한 이듬해 봄에 고향으로 내려왔다. 그리고 처가가 있는 고령高靈 양전리量田里로 이거했다. 가야산이 품은 고을이었다. 꿈에서 최치원이 나타나 가야산을 평생 살 곳으로 점지해주었다고 신유한은 말하곤 했지만, 현실적으로 고령이 밀양보다 서울로의 왕래가 더 편하고 영남을 오가는 유명 인사를 활발하게 접할 수 있기 때문이었을 것이다. 이곳에서 방 세 칸 집을 구하여, 한 칸은 경전과 역사책, 백가百家의 서적을 보관하고, 한 칸은 침실로 쓰고, 한 칸은 당堂으로 쓰고는 '정관재靜觀齋'라는 편액을 걸었다. '정관'이라는 편액명은 고요히 독서하며 세상일에 연연하지 않겠다는 결심을 표한 것이지만, 그의 삶은 실상 그렇지 않았다. 그는 다시 길을 떠났고 자신을 알리기 위해 고군분투했다.

고령으로 이주한 그해 봄, 신유한은 영천의 조양각朝陽閣에서 홍치중洪致中(1667~1732)을 만났다. 홍치중은 우의정 홍중보洪重普의 손자로 노론 명문가 출신이며 훗날 영의정에까지 오르는 인물이다. 이해 성주안핵어사星州按覈御史로 파견되면서 영천을 지나던 길이었다. 신유한은 그와 창수하며 자신의 문재文才를 알리고자 노력했다.

청산은 멀리 머무는데 물은 휘감아 돌고

고루에 기대니 만상이 눈앞에 열리네

천고의 흥망을 황학이 호소하는 듯

봄기운이 움트니 백로가 날아오른다

벽 사이 밝은 달이 문장을 돕고

주렴 밖 청운은 술잔을 대하는구나

듣자니 성인께서 그물을 거두시려 한다니

봉황이 조서를 물고 해를 천천히 도네

靑山迢遞水縈回, 徙倚高樓萬象開.

千古廢興黃鶴訴, 一春飛動白鷗來.

壁間明月供文藻, 簾外靑雲對酒盃.

聞道聖人思祝網, 鳳凰含詔日遲徊.

　「조양각에서 현판의 시에 차운하여 어사 홍치중에게 바치다

朝陽閣, 次板上韻奉洪御史」

조양각은 고려 말에 정몽주鄭夢周가 당시 부사였던 이용李容, 향내 유림들과 합심하여 세운 누각이다. 신유한은 조양각에 걸려 있는 정몽주와 이용의 시를 읊조려보았다. 이들이 함께 노래했던 신루新樓는 이제 고루古樓가 되었다. 천고의 세월이 무상하게도 봄기운은 해마다 움튼다. 밝은 달빛과 푸른 구름을 마주하며 신유한은 자신의 밝은 미래를 욕망했다. 앞으로 조정에서 인재를 널리 구한다고 하지 않았는가. 그는 홍치중을 통해 등용되고자 하는 소망을 넌지시 드러냈다. 다행히 그의 마음이 통했는지 이 자리에서 홍치중은 신유한의 문재를 눈여겨보았다. 그리고 5년

영천조양각, 경상북도 유형문화재 제144호.

뒤인 1719년 그 결실이 맺어졌다. 통신사 정사로 일본 사행길에
오르면서 홍치중은 함께할 제술관으로 신유한을 추천했다.

　홍치중을 만난 그해 여름에 신유한은 야성野城(영덕)에 머물다
가 영천(영주)으로 향했다. 노론계 유력자인 원명귀元命龜를 만나
기 위해서였다. 원명귀는 효종의 부마 흥평위興平尉 원몽린元夢麟
의 아들로 당시 영천 군수로 부임해 있었다. 신유한은 원명귀의
아들인 원경하元景夏(1698~1761)의 숙사塾師 역할을 담당했던 것
으로 짐작된다. 신유한 사후 원경하는 만시를 지으며 '열문列門'이
라고 자칭했다. 스스로 신유한 문하에서 수학했음을 밝힌 것이
다. 원경하와의 만남은 신유한에게는 곧 노론 명문가의 권세를
등에 업을 기회를 의미했다. 그해 신유한은 원경하와 함께 상경했
는데, 8월에 있던 증광시에 응시하기 위해 상경길에 익숙했던 신
유한을 대동했던 것으로 보인다. 비록 합격하진 못했지만 원경하

는 1721년(경종 1) 사마시에 합격해 진사가 되고 1736년(영조 12) 정시문과庭試文科에 장원으로 급제하여 탄탄대로를 밟아나갔다. 신유한의 제자였던 원경하는 이후 그의 든든한 정치적 지지자가 되어주었다.

원경하와 함께 상경한 신유한은 당시 좌의정이자 증광시 시관 試官이었던 김창집金昌集, 서얼허통을 이끌어낸 최석정과 그의 아들인 최창대의 문하를 방문했다. 신유한은 노소론 가리지 않고 중앙 유력자들을 만나며 자신의 정치적 배경을 채우고자 했다.

그럼에도 과거 급제를 하고 2년이 넘도록 여전히 조정에서 이렇다 할 소식은 없었다. 신유한의 마음은 더욱 초조해졌다. 집안 사람들과 친척, 영남 유생들이 모두 기대에 찬 눈길로 그를 바라보고 있어 이대로 있을 수는 없었다. 그는 고령 객사 인빈각寅賓閣에서 잠깐 인연을 맺었던 이정제李廷濟(1670~1737)에게 다음과 같은 편지를 보낸다.[29]

인사드립니다. 인빈각에서 가르침을 받들고 밤낮으로 어찌 감히 잊을 수 있겠습니까. 저는 느릅나무 사이의 보잘것없는 물건인데, 요행히 큰 새를 만나 아득한 곳에 노닐며 날개를 펼칠 수 있었습니다. 이제 부드러운 바람을 넘나들고 구름을 탈 수 있겠다고 생각하였는데, 잠깐 사이 쑥대밭 몇 길만 날고 마침내 날아가버리시니, 배회하며 슬퍼하게 되었습니다. 그런데 구만 리에서 저를 보살펴주심이 또한 이와 같군요. (…)

저는 그늘진 골짝의 말라비틀어진 나무로 하늘조차 보배

로 여기지 않는데, 우연히 추생鄒生께서 따뜻한 기운을 불어넣어 외람되이 봄기운을 누리게 되었습니다. 오늘날 적막함은 분수상 당연한 것이고, 관직을 얻을 가망도 사라져버렸습니다. 예원의 대화도 허무한 일이 되었고 오직 가난함만 남아, 칠 척의 육신으로 살아갈 뿐입니다. 언제쯤 이러한 삶을 그만둘 수 있을까요? 조물주가 혹시라도 저를 쑥대같이 떠돌며 나루와 다리를 건너는 삶에서 구제하여 훨훨 날아올라 집사를 따라 노닐 수 있게 할지 모르겠습니다. 이는 제가 바랄 수 없는 일이라 감히 길게 말하지 못하겠습니다. 곤궁한 제 이름자가 혹 당신의 책상 상자에서 빠지지 않기만을 바랄 뿐입니다.[30]

궁벽한 처지에서 벗어나 관직을 얻고자 하는 욕망이 비굴할 정도로 솔직하게 드러나 있다. 『장자莊子』와 『열자列子』[31]의 여러 이야기를 화려하게 나열하며 이정제를 부담스러울 정도로 찬미했다. 쑥대처럼 이곳저곳을 떠도는 삶은 내가 결코 원하는 바가 아니다, 제발 나를 기억해달라. 콧대 높았던 그는 바짝 몸을 엎드리며 서울의 사대부들에게 거듭 호소할 때 온갖 모멸감을 느꼈을 것이다. 그늘진 골짝을 벗어나 청운에 오르고자 하는 청년 신유한의 욕망은 이를 감내할 만큼 간절했다.

봉상시 관원으로서의 삶

오랜 기다림 끝에 1717년, 신유한은 37세의 나이에 드디어 권지 교서관 부정자에 임명되었다. 하지만 결코 바라던 바는 아니었다. 당시에 문과 급제자들은 각각 승문원, 성균관, 교서관에 분관되었는데, 그중 교서관은 나이 젊고 글씨를 잘 쓰며 총명하면서도 중인과 서자, 시골 출신인 자들이 배정되는 것이 통례였으며, 추후 당상관으로 진입할 가능성이 낮은 자리였다.[32] 시골, 서자 출신이라는 신분적 한계가 신유한의 발목을 계속 잡고 있었던 것이다. 주변 사람들은 부당한 처사라고 여기며 안타까워했다. 신유한도 "이름이 어찌 장원에 어울리겠는가. 벼슬은 뱁새 날개처럼 초라할 뿐名豈龍頭大 官仍鷦翼孤"[33]이라며 불편한 심기를 감추지 않았다.

신유한은 서얼허통이 이루어진 시대에 태어나 그 시혜를 받았다 할 수 있지만 여전히 그가 갈 수 있는 자리는 한계가 있었다. 후대에 서얼 문사 이덕무李德懋가 다음과 같이 말하지 않았던가.

> 서얼은 조정에서 크게 금하고 종족에서는 크게 치욕으로 여기며 중사들은 더불어 이야기하고 토론하기 부끄러워하며 하류는 비웃고 꾸짖으니 거의 사람 취급도 못 받는다.[34]

신유한은 이덕무보다 50년을 앞서 살았으니 그가 받은 차별과 멸시는 이보다 더 심했으면 심했지 덜하지 않았을 것이다.

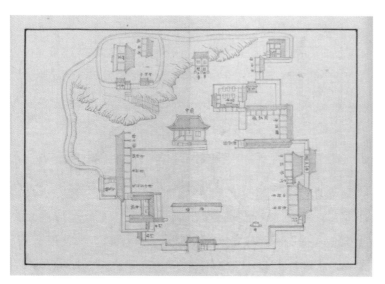

「봉상시 전도」, 『태상지』, 서울대학교 규장각한국학연구원/중앙도서관.

　그럼에도 신유한은 주어진 직무에 최선을 다해 임했다. 1718년
에 신유한은 교서관 정자校書館正字에 임명되어 역대 국왕의 행장
과 지문 등을 모은 『열서지장列聖誌狀』을 개간, 교정하는 일을 담
당했다. 이와 함께 봉상시 참봉까지 겸임하게 되었다.
　봉상시는 정3품 아문으로 지금의 광화문 하나은행 자리에 위
치해 있었다. 이곳에서 담당하는 주요 업무는 국가 제사와 시호
의 의정이었다. 그 밖에도 동적전東籍田, 서적전西籍田을 관할하
고, 산릉의 간심看審, 외국 사신 접대, 윤대 참여, 얼음 저장 감독
등 다양한 일을 맡아 처리했다. 각종 복잡한 절차를 하루아침
에 익히기가 곤란하기에 봉상시에 종사하는 낮은 직책의 관리들
은 대체로 오랜 기간 임명되었다. 신유한도 마찬가지였다. 통신사
행을 다녀온 이후 봉상시 판관이 되었으며 무장 현감에서 파직

『태상지』, 35.1×22.8cm, 1766, 서울대학교 규장각한국학연구원/중앙도서관. 본래 신유한이 지志 3책을 편찬하였는데, 1763년 도제조 홍봉한洪鳳漢 등이 다시 건의하여 8권 2책으로 편찬했다.

된 1726년, 평해 군수에서 파직된 1737년, 연천 현감에서 파직되고 난 1744년에 봉상시 첨정에 제수되었다. 일생 동안 6~7년 정도 봉상시에서 관직생활을 한 것으로 추측된다.

신유한이 봉상시 업무를 담당한 시기는, 국가 전례를 강화하여 유교적 국가 체제를 정비하고자 하는 조정의 의지가 강할 때였다. 특히 영조는 붕당을 마감하고 탕평정치를 열고자 하는 목적하에 친행 의례를 강화했다.[35] 이에 봉상시 업무도 이전보다 더 바빠질 수밖에 없었다. 신유한은 봉상시 업무를 성실히 수행하며 주위 대신들에게 신임을 얻었다. 1720년 김창집이 "봉상시는 제향祭享을 맡은 중요한 곳인데도 무릇 향의享儀에 관계된 내용에 소략함이 많다"고 하며 신유한을 시켜 『태상지太常誌』를 찬차撰次하게 했다. 이 서적은 봉상시의 건치연혁과 국가 제향, 찬품 등 봉상시 업무의 세부 내용을 정리한 것으로 1763년 성대중, 1873년 이근명李根命에 의해 개찬되는 『태상지』의 초본이라 할 수 있다. 이를테면 신유한은 봉상시 업무 체계를 처음으로 상세하게 정리한 것이다.

신유한은 최선을 다해 봉상시 일을 주관하여 신실과 신여神轝

를 개수하고 술과 육포 등 찬품을 정갈하게 만들었다. 이러한 공으로 여러 대신의 신임을 얻을 수 있었다. 그러나 그의 업무는 지방관 부임으로 곧잘 중단되었다. 1738년에 신유한이 연천 현감에 제수되자, 봉상시 도제조를 겸하고 있던 영의정 이광좌李光佐가 나서서 다시 한번 그에게 맡겨달라고 요청했다.

> 봉상시 첨정 신유한은 문장을 잘하고 일도 잘하는데, 먼 지방 사람이라 중용되지 못하니, 매우 안타깝습니다. 일찍이 봉상시 관원이 되어 등록謄錄 3책을 집성하였는데, 다른 관직으로 옮겨간 뒤 이속들이 그 책이 자기를 귀찮게 하는 것을 싫어해서 감추었습니다. 그가 다시 봉상시에 임용된 후에 탄식하며, 다시 집성하려 했지만 미처 다 하지 못하고, 먼저 등록 한 책을 완성했습니다. 신이 이번에 아뢴 내용도 신유한과 함께 상의하여 초안을 작성한 것입니다. 신유한이 봉상시 일을 오래 맡게 한다면 반드시 공효가 많을 것입니다. 공효가 있는 것을 보고, 좋은 관직으로 승진시키는 것이 어떻겠습니까?[36]

대간들은 영의정이 일개 봉상시 첨정의 구임久任에 대해서 논하는 것은 이례적인 일이라며 논죄했다. 즉, 연천이라는 궁벽한 시골 동네로 가는 것이 싫어서 신유한이 이광좌에게 청탁했다는 것이다. 신유한에게는 원래 제수되었던 연천 현감의 임기가 끝날 때까지 다시 서용하지 않는 준기불서準期不敍의 처벌을 내려야 한다고 주장했다. 이에 이광좌는 연천으로 가지 않겠다고 한 것

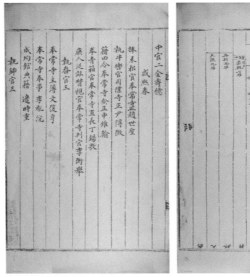
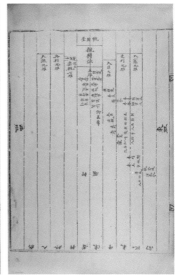

『친경의궤』, 44.4×32.0cm, 1739, 서울대학교 규장각한국학연구원/중앙도서관. 적전령 신유한의 이름이 확인된다. 적전령은 친경 때 왕이 밭을 가는 위치인 친경위의 동편에 섰다가 쟁기를 올리는 예를 진행하고, 이후 경작과 수확을 살피는 일을 담당했다.

은 애초에 신유한의 뜻이 아니고, 그가 없으면 봉상시 직무가 중도에 폐기될까 우려해서 자신이 시킨 것이니 차라리 자신을 논죄하라고 호소했다.[37] 결국 신유한의 봉상시 구임은 왕의 윤허를 받게 되었다. 이후 영조는 신유한을 불러 그의 관력을 물은 뒤 영의정이 애써 봉상시 업무를 계속 맡기게 했으니 공효를 보일 것을 당부했다.[38]

신유한이 대신에게 신임을 얻을 수 있었던 것은 그가 구습을 따르지 않고 봉상시 업무의 체계를 잡아나가고 폐단을 개선하는 데 노력했기 때문이다. 1721년 신유한은 봉상시 판관이 되자마자 봉상시에 정가재靜嘉齋를 지어 별도로 능에 올릴 제물을 관리하게 했다. 대동법이 시행된 후, 제물을 공물 주인 집에 받아두고 보관하게 한 까닭에 제물이 지저분하고 관리가 되지 않는 폐단이 나타나자, 제물을 봉상시에서 다시 주관하도록 한 것이다. 그런데 신유한이 무장 현감으로 나간 뒤 정가재는 하인들이 무리를 지어서 사는 곳으로 전락했다. 1744년 다시 봉상시 첨정으로 부임하면서 그는 임정任珽에게서 '정가재' 글씨를 받아 편액을 걸고, 기문을 써서 제 기능을 회복하게 했다.[39]

또 1739년 신유한은 봉상시 첨정으로 적전령의 임무를 성실히 수행했다. 1739년은 영조가 광해군 이후 100년 동안 행하지 않았던 친경親耕을 행하고자 결심한 해다. 영조는 친경을 통해 고례古禮를 회복함으로써 유교적 국가 체제의 완비를 상징적으로 보여주려 했다. 신유한은 이때 「신농위차도神農位次圖」를 올리고 적전령籍田令으로서 여러 절차를 진행하는 데 심혈을 기울였다.

신유한은 여러 해 봉상시 업무를 하며 영조의 신임을 얻었던 것으로 보인다. 영조는 제품祭品에 대해 다른 신하와 논의하던 중 예전에 신유한이 꼼꼼하게 잘 준비해서 제품과 관련된 모든 일이 그 사람의 손에 달려 있었다고 회고했고, 또 그가 연천 현감으로 갔을 때는 "기특한 자였지. 요즘도 책을 읽는가?"라며 근황을 묻기도 했다.[40]

이처럼 봉상시 업무를 오랫동안 맡으면서 많은 인정을 받은 신유한이었지만, 가슴 가득 문장을 품었던 그로서는 봉상시란 호구지책을 마뜩잖아했다. 업무에 쫓기느라 벗들을 만날 시간도 부족했다. 최성대는 이즈음 신유한의 일상을 다음과 같이 노래했다.

비서랑 해 넘도록 벼슬살이 못 벗어나

객지서 두 번이나 갯버들 날리는 것 보네

날을 쪼개 봉상시 업무까지 겸하니

성안에서 친구들 만나는 것 드무네

자질구레한 일은 말할 것이 없고

철 바뀔 때마다 새 옷 만드느라 근심하네

큰 소리로 아전 꾸짖다가 서글퍼지니

녹봉이 얼마라고 이 내 몸 얽어맸는가

秘書經年宦不歸, 旅舍再見冬絮飛.

倂日况兼太常直, 城裏故人看亦稀.

京兆畫眉那可論, 換節每愁縫新衣.

高聲喝吏復惆悵, 此豈祿厚身仍羈.

_최성대, 「장난으로 비서랑 신유한에게 준다戲贈申秘書」 중

더구나 봉상시에서의 일이 모두 순탄하게 돌아간 것은 아니었다. 봉상시 관원은 각종 능의 제관祭官으로 차출되었는데, 먼 길을 다니며 제품까지 정갈하게 관리하는 것은 여간 어려운 일이 아니었다. 목릉까지 비를 맞으며 30리 길을 다녀온 뒤 신유한은 온몸이 부서지는 고통에 한동안 자리에서 일어나지 못했다. 태묘 망제의 전사관典祀官으로 차임되었을 때는 술맛이 싱겁다는 이유로, 기우제 때에는 기장쌀을 깨끗하게 찧지 않았다는 이유로 의금부에 잡혀가 추고되기도 했다.

나라의 중요한 의례를 담당한다고 해서 존경을 받은 것도 아니었다. 어디까지나 실무를 담당하는 하급 관리, 그 이상으로 대우

받지 못했다. 친경 이후 거적을 덮어 관리하고 추수할 때까지 적전령이 농사일을 감독하게 했는데, 예조판서 윤순이 신유한은 시골 사람이고 비천한 자이므로 근교의 호민豪民이 그 명령을 따르지 않을 것이 염려된다며 호조에서 낭관을 택하여 함께 시키길 청한 일도 있었다.⁴¹

잡무가 많고 공은 별로 없는 관직에 있다보니 신유한은 염증을 느꼈다. 봉상시에서 오래 근무한다고 해서 관직이 올라가는 것도 아니었다. 그저 봉상시에 자리가 나는 대로 당하관직을 번갈아가며 맡을 뿐이었다. 종4품 첨정을 지냈다가 종6품 주부에 제수된 적도 있었다. 누구보다 봉상시 업무를 잘 알고 있다고 자부했으며 또 신임을 받았지만, 신유한은 정3품 지위인 봉상시 정자리에 올라갈 수 없었다. 영조는 탕평의 기조하에 서얼허통을 위해 여러 조치를 시행했지만 여전히 서얼이 올라갈 자리는 한계가 있었다.

1751년에 대신들이 연석에서 신유한의 억울함을 논하기도 했다. 이조참의 남태제가 아뢰기를,

전 현감 신유한은 시문이 다만 일세一世에 이름을 떨쳤을 뿐만 아니라, 일본 오랑캐들도 그의 성명姓名을 알고 있을 정도입니다. 그런데 다만 그 신분 때문에 벼슬이 봉상시 첨정에 지나지 않았으니, 진실로 애석한 일입니다. 옛날에 최립崔岦은 승문 제조承文提調가 되었고 차천로車天輅는 봉상시 정이 되었습니다. 최립의 문장은 비록 경솔히 의논할 수 없지만 신유한의 문장이 차천로보다는 나으니, 마땅히

파격적으로 조용調用해주어야 합니다.

하였다. 최립, 차천로에 신유한을 견주었던 것은, 세 사람 모두 문재가 뛰어나지만 신분이 변변치 않은 탓이었다. 병조판서 홍계희도 말하기를,

신유한의 문장은 옛날에도 또한 견줄 만한 이가 드뭅니다. 봉상시 정은 예전에는 명환名宦이라 칭하였는데 오늘날에는 통청通淸하지 못한 자 또한 이 벼슬을 하는 경우가 많으니, 만일 이 벼슬을 제수한다면 쇠퇴하는 세상을 용동聳動시킬 수가 있을 것입니다.

하자, 영조도 수긍하고 군자감 정軍資監正·봉상시 정·사예司藝 등의 자리 중에서 빈자리가 있는 대로 의차擬差하라고 명했다.[42]
　하지만 이미 때는 늦었다. 신유한의 나이 71세, 이제 벼슬을 그만두고 고향 집으로 돌아가 여생을 마칠 준비를 하던 때였다. 그는 다시는 서울길에 오르지 않았다.

남산에서 서울을 내려다보며

서울에서 성균관 유생으로 지내며, 또 관료생활을 하면서 신유한의 삶은 어떠했을까. 성균관에서 나온 이후 당시 지방 유생들의 우거처였던 낙산과 남산 사이에 그도 지냈을 것으로 추정된다.

봉상시 관원으로 일하면서는 지금의 종묘동, 종로3가 지역 사관舍館에서 지낸 것으로 기록되어 있다.[43] 63세에 연천에서 돌아와서는 회동晦洞 임정任珽(1694~1750) 형제 집 근처에서 지냈다.

고향을 떠나 봉상시 관원과 지방 현감직을 왔다 갔다 했던 그의 삶은 나그네와 다름없었으리라. 1718년에는 역병이 돌아 고령에 있는 노모, 형제, 처자의 생사조차 한동안 듣지 못하고 공무에 매달려야 했다. 그는 하루가 1년같이 느껴진다고 토로했다.[44]

1720년에 성균관 전적이 되었을 때 그는 다음과 같은 시를 읊조렸다.

가을날 빈 관사에서 맑은 술을 들이켜며
취해 노래하고, 때로 다시 이소경을 읽네
눈앞의 단풍은 날마다 아름다워지고
무수한 청산은 면면이 높다랗구나
도성에선 관포지교管鮑之交를 나누지 못하니
가을 강에 고향 집으로 돌아갈 것을 꿈꾸네
거문고를 3년 동안 끼고 있는 나그네
바다로 돌아간 악사 양襄만 못하다는 것 알겠네

搖落空齋澹碧醪, 醉歌時復讀離騷.

且看黃葉朝朝嫩, 無數靑山面面高.

禁陌交情非管鮑, 秋江歸夢是尊鱸.

深知夾瑟三年客, 不及師襄入海豪.

「성균관 시위에서 일을 맡은 지 열흘이 지났다. 가을에 회포가 일어 노래한다泮宮試圉, 幹事經旬, 秋懷有述」

당시는 신유한에게 출세의 길이 조금씩 열릴 때였다. 통신사행을 다녀온 후 공을 인정받아 1720년 8월 신유한은 성균관 전적 典籍(정6품)에 제수되었다. 성균관 전적은 성균관 학생을 지도하는 자리로, 으레 갑과 1등에게 초직初職으로 제수하는 자리다. 신유한으로서는 오랜 설움을 씻을 기회였다.

하지만 그의 마음은 고단하기만 했다. 객지생활을 한 지 딱 3년째 되는 해였다. 진심을 나눌 만한 벗을 만나기 어려웠다. 서울에서 좀처럼 정을 붙이지 못했던 그가 꾸었던 꿈은 바로 고향에 돌아가는 것이었다. 유력자들을 만나며 관직을 구했던 그의 행적을 생각하면 신유한의 고백은 다소 모순적으로 느껴진다. 하지만 이 역시 그의 진심이 아니라고 하지는 못할 것이다. 그렇게 신유한은 고향에 돌아가고 싶은 욕망, 출세를 하고 싶은 욕망 사이에서 끊임없이 흔들렸다.

시의 마지막 구에서 언급한 악사는 양襄으로, 주周나라가 쇠미해지자 섬으로 들어가 은거했던 사람이다. 이러한 전고는 신유한이 가진 현실 인식의 한 단면을 보여준다. 당시는 숙종이 승하하고 경종이 즉위했을 때로 당쟁이 일어 정국이 혼란했던 시기다. 이에 신유한은 더욱 편치 못해 하며 마음을 붙일 수가 없었을 것이다.

어느 날 신유한은 지금의 남산, 목멱산에 올라 서울을 내려다보았다. 남산은 성균관 유생 때부터 익숙하게 오고 가던 곳이다.

목멱산에 올랐다. 산의 높이는 수천 길이요, 서북쪽으로는 백악산, 삼각산, 인왕산의 여러 산이 바라보이는데 산

「한양 전경」, 전 김수철金秀哲, 종이에 색, 57.6×133.9cm, 조선시대, 국립중앙박물관. 남산
기슭에서 한양을 조망한 작품이다.

들이 모여서 하늘에 서려 서로 읍하는 듯 서로 껴안는 듯
하다. 동쪽으로는 백운산의 지록枝麓이 구불구불 뻗어내
려가 남산과 합하였다. 산의 등성이를 빙 둘러서 성가퀴와
망루가 있어서 종고鍾鼓의 소리가 서로 울린다. 이 성안의
지세는 가로 10여 리, 세로는 그 3분의 2가 된다. 거기에

종묘사직, 궁궐, 창고, 성균관, 원유苑囿가 세워져 있다. 그 바깥으로는 삼공육경과 백관의 관아이고 그 나머지는 만인의 가옥, 백 가지 재화의 가게, 열 거리의 저자이니, 또렷하게 손바닥 안에 있는 듯하다.

중국 수도나 옛 주나라 수도 풍호豐鎬는 물론이거니와, 역

사서에서 말하는 이른바 임치臨淄와 우한雨汗, 언영鄢郢과
운몽雲夢에 비하면 훨씬 못 미친다고 생각한다. 그런데 한
양 땅은 인재가 많고 풍부하다. 덕업으로는 이윤伊尹·부열
傳說, 지혜와 능력으로는 관자管子·제갈량諸葛亮, 문장으로
는 사마상여司馬相如·사마천司馬遷, 고을 수령으로는 공수龔
遂·황패黃霸·탁무卓茂·노공魯恭이 모두 여기서 나오지, 멀리
시골 촌구석에서 취하는 경우는 백에 하나도 없다.

남산 위에 올라가니 서울이 한눈에 보인다. 좁은 땅덩어리에
빼곡하게 궁궐과 관아, 민가, 가게가 채워져 있다. 역대 중국 수
도와 비교할 수 없이 좁디좁은 곳이다. 이렇게 좁은 땅에서 덕업,
지혜, 문장에 뛰어난 자, 어진 수령들이 모두 배출된다. 자신과 같
은 먼 시골 출신은 도저히 낄 수가 없다. 더 심각한 것은 다음과
같은 상황이다.

그리고 여기서 취하는 경우에도, 갑은 옳게 여기고 을은
그르게 여겨 제齊는 남아돌고 초楚는 모자라는 형국을 만
들어낸다. 먼저 갑의 말을 옳다 여기면 갑의 사람을 귀하
게 쓰지 을을 쓰는 경우는 백에 하나도 없다. 이후 을의
말을 옳다 여기면 을의 사람을 귀하게 쓰는 것을 마찬가
지로 한다. 이것이 이 땅의 인재들을 열에 둘, 셋도 쓰지
못하는 염려가 늘 있는 까닭이다.
하지만 옛날 설契이 사도司徒일 때 기夔는 음악을 담당하
고, 고요皐陶가 사士일 때 용龍이 납언納言을 하여 어디고

조화롭지 않은 적이 없어서, 구공九功이 모두 제대로 이루
어지고 모든 공적이 다 빛났다. 그렇기에 집집마다 봉封할
수 있었으며 월越에는 호미가 없고 진秦에는 창 자루가 없
을 정도로 평화로웠던 것이다.

좁디좁은 한양 땅에서 당파까지 갈라 특정 당파에 속한 인재
만 등용한다. 그렇다면 어떻게 해야 하는가. 신유한이 꿈꾸는 것
은 상고시대의 정치다. 각각의 인재가 자신의 재능에 맞게 자기
역할을 하는 것. 하지만 지금의 조선 땅에서 그러한 이상향이 실
현될 수 있을까.

아아, 이것이 어찌 땅 신령이 인재를 육성할 때에 도성 안
은 풍성하게 하고 도성 바깥은 인색하여서 그런 것이겠는
가. 주관周官 세록世祿의 제도가 만들어진 지 오래되어 부
형이 가르치고 자제가 본받아 단련을 하지 않아도 익숙히
보고 들어서, 집집마다 보불黼黻의 높은 벼슬감이고 호호
마다 경륜經綸의 재목이 되기 때문이다. 하지만 구구하고
비루한 곳에 거처하는 선비는 밭두둑 사이에서 몸을 일으
켜보아도 그 재주가 미관 하나에도 얻을 수 없는지라, 발
바닥에 물집이 잡힐 정도로 천 리 먼 길을 오지만 벼슬길
에서는 아무런 뜻을 얻지 못하고 물러날 적에는 또 황황
하게 물러난다. 아, 슬프다.[45]

지금의 경화와 시골은 그 문화 차이가 이미 현격하여 좁혀질

수 없다. 애초에 타고난 재능이 다를 리가 있겠는가. 문화와 교육
이 경화에 집중되어 있기에 이곳 선비들은 크게 노력하지 않아도
쉽게 성장하여 원하는 결실을 맺을 수 있다. 한편 지방 선비는 어
떠한가. 아무리 애쓴들 도저히 그들만의 리그에 낄 수가 없다.

경화 인사들과 함께 어울리고 그들에게서 뛰어난 문재를 인정
받았지만, 시작부터가 달랐다. 그는 자신이 경계인일 수밖에 없
다는 사실을 서울에 올라온 후 여실히 자각했다. 시골 출신인 데
다가 서얼이기까지 한 그가 아무리 뛰어난 능력을 지녔다 하더라
도, 또 아무리 발에 물집이 잡힐 정도로 동분서주한다더라도 쉽
게 중앙 관직에 진입할 수 없다는 것을 뼈저리게 느꼈던 것이다.
현실은 그에게 가혹하기만 했다. 하지만 그의 문학에 거친 삶의
질감, 냉소 그리고 약자에 대한 연민이 더해진 것은 또 바로 그러
한 현실 덕분일 것이다.

3

척박한 고을의 수령

40대 이후 신유한은 지방 수령으로 여러 차례 부임했다. 1722년에 무장 현감茂長縣監으로 부임해 2년을, 1727년에 평해 군수平海郡守로 부임해 6년을, 1739년에 연천 현감漣川縣監으로 부임해 5년을, 1745년에는 연일 현감延日縣監으로 부임해 4년을 보냈다. 지방 수령으로만 17년을 지낸 것이다. 수령의 임기는 원칙적으로 1800일이었지만 조선 후기에는 임기가 제대로 지켜지지 않고 빈번하게 교체되었다. 이 점을 감안하면 신유한은 한 지역에서 상당히 오랫동안 근무한 셈이다. 그 이유는 두 가지로 생각할 수 있다. 신유한이 해당 지역에서의 근무 성과가 좋았거나 아니면 해당 지역이 매력 없는 곳이거나.

특히 무장과 연천은 척박한 곳이라 사대부들이 기피하는 지역이었다. 무장은 오늘날 전라북도 고창 지역인데, 소금밭을 개척

한 곳이라 땅이 척박해 해마다 흉년을 피하기 힘들었다. 또 소금을 조정에 공납해야 한다는 부담이 컸다. 신유한의 표현에 의하면, 이곳에 부임하는 자들은 인신印信, 부절符節을 헌신짝처럼, 관아를 여관처럼 여기며 밤낮으로 돌아가기를 청했다고 한다. 그가 부임할 당시 기근이 심하게 들어 관아의 창고가 텅 비어 있었고 백성이 그를 둘러싸서 호소하는 소리가 마치 모기가 윙윙대는 것 같았다고 신유한은 기록했다.

2년 뒤 무장으로 부임하는 후임자에게 보내는 서신에서 그는 무장을 도저히 구제할 방법이 없는 끔찍한 곳으로 묘사했다.[46] 온갖 병폐가 모여 있는 곳이지만, 그중에서도 지방 호족과 아전들을 다루기가 제일 어려웠다. 해마다 거두어야 하는 세금은 수천 석이 넘는데, 지방 호족들이 묵정밭이라며 마을 밭을 다 차지하여 세금을 거둘 수 없을 지경이었다. 게다가 열 집에 세 집은 호적을 조작해 조세와 군역을 회피했다. 그런데도 고을의 면장, 군수軍帥, 이서, 하례 무리들은 교활하게 현감을 속이며 자신들의 이익만을 도모하고 있었다.

신유한은 보미保米를 제대로 납부하지 않은 이유로 추고를 받기도 했다. 알고 보니 색리들이 여섯 달 동안 묵혀놓고 농간을 부린 탓이었지만 신유한은 정사에 게으르다는 혹독한 평가를 받고 쫓겨날 수밖에 없었다. 첫 지방 현감직은 그의 말에 따르면 춥지도 않은데 몸서리가 쳐지는 아픈 기억으로 남았다.

신유한이 봉상시 일로 사양한 연천 지역도 악명이 높기는 매한가지였다. 고을이 작고, 땅이 척박하고, 민호는 적으며, 업무가 많아 '사난四難'으로 악명 높은 지역이었다. 신유한에 앞서 제수된 현감들이 두 차례나 부임하지 않고 체차된 곳이다. 신유한이 처음 관아에 도착했을 때 그곳의 모습을 보고 마부가 바위 사이 가시나무 울타리를 가리키며, "이곳이 관아이고, 이곳이 창고입니다"라고 했다. 가시나무를 헤치고 들어가 그곳에 앉아보니, 아전과 하인들, 밥하고 물 긷는 사람들이 정강이도 채 가리지 못하는 옷을 입고는 모두 일정한 거처 없이 모여 앉아 부실하게 끼니를 때우고 있었다. 백성들은 띠풀을 엮어 만든 집에 거친 옷을 입고 있었다. 민호民戶는 1000여 호 되는데, 그중 유사遊士가 반이고, 양민과 천민은 2000명 남짓밖에 되지 않았다. 땅은 척박해서 농사를 짓기에 적합하지 않았다. 그런데도 관아에서는 풍년 소출을 기준으로 계산해서 온갖 조세와 부역을 부과하고 있는 상황이었다. 게다가 중국 사신에게 공급하는 비용까지 거두어 백성이 관장官長을 원수처럼 여기고 있었다.

1727년 군수로 부임한 평해는 그나마 형편이 나았지만 그곳에서 신유한은 심한 흉년을 맞았다. 1733년 신유한은 최성대에게 아래의 시를 보냈다.

> 여자들이 짠 오승 삼베를 남자들이 운반해서
> 군세로 해마다 수레 가득 보내는데
> 분별없는 경사에서는 단번에 퇴짜 놓으니
> 천금 돈을 경저리 집에서 빌리네
> 男輸女織五升麻, 軍稅年年送滿車.
> 不分京司呵退急, 千金子貸邸人家.
> _「최사집에게 주는 서신與崔士集書」중

흉년에도 조정에서는 군포軍布를 어김없이 거두었다. 최상급의 군포를 마련해서 서울로 수송하면 서울의 관리는 품질이 안 좋다는 이유로 퇴짜를 놓곤 했다. 이에 경저리에게 돈을 빌려 대신 바치면 이자를 쳐서 배로 갚아야 하는 상황이었다. 그는 굶주린 백성들이 고혈이 다 말라 남은 것이 없을 지경이라며 울분을 토했다.

이처럼 신유한은 통치 체제가 무너져가는 18세기 지방의 현실을 고발했다. 조정은 백성의 삶을 구제하는 것을 지방관에 전임했으나, 자주 그들을 교체하면서 사실상 지방을 방기했다. 잠시 다녀가는 지방관은 오랫동안 지방에서 권력을 키운 호족, 아전을 다루기에 역부족이었다. 지방의 상황을 고려하지 않고 부과되는 온갖 조세와 부역은 지방 백성의 삶을 비참하게 만들었다. 신유한은 지방관으로 지내며 마주한 정치적 모순과 백성의 고통에 분노하지 않을 수가 없었다.

지나치게 부드러운 원님

1745년, 신유한은 나이 65세에 부안 현감과 연일 현감에 제수되었다. 부안은 연해 지역으로 조선 후기에 매우 중시된 곳이다. 주변 지역은 무과나 음관 출신 관리가 많은 데 비해, 부안은 문과 출신의 시종신이 임용되는 읍이었다. 부안 현감은 종6품직이었지만 조선 후기에는 3품 이상의 직급을 가진 자들이 주로 임용되었다.[47]

신유한이 부안에 제수되자마자 온 조정이 떠들썩해졌다. 당시 지평持平이었던 이제암李齊喦이 그를 체차해야 한다고 주장했다.

새로 부안 현감에 제수된 신유한은 사람됨이 괴기합니다. 이단을 숭상하여, 세상에서 지적을 받은 지 오래되었습니다. 누차 현감을 맡았는데 하나도 좋은 일을 한 것이 없어, 가는 곳마다 해독을 끼쳐 백성이 명을 감당할 수 없습니다. 다시 자목字牧의 직임을 그에게 줄 수 없음이 분명합니다. 이번에 새로 제수받은 부안은 평소 호남에서 다스려지기 어려운 고을이라고 하는데, 제목題目이 내려오자 사람들이 모두 놀랐습니다. 수령을 가려 뽑아야 하는 지금, 이러한 사람에게 일을 맡길 수 없습니다.[48]

영조는 처음에는 일을 번거롭게 만들지 말라고 했다. 탄핵을 받은 상황이기에 신유한도 아이종을 보내 정세상 부임할 수 없다고 자신의 뜻을 전했다. 그러자 이조에서는 또 바쁜 상황에서 왕명을 거절했다는 이유로 신유한을 잡아들일 것을 청했다. 의금부에 붙잡혀 가자 신유한의 벗 권상일權相一은 이번에 신유한이 풀려나면 곧 부안에 부임할 수 있을 것이라고 은근히 희망을 보였다.

하지만 영의정 김재로金在魯마저 신유한이 부안 현감에 적합한 인물이 아니라고 비판에 합세하자, 결국 부안 현감에 제수한 지 한 달 만에 영조는 신유한을 체차하라고 명했다. 이단을 숭상한다는 것은 심증일 뿐 특별한 정황이 있었던 것은 아니다. 그보다

는 부안 현감이란 자리가 신유한에게 과분하다고 느꼈기 때문일
것이다. 신유한의 벗 이석李瀷은 그를 위로하며 희작시를 보냈다.

아득히 헐벗은 땅 천 리에 온통이라
피조차 여기에선 자라지 못하는데
오늘날 많은 이 미워한다 불평 마소
노년에 영광스레 이학異學으로 이름났으니
茫茫赤地盡千里, 稊稗其如且不生.
休嫌今日憎多口, 暮歲光華異學名.
_이석,「신주백이 부안 현감에 제수되었는데, 그가 이학을 믿는
다는 이유로 논척하는 대계가 올라와 장난으로 준다申周伯得扶
安, 臺啓斥以異學, 戲贈」**49**

부안이 실제로는 그리 비옥한 땅도 아니니 체차된 것에 개의
치 말라는 것이다. 오히려 이단으로 이름났으니 영광스럽지 않냐
고 농을 던졌다.

얼마 지나지 않아 신유한은 연일 현감에 제수되었다. 연일은
지금의 포항 영일읍에 해당된다. 연일이 궁벽한 지역이었기 때문
인지 이때는 아무런 논쟁이 없었다. 마침 연일 지역이 흉년을 맞
았기에 영조가 특별히 그에게 말을 주어 서둘러 내려가라고 했을
정도였다.

신유한은 11월에 부임하여 총 4년간 69세까지 근무했다. 그가
연일에서 밤낮으로 마음을 써서 힘껏 백성을 구제한 덕분으로
온 고을이 소생하여 모든 백성이 기뻐했다고 한다. 그럼에도 그는

폄과眨科에서 태유太柔를 받았다.

> 금번 폄과를 이미 보셨으리라 생각합니다. "지나치게 부
> 드럽다"는 본래 『도덕경』에서 나온 말이니, 역시 '평소 배
> 웠던 공을 저버리지 않았군' 하고 생각하였습니다. 이것이
> 전일 대간이 배척한 말 중 "이학"이라는 말과 서로 표리가
> 되니, 우습습니다. 예전 연천 현감으로 있을 때 암행어사
> 가 제가 흉년 중에 환곡을 거둘 적에 채찍을 쓰지 않았다
> 고 하여, 경연經筵에서 포창을 입기까지 하였습니다. 그런
> 데 지금은 "유柔"로 죄를 얻었으나, 탐학하여 법대로 하지
> 않는 자들과는 절로 구별이 있습니다. 무슨 유감이 있겠
> 습니까.[50]

이석에게 보내는 서신에서 신유한은 가혹하게 백성을 대하지
않았다고 자부하면서 스스로를 위로했다. 곰곰이 따져보니 '태유'
는 노자의 말에서 비롯된 것이니 예전에 이단을 숭상한다는 평
과 걸맞다고, 이석에게 다시 농담으로 답했다. 지나치게 부드럽다
는 평가는 역설적으로 그가 다른 지방 관료들처럼 탐학한 횡포
를 부리지 않았음을 보여주는 것이다.

어쩌면 삶이 이리도 고달픈가

신유한은 부임한 곳에서 백성의 가난을 구제하고 오래된 병폐

를 치유하려고 노력했다. 무장에서는 무너져가는 관아를 정비하여 다시 세웠다. 또 녹봉을 덜어 백성을 구제하고 형벌을 관대하게 시행했다. 인재를 육성하는 일에 힘써서 문사文士들을 불러 낮이고 밤이고 강학했다고 한다. 이에 무장은 수년 사이에 문화가 융성해졌다. 연보에 의하면 신유한 덕분에 호남에서 과거를 보는 자들 중에 무장 출신이 제일 많았다고 한다.

평해에서도 신유한의 노력으로 당시에 관동에서 평해가 제일 잘 다스려진다고 평가받았다. 연석에서 우의정 서명균徐命均은 신유한의 치적이 뛰어나니, 체차하기 아깝다며 1년 더 머물게 할 것을 직접 건의했다.[51] 그가 임기를 채우고 돌아갈 때 선비들과 나무꾼, 장사꾼들이 모두 한 해 더 하기를 원하여 길을 막는 바람에 앞으로 나갈 수 없을 정도였다고 한다.

연일에 부임해서는 읍기邑基를 이건했다. 연일읍은 매우 좁은데 위치하여 백성이 의지하기가 어려웠다. 예전 관찰사가 장전長田으로 옮길 것을 계청하여 조정에서 윤허한 바가 있었다. 그런데 흉년이 겹치고 관리가 자주 바뀌어 미처 읍기를 옮길 겨를이 없었다. 신유한은 이에 읍기를 이건하고, 청명각淸明閣을 지었다. 이때 지은 기문이 신유한의 문집에 남아 있다. 그의 벗 최성대도 「청명각시淸明閣詩」를 보내 이건을 축하했다.

백성을 향한 애틋한 시선은 「제여신문祭厲神文」에서 엿볼 수 있다. 1742년 연천에 역병이 치성했는데, 신유한은 당시 관동과 영북에서 가뭄이 들어 행려병자들이 연천에 유입되어 역병이 유행한 것으로 보고 이해 6월 28일 관문 밖에서 도사禱祀를 지내주었다.

「영일현지도」, 『경상도지도』, 1872, 서울대학교 규장각한국학연구원/중앙도서관. 지도에서 구읍과 신읍이 확인된다.

아, 애통하도다. 내 그대들의 성과 족속과 그대들의 집안이 어디에 있었는지 모르겠지만 똑같이 우리 성왕의 적자로 그대들과 나는 함께 화육되어왔다. 하늘이 그대들을 도와주시지 않아 장마와 가뭄, 풍상에 그대들의 집과 밭이 망가져 그대들 고향을 떠나 그대들의 처자식을 이끌고 안개 이슬 속에 추위와 무더위를 견디며 산천을 떠돌았다. 굶주림과 목마름은 속을 타게 하고 고달픈 신세가 밖을 공격하니 어찌 죽음에 이르지 않을 수 있었겠는가.

내 그대들이 노인과 아이들을 이끌고 이리저리 떠돌다가 우리 경내에 들어와 머물러 10명, 100명이 무리를 이루는 것은 보았지만, 돌아가는 것을 보지 못했다. 그러니 그대들이 죽어 도랑이 무덤이 되고 거적과 흙이 떼가 되는 것은 실로 당연하다 하겠다. 어쩌면 삶이 이리도 고달프고 명이 이리도 박한가. 이제 들판의 보리를 수확하고 밭의 오이를 광주리에 가득 담는데, 그대들은 새로 수확한 것을 먹지 못하고 들녘에 단비가 내려 아녀자들이 들밥을 내오는데도 그대들은 함께 먹지를 못하는구나. 아, 안타깝도다. 귀신도 밥을 구하거늘 그대들이 지각이 있다면 약오씨若敖氏가 굶주리는 것과 같이 (제사가) 없어서 되겠는가.

신유한은 떠돌다 죽은 백성을 "그대爾"라고 반복해서 칭하며, 그들의 삶에 깊은 애도를 표하고 교감을 시도했다. 고향에 머물지 못해 이곳저곳을 떠돌다 연천까지 들어왔다. 굶주림을 견디지 못해 죽은 시체가 도랑을 가득 메웠다. 사후에 제사상도 제대로 못 받으니 원한이 풀리지 않는다. 신유한은 살아생전 그들이 겪었을 고통을 기록하고, 사후에도 풀리지 못한 원한을 세심하게 헤아리며 그들 영혼에 깊은 위로를 표했다.

그러나 내 일찍이 달도한 자에게 들으니 사람이 죽으면 골

육은 땅으로 돌아가지만 혼기는 가지 못하는 데가 없다고 한다. 굶주리면 죽을 꿈꾸고, 추우면 옷을 생각하고, 떠돌면 전원을 그리워하며 심지어 한 그릇의 밥과 국에 낯빛과 말투를 환하게도 서운하게도 만든다. 이는 모두 산 사람이 얽매이는 것으로, 죽어서는 이러한 것이 사라진다. 그대들은 이미 형해를 버리고 먼지 속세 밖을 떠나 음양과 짝을 하고 구름과 달과 무리 지어 홍몽鴻濛의 문과 오유烏有의 터에서 함께 노니니, 바로 장주가 땅강아지와 솔개의 밥이 되는 것을 가리지 않았던 이유이고 해골이 제왕의 기쁨보다 더 즐겁다고 한 이유다. 그런데도 어찌 원망하는 기운이 맺혀 풀지 못하여 우리 천가千家의 백성으로 죽어가고 병든 자들로 하여금 모두 그대들을 원수로 여기게 하는가. 내 그대들이 먹지 못해 죽은 것이 가련해 술과 밥을 차리고 한번 배부르게 먹게 하노라.[52]

이제 영혼이 되었으니 이승에 대해 집착할 필요가 뭐가 있겠는가. 장주의 이야기는 그가 임종을 앞두고 "위에 있으면 까마귀와 솔개의 밥이 되고 땅속에 있으면 땅강아지와 개미의 밥이 되는 것인데, 그것을 저쪽에서 빼앗아 이쪽에 주려고 하니, 어찌 그리 편벽한가"라고 하며 장례를 치르지 말라고 한 것을 뜻한다. 해골의 말은 『장자』「지락至樂」에 "죽음의 세계에는 위에 군주도 없고 아래에 신하도 없지. 또 사철의 변화도 없다네. 편안하게 몸을 맡긴 채 천지와 함께 수명을 누린다네. 인간 세상의 제왕의 즐거움도 이에 미치지는 못할 걸세"라고 한 것을 이른다. 신유한은 『장자』의 문구를 연달아 인용해, 그들이 아득한 저승에서 무한한 즐거움을 누리기를 기원했다. 신유한다운 결론이다.

연일에서도 인간이 인간으로서의 삶을 유지하지 못하는 비참함을 목도했다. 연일은 큰 바다를 끼고 있는 고을이었다. 바다를 앞두고 있는 언덕길을 지나다가 신유한은 모래알들 사이에서 메마르고 부서진 뼛조각을 발견했다. 인골이었다. 둥근 것, 길쭉한 것, 뾰족한 것들이 길에 흩어져 있었다. 신유한이 놀라 마을 사람에게 물어보니,

> 이곳은 물이 없고 언덕 지형이라 멀고 가까운 곳에서 동사하거나 아사한 사람, 역병 걸린 사람, 북쪽에서 온 장사치로 배가 부서져 죽은 사람의 시신을 대충 장사 지내는 곳입니다. 불가에서 말하는 시다림尸茶林(시신을 내다 버리는 곳)과 같습니다. 임술년(1742) 홍수가 덮쳐 육지가 강이 되어 바다 쪽으로 이른 유골들이 반이나 됩니다. 관이 부서지고 나무가 썩어 간혹 모래 언덕에 얽히거나 길에 흩어진 것은 누구의 등뼈인지, 누구의 팔뚝인지, 누구의 해골인지 정강이뼈인지 알 수 없어, 거두지도 묻지도 않은 채 닳아 부스러지도록 그대로 둔 것입니다.[53]

하였다. 신유한은 슬픈 마음에 9월 25일 하인에게 명해 뼈들을 모아 북송정北松亭 옆 땅에 묻어주고 제를 올리며 「예인골문瘞人骨文」을 지어 이들의 영혼을 위로했다. 또 자신의 정성을 보아 역병이나 기근을 일으키지 말고, 연일 땅에 복을 내려주길 기원했다.

부랑민의 시신으로 메워진 골짝, 주인 없는 유골이 흩어진 언덕을 지나며 신유한은 비참한 백성의 삶과 가혹한 현실을 온몸으로 마주했다. 그리고 이는 중년 이후 그의 문학에 중요한 주제로 들어온다.

가야산 기슭에서 운명하다

4

신유한은 그의 나이 69세에 이르러서야 서울 관원과 지방 현감의 오랜 생활을 마무리하고 비로소 그리던 가야산으로 돌아갈 수 있었다. 최치원을 사모한다는 뜻으로 정관재의 이름을 경운재景雲齋로 바꾸어 짓고 가야초수伽倻樵叟로 자호自號하며 지냈다.

신유한은 경운재 뜰에다 돌을 쌓아 산을 만들고 매화, 국화, 소나무, 대나무를 심었다. 물길을 끌어 연못을 만들어 편안히 완상할 수 있는 공간을 조성했다. 경운재의 왼쪽을 '호둔와好遯窩'라고 하여 경서와 거문고, 벼루, 화로, 술잔을 두었다. 오른쪽은 '양몽헌養蒙軒'이라 이름하고 문도를 가르치는 공간으로 활용했다. 서울과 시골에서 책 상자를 짊어지고 오는 자들이 이어졌다. 조정에서 여러 차례 그를 불렀지만 응하지 않고 저술을 정리하고 후학을 가르치며 여생을 보냈다.

칠순 노인이지만 그의 눈빛은 성성했다. 그는 지나온 세월이 모두 환영과 같았다. 그는 자신의 마음을 달래려 옛 책을 펼쳤다.

아침저녁으로 『산해경山海經』, 『관자管子』의 「지원地員」, 『일주서逸周書』의 「왕회王會」, 석고문石鼓文, 「동관고공기冬官考工記」 등을 보면서 지내며 천지의 무궁함, 도덕의 무애, 지인至人 선성先聖의 무위無爲를 사모했다.

그곳에서 그렇게 지낸 지 4년 뒤 6월, 신유한이 평소 앓던 설사병 증세가 점점 심각해졌다. 행장에서는 그의 마지막을 다음과 같이 기록한다.

9일 아침 신유한은 일찍 일어나 목욕하고 관대를 정리하고는 집안사람을 불러 이별을 고했다. 별다른 말 없이 다만 효우孝友하고 근검하라고 당부했다. 그러고는 문인들과 함께 평소처럼 책상에 놓인 『춘추春秋』를 강론했다. 이내 신유한은 탄식하며 말하기를,

> 내 평생토록 시서詩書에 힘쓰고 문장을 일삼았는데, 성조聖朝의 은혜에 답하지 못하고, 또 살아서 황명皇明의 성대한 시절을 만나 북쪽으로 중국에 가서 사마천의 옛터를 보지 못하였으니, 운명이구나, 운명이구나.[54]

하고 숨을 거두었다. 그의 나이 72세였다. 그날 동남쪽에 자줏빛 기운이 하늘로 뻗쳐 새벽까지 사라지지 않았다고 한다. 신유한의 임종은 『해동이적海東異蹟』에도 기록되어 있다.

신유한은 영남 사람으로 점필재 김종직의 먼 외손이다. 호는 청천青泉이고 문장과 사詞로써 이름이 났다. 숙종 계사년(1713) 문과에 장원급제하였지만, 관직은 고을 수령에 그

고령 좌랑봉 신유한 묘소. 고령 향토사학자 이동훈 선생님과 김녕 김씨 충의공파 박곡문중 회장 김연조 선생님, 고령 군청 박일찬 선생님의 도움으로 방문했다. 지면을 빌려 감사를 전한다.

쳤다. 단가丹家의 정기를 모으는 술법을 배워서 수련하는 묘결妙訣을 터득하였다.

임신년(1752)에 세상을 떠났는데, 그때 나이가 70여 세였다. 장차 죽게 되었을 적에 그 시기를 스스로 알았고, 죽은 지 사흘 뒤에도 사지四肢가 여전히 차지 않고 따뜻하였으며, 굳지 않고 부드러웠다. 또 죽은 사람의 말소리가 다정하게 들리는 것이 평소에 말하던 것과 같으니, 문밖에서 그 말소리를 들었던 사람들은 그가 신선이 되었다고 하였다. 살아 있을 때에 자식들로 하여금 학문에 힘쓰도록 독려하지 않고 말하기를, "문장은 천지간에 공변된 물건이다. 비록 부자지간의 정이 지극하더라도 어찌 사사로이 전수하겠느냐! 문장을 이룰 것인가 말 것인가의 여부는 네게 달려 있을 따름이다" 하였다. 건륭 임신년(1752)에 단성丹城 권길權佶이 얘기해준 것이다.(들은 것을 기록한다.)[55]

『증보 해동이적』은 이재頤齋 황윤석黃胤錫이 홍만종洪萬鍾의 『해동이적』을 보완하여 저술한 것으로, 초야에 묻혀 조명받지 못했던 인물들의 이적을 담은 것이다. 신유한의 이름은 신화 속 인물, 도인들 사이에 끼어 있다. 죽어 신선이 되었다는 기록에는 신유한의 불우한 삶을 위로하고 그의 이름이 영원하기를 바라는 후인들의 소망이 담겨 있다. 자식에게 학문을 독려하지 않은 탓인지 모르겠지만 신유한의 후손 중에는 역사에 기록된 자가 없다.

신유한의 묘는 오늘날 고령군 쌍림면 신곡리 좌랑봉에 있다. 좌랑봉은 지대가 높아 고령 안팎의 유림들이 좌랑봉을 마주보고 있는 안림천의 흙을 도포에 담아 올라가 묘소를 조성했다고 한다. 당시에 유림들이 줄지어 올라가는 모습이 장관을 이루었다는 이야기가 지금도 고령 지역 내에 전한다.

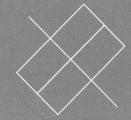

제
2
장

바다 건너
일본으로

왼쪽으로 바라보니 큰 바다가 푸른 하늘에 맞닿아 천하에 아무것도 내
눈을 가리는 것이 없었다. 아득하게 그 끝을 알 수 없고 드넓어 한계가 없
었다. 생각해보면 구주九州 안의 백공百工·만물·고금의 서적, 사마천이 구
경했다는 것과 초나라 좌사左史가 읽고 기록한 것이 탄환처럼 조그마한 것
이었다.

1

1719년 신유한은 뱃전에 기대어 검푸른 바다를 바라보았다. 물결은 아무것도 보여주지 않았다. 뱃사람들 말대로 어룡이 나온다고 해도 이상할 것이 없었다. 짠 내를 머금은 축축한 공기처럼 두려움이 온몸을 감쌌다.

바다는 하늘에 닿아 한없이 검푸른 공간을 만들어냈다. 눈을 가리는 것이 아무것도 없었다. 신유한은 자기 몸이, 그동안 알고 있었던 세상이 한없이 작게 느껴졌다. 물결을 타며 배가 좌우로 가볍게 흔들렸다. 그는 뱃전을 잡은 손에 힘을 주었다. 손끝의 두근거림이 온몸으로 전달되었다. 그렇게 신유한은 이국異國, 일본으로 향하는 배에 몸을 실었다.

나이 39세에 다녀온 기해사행己亥使行은 신유한의 삶에서 빼놓을 수 없는 중요한 경험이다. 그의 사행은 동아시아 3국이 정치적 안정을 유지하며 활발하게 문화적 교류를 하던 분위기에서 이루어졌다. 1716년 도쿠가와 요시무네德川吉宗가 쇼군으로 즉위하자

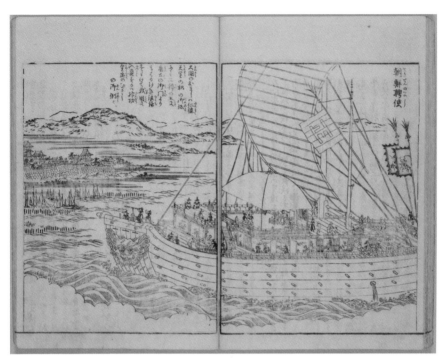

「조선빙사朝鮮聘使」, 『근강명소도회近江名所圖會』, 아키사토 리토秋里籬島 편, 18.1×26.9cm, 1815, 일본 국문학연구자료관国文学研究資料館. 조선통신사의 정사선正使船이 돛을 펴고 항해하는 모습이 그려져 있다.

이를 축하하기 위해 조선에서 통신사행을 준비했다. 정사는 홍치중洪致中(1667~1732), 부사는 황선黃璿, 종사관은 이명언李明彦이었다. 조양각에서 신유한의 문재를 눈여겨보던 홍치중이 그를 제술관으로 추천했다.

1718년, 신유한은 교서관의 저작랑으로 봉상시 직임을 겸하고 있다가 어머니 병환을 간호하느라 고령 집으로 돌아와 있었다. 여러 핑계로 제술관 자리를 누차 거절했지만 받아들여지지 않았다. 마침 어머니 병세가 호전되자 더 거절할 이유도 없었다.

제술관의 주요 임무는 통신사행 때 필요한 글을 작성하고, 여러 일본 문사의 시문 수창에 응하는 것이었다. 조선의 문화 수준을 보여주는 중요한 자리이기에 문재가 뛰어난 자들이 담당했다. 17세기 후반부터 일본 문인들의 수준과 요구가 점차 높아지면서 제술관이 점하는 위치는 더욱 중요해졌다. 조선통신사의 시문은 일본인들에게 큰 보물로 여겨졌다. 통신사가 묵는 사관을 찾아 시문을 청하느라 거리가 막히고 문이 멜 지경이었다. 이들이 청하는 시문을 작성하고 응대하는 것은 제술관의 중요한 직무였다. 더구나 사신 아래에 있으며 역관과 일본 수행원들 사이에서 의사를 전달하는 일을 담당하고 있기에 그 책임과 고생은 이만저만이 아니었다. 그런 까닭에 제술관 자리는 대부분 사대부가 아닌 서얼 출신으로 파견되는 것이 일반적이었다. 무엇보다 일본 사행은 바다를 건너는 만큼 목숨을 담보로 한 위험한 여정이었다. 신유한은 제술관 자리가 달갑지 않았다.

> 일생의 운명이 헛소문으로 잘못되어 남의 입에 이름이 오르내리게 되었다. 조물주 또한 나를 기구하게 만들어서 과거에 뽑힌 뒤 갖은 수치와 괴로움을 고루 겪었다. 그런데 이제 다시 죽을지 살지 모르는 바다를 건너는 사신의 행차에 몰아넣으니, 이는 모두 궁귀窮鬼가 나를 따라다니기 때문이다. 누굴 원망하랴.[1]

하지만 일본 사행이 신유한에게 불행이었던 것만은 아니다. 1718년 강화도에서 그의 제자 원경하는 신유한의 서신을 받았다.

내 지금 창해에 배를 띄워 동쪽 일본으로 가서 서복徐福의
신선 자취를 방문할 것이네. 이번 사행으로 근심을 달래
고 뜻을 펼칠 수 있을 것이오.

원경하는 신유한의 마음을 잘 알고 있었다. 5년 전 그의 나이
17세 때 신유한을 처음 만났다. 이미 문명을 익히 들었지만 정작
신유한은 좀처럼 문장에 관해 말하려 하지 않았다.

"문장은 나를 그르치게 한 것일세. 내가 늙은 농부로 지냈다면
어찌 한양 여관을 전전하며 살았겠는가? 내가 우환과 비방을 얻
어 뜻을 이루지 못한 채 늙게 된 것은 모두 문장 때문이네."

신유한은 한숨을 쉬며 눈물을 떨구었다. 장원급제 후에도 밝
은 미래를 기약할 수 없었던 그였다. 그를 입신하게 한 것도 문장
이었지만 좌절을 안겨준 것도 문장이었다. 그런데 이상하게도 신
유한은 굴원의 「원유遠游」를 손에서 놓지 않았다.

"「원유」는 문장 아닌가요? 선생님은 무슨 이유로 즐겨 읽으십
니까?"

신유한은 고개를 숙이고 끝내 대답하지 않았다. 다만 원경하
는 그의 답을 짐작할 수 있었다. 굴원도 불행한 자였다. 그는 자
신의 충언을 받아들이지 않고 망국으로 접어드는 초나라에 절망
했다. 멱라수에 몸을 던지기 전 굴원은 『초사楚辭』를 읊어 자신의
뜻을 드러냈다. 그중 한 편인 「원유」에서 굴원은 울적한 세상을 떠
나 머나먼 세계로 향하는 꿈을 기술했다. 세상이 자신을 알아주
지 않는 그 절망에 신유한도 갇혀 있었다. 세상과 작별하여 사해
바깥으로 노닐고자 했던 굴원의 유람을 그도 꿈꾸었을 것이다.

그리고 5년 뒤, 신유한의 서신을 받들고 원경하는 그의 꿈이
실현되었음을 알았다.

> 내 청천자의 서신을 보고는 그의 원유를 상상하였다. 아,
> 청천자가 이 유람을 하게 된 것은 하늘이 그 소원을 들어
> 주어, 초연히 바다를 떠돌게 한 것이다. 고래 새우가 출몰
> 하고 어룡이 움직이는 것을 보면 청천자의 마음이 확 트
> 여, 예전에 말한 비애와 환락을 씻어버려서는 다시는 지니
> 지 않게 될 것이다. 이에 청천자는 잡념 없이 조용하고 평
> 온하게 기뻐하며 그 거칠고 더러운 기운을 없애고, 군선群
> 仙에 높이 읍하고 우주를 멀리 보았다. 굴원의 원유는 다
> 만 우언일 따름이니 청천자가 오늘날 노닌 것과 같겠는가.
> 청천자가 비록 문장을 꺼리지만 원유를 시로 짓지 않을
> 수 있었겠는가.[2]

굴원의 원유는 어디까지나 상상이었지만 신유한의 원유는 현
실이 되었다. 그의 원유는 죽음을 각오하고 오랑캐가 지배하는
무례와 무법의 땅으로 향하는 고행이 아니었다. 가없는 하늘과
바다를 지나 여러 신선을 만나 함께 시를 노래하는 여행이었다.
이국으로의 유람은 신유한에게 세속의 근심을 떨쳐버릴 기회였
다. 원경하는 그의 흥분을 충분히 짐작할 수 있었다.

신유한에게 현실의 책임을 상기시켜준 이는 소론의 영수 최창
대였다. 사행을 떠나기 전 신유한은 그의 집을 방문했다. 최창대
는 병석에서 일어나 아라이 하쿠세키新井白石의 『백석시초』를 서

가에서 꺼냈다. 아라이 하쿠세키는 에도 막부의 유력한 정치가이
자 뛰어난 시인으로 조선 문인들에게 큰 인상을 남긴 인물이다.
최창대는 그의 시가 말이 저속하고 연약한 곳이 많지만 비교적
성향聲響이 있다고 하면서 신유한이라면 한쪽 팔로도 이 사람을
대적할 수 있을 것이라고 격려했다. 또 따로 다음의 서신을 보내
위로와 당부의 말을 전했다.

> 족하는 높고 뛰어난 문예를 가졌는데 세상에 어긋나고 시
> 대에 곤액을 당한 지 오래라 뭐라 할 말이 없소. 오늘의 행
> 차는 통신사가 이국에서 대아大雅를 보여 국가의 성명聲明
> 을 떨치는 것이오. 집안의 사사로운 일이 마음을 얽매게
> 하지 말고 오로지 글 쓰는 일에 전념하시오. 오랑캐로 하
> 여금 영원토록 전송하게 하여 우리의 뛰어난 문명에 복종
> 하게 한다면 동쪽으로 교화가 미치는 데 도움이 되리니
> 어찌 작은 일이라 하겠소.[3]

그는 신유한의 불편한 마음을 어루만졌다. 제술관으로 통신사
행을 따라가는 것이 신유한으로서는 달갑지 않을 수 있겠다, 하
지만 지금 통신사의 책임이 무겁다, 오랑캐들에게 우리의 문명을
떨치고 교화를 미치게 해야 한다, 제술관의 자리는 결코 하찮은
것이 아니다, 사사로운 생각을 떨쳐버리고 오직 글 쓰는 일에 전
념하라. 최창대는 묵직한 목소리로 그를 각성시켰다. 그렇게 신유
한은 주변 사람들의 격려 속에 불안, 흥분, 포부를 안으며 일본으
로 향하는 길에 올랐다.

1719년 4월부터 이듬해 1월까지 신유한은 280일을 길 위에 있었다. 그는 자신이 목도한 일본의 풍경, 정치, 문물을 『해유록』에 기록했다. 『해유록』과 신유한의 사행에 대한 상세한 내용은 강혜선의 『조선 선비의 일본견문록』과 이효원의 『조선 문인의 일본견문록』을 참조하길 바란다. 여기서는 신유한이라는 한 인간이 새로운 세상을 마주하며 느꼈을 감정, 욕망, 변화에 초점을 맞추어 그의 여정을 따라가보겠다.

4월 11일, 신유한은 대궐에 나아가 절하고 하직했다. 도성 문을 나오자 여러 벗이 술과 시로 그를 송별했다. 최성대는 멀리까지 신유한을 따라와 길에서 전송했다. 혈육처럼 다정했다. 부산으로 향하는 길에 신유한은 고령 집을 들러 2주가량 머물렀다. 역마를 타고 나오면서 노모의 근심을 풀어주기 위해 짐짓 표정을 환하게 지었다. 일곱 살 된 어린 아들이 영문도 모르고 울었다. 달래기가 몹시 어려웠다.

고향 밀양에서는 옛 벗들이 그를 전송해주었다.

바람결 쓸쓸해라 역수 물 차가운데
장사 한번 떠나가면 다시 오지 않으리
風蕭蕭兮易水寒
壯士一去兮不復還

벗들은 진시황의 목을 베러 떠나는 형가가 역수를 건너며 불렀다는 노래를 불렀다. 일본은 어디까지나 바다 건너 있는 원수의 나라였다. 다시는 고향 땅을 밟지 못할 수도 있었다. 임진왜란

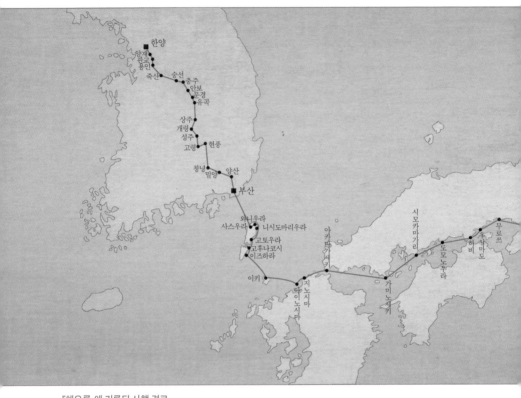

『해유록』에 기록된 사행 경로.

의 상흔은 신유한의 마음에도 남아 있었다. 그는 부산에 도착해서 해신제를 올리며 교활하고 날뛰는 바다 밖 오랑캐를 회유하기 위해 떠나는 이 길을 해신이 보우해주길 기도했다.

배를 시험하고 조정의 지시를 기다리느라 부산에서 한 달 남짓을 머물렀다. 그리하여 6월 20일 무더운 날씨 속에 드디어 배에 올랐다. 통신사 일행은 쓰시마에서 한 달여를 머물다가, 아카

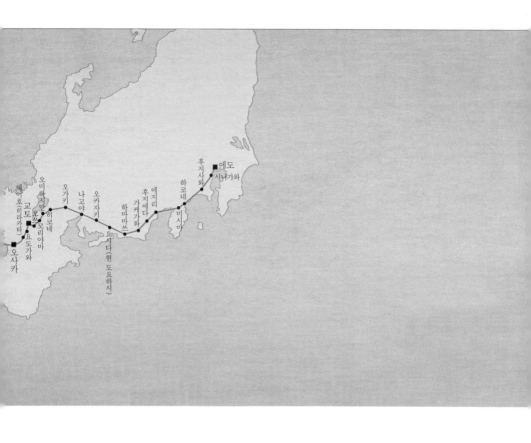

마가세키赤間關(현 시모노세키), 오사카, 교토, 나고야 등을 거쳐 에
도로 향했다.

오랑캐가 사는 신선의 땅, 일본

2

신선의 땅

원유에 대한 신유한의 오랜 꿈은 일본 사행에서 실현되었다. 그는 조선의 문장을 선양하고, 일본의 상황을 기록해서 보고해야 한다는 무거운 공무를 안고 있었다. 다른 통신사행원과 마찬가지로 일본에 대한 거부감도 가지고 있었다. 하지만 그는 이국의 풍경에 깊이 매료되었고 마음껏 탐닉했다. 걸음걸음마다 만나는 풍경에 놀라움과 감동을 감추지 않고 이를 시문으로 담아냈다.

쓰시마에서 일본 본토로 향하면서 들른 아이노시마藍島, 작은 섬이었지만 이곳의 풍경은 신유한의 마음을 두드렸다. 황혼 무렵 신유한은 산에 올랐다. 하얀 산이 옥가락지처럼 휘어져 아이노시마를 감쌌다. 솔바람이 불자 산허리에 구름이 뭉게뭉게 일어나 물결에서 떨어졌다. 책 속에서나 보던 선경이 바로 여기 있구나. 함께 있던 왜인 통사가 오늘 구경이 어떠냐고 물었다.

지금 황홀하여 정신을 잃을 지경이라 눈앞에 무슨 풍경이
펼쳐져 있는지 모르겠소. 내가 백 년 동안 이곳에서 지낸
다면 신선이 되어 승천할 것 같소.[4]

아카마가세키로 향하면서 스쳐 지나가는 풍경은 그림에서 보
던 신선세계보다 더 아름다웠다. 뱃전에서 바다를 사이에 두고
고쿠라성을 바라보았다. 해자 위에 놓인 다리의 단청이 어른거려
무지개가 물결을 마시는 듯했다. 그 옆 수문에서는 밝은 달이 바
다에서 솟아오르는 모습을 볼 수 있었다. 소나무, 삼나무, 귤나무,
유자나무로 울창하게 숲을 이루고 있었는데, 그 사이사이 수를
놓은 듯 수많은 집이 깃들어 있었다.

바람의 신 맹파여, 우리 뱃머리를 돌려서 저 무지개 다리에
데려다주오. 2, 3일 저 높은 누각에 앉고 가면 좋겠구나.[5]

눈앞의 풍경을 바라만 보고 지나가니 갈증이 일어났다. 당장
배를 멈추어 그 풍경 안으로 걸어 들어가고 싶었다. 신유한은 순
간 제술관의 임무를 망각한 듯 아름다운 이국의 선경에 몸을 맡
겼다. 이후 비와코, 후지산, 하코네 등 지나는 풍경마다 신유한은
조물주가 만들어낸 이색적인 작품에 탐닉했다.

우뚝하니 높아
험준한 바위가 치솟아 있네
홀로 거만하게 까마득한 하늘까지 솟아 있으니

「아이노시마」, 『사로승구도槎路勝區圖』, 이성린李聖麟, 종이, 35.3×67.5cm, 1748, 국립중앙박물관.

「고쿠라」, 『사로승구도』, 이성린, 종이, 35.3×67.5cm, 1748, 국립중앙박물관.

저 짙은 구름 노을이 아득히 아래에 출렁이네

누가 옥을 쪼아 비녀를 만들었나

항아姮娥의 살결이 희고도 곱구나

바라보건대 너울너울 춤추며 아름다움을 뽐내는 것이

기나긴 밤을 밝히는 가을 달 같구나

맑고 고운 모양 천하에 상대가 없는데

아, 어이하여 오랑캐의 들에 서 있는고

崔嵬聿兀兮, 嶔崞崒峨.

顨偃蹇軋勿而參九霄兮, 彼雲霞盪鬱眇溶溶其在下.

夫誰斲琳瑰以爲笄兮, 素娥之膚噎噎而婀娜.

若望舒佺佺而逞媚兮, 連秋輪暠皦於長夜.

夫旣淑朗峭麗天下莫與對兮, 咄爾奚立乎夷亶之堃.

후지산의 아름다운 풍경을 지나며, 신유한은 감탄을 금하지 못했다. 하늘까지 솟아오른 후지산은 옥비녀 같기도, 흰옷 입은 여인 같기도, 가을밤을 밝히는 달 같기도 했다. 세상에 후지산에 비견할 만큼 아름다운 산이 있을까. 신유한은 왜 이 산이 오랑캐 땅에 있는지 자문했다. 그가 내린 답은 다음과 같다.

조물주 천하를 크게 만드는데

어찌 염부만 좋아하고 오랑캐라고 괄시하랴

維造化以四海爲大兮

亦奚閻浮之慕而卉服之是妨

_『부사산부富士山賦』 중

염부는 원래 인도를 가리키는 말이지만 세계의 중심으로 이해해도 좋을 것이다. 일본은 오랑캐의 땅이라지만 조물주가 보기에는 같은 인간세계다. 신유한은 일본 땅을 밟으며 중화 중심의 세계관에서 조금이나마 벗어날 수 있었다. 대도시로 진입하자 아름다운 산천을 배경으로 늘어선 화려한 누각이 시선을 사로잡았다. 오른쪽을 보면 왼쪽을 놓칠까 두려워, 두 눈이 충혈될 지경이었다. 신유한은 자신의 모습이 식욕 많은 사람이 진수성찬을 얻어놓고 배는 부르면서도 입에 음식이 당기는 것과 같다고 기록했다.[6]

막상 사행의 목적지인 에도에 도착해서는 풍경을 만끽할 수 없었다. 18일을 머물렀는데, 금령 때문에 사관 밖을 함부로 나갈 수 없었기 때문이다. 방 안에 앉아 일본인들이 요청하는 대로 시문을 써내기만 했다. 그의 표현에 의하면 절인 생선처럼 썩은 내가 나는 시가 상자에 가득 찼다. 그림 같은 산천 누각의 경치를 옆에 두고도 시문으로 옮기지 못하자 신유한은 갑갑증이 날 지경이었다.

하지만 바다와 산, 구름, 놀의 아름다움은 오랑캐 나라의 풍경이다. 가령 주나라 목왕이 팔준마를 타고 왔더라도 한번 눈으로 보고만 지나는 데 불과했을 터이다. 또 누구와 더불어 요지에 술잔을 띄우고 백운을 읊겠는가? 다만 우리의 서울에서 여기까지 수륙으로 5500여 리로 눈에 보이는 것과 밟은 자취가 전생의 인연이 아닌 것이 없는데 별안간 일장춘몽처럼 사라져버리려 한다. 이는 환상 속 색

상色相이니, 석가모니가 말한 만법이 모두 공하다는 말을 깨닫게 되었다.[7]

그는 위의 말로 자신을 달랬다. 아무리 아름다운 풍경이라지만 오랑캐의 소유다. 함께 머물러 즐길 만한 이가 없다면 선경仙境이 무슨 의미가 있겠는가. 이 풍경 역시 허무하게 사라질 뿐이다.

신유한 역시 일본에 대한 적대적인 시선에서 완전히 벗어나지 못했다. 신유한은 오랑캐가 이런 좋은 강산을 맡을 수 있는가 하며 분개하기도 하고, 불행히 먼 바다 밖에 버려져 있어서 이름나지 못하게 되었다고 안타까워하기도 했다. 신유한은 이곳 산천 신령이 자신을 만나 세상에 길이 전해지는 기회를 얻은 것이라고 오만한 감상을 표하기도 했다.(『해유록』, 6월 25일)

하지만 신유한의 태도는 여느 통신사와는 다른 점이 있었다. 대체로 통신사들은 여정 및 이국의 경물과 풍습 등을 기록할 때 이에 대한 간략한 정보, 그리고 당시의 상황을 객관적으로 기록했다. 후지산에 대해서도 산의 형상과 규모에 대한 사실적 기록이 대부분으로, 사행 업무를 보고하는 통신사 문학의 목적성을 충실히 이행하고 있을 뿐이다.[8] 또 1643년 조경趙絅처럼 "내 고장이 아니라서 산도 보기 싫구나"라며 지나친 감상에 빠져드는 것을 경계하는 것이 일반적이었다.

반면 신유한은 호기심으로 가득한 시선으로 순수하게 일본의 산천을 보았다. 한갓 꿈처럼 사라질 풍경을 붙들고 문장으로 담아냈다. 스쳐 지나가는 아름다운 풍경은 이 천재적인 문학가에게 크나큰 영감으로 다가왔다. 신선세계를 유람하는 굴원처럼 신유한은 이국의 풍경 속에서 자유로움을 느꼈고 우주의 무한함을 깨달았다. 그는 낭만적인 필채로 눈앞의 풍경을 그려냈고, 또 스스로가 그 풍경에 매혹당했다는 것을 솔직하게 고백했다. 통신사 행을 떠난 이들 중 신유한만큼 경계를 허물고 일본의 풍경에 흠뻑 무젖은 이도 없었다. 『해유록』에는 그가 밟아나갔던 일본의 산천이 시문으로 빼곡하게 채워져 있다.

화려한 도시

신유한이 일본을 방문했을 당시 일본은 오랑캐라고 무시하기에는 이미 눈부신 발전을 이루고 있었다. 도쿠가와 막부가 안정권에 들어서면서 학문과 문화가 발달했으며, 네덜란드를 비롯한 서양과 활발하게 무역을 하여 산업 경제가 발달했다. 화려하고 사치스러운 문화가 일본에 만연했는데, 신유한은 일본 본토에 오르면서 그 사실을 점점 뼈저리게 깨달았다.

바닷길이 하천길로 바뀌는 오사카 하구에서 조선통신사는 일본의 배로 옮겨 탔다. 조선의 배는 무거워서 좁다란 하천을 항해하기에 부적합했기 때문이다. 신유한은 자신들을 태우러 온 일본의 누선을 세밀하게 묘사했다. 배에 층층 누각을 세우고 기와 형상을 조각했으며, 추녀, 난간, 기둥에는 황금을 입혔다. 붉은 발을 아래로 드리웠고, 배의 중간 부분에는 금색을 칠했다. 통신사 일행은 일본 배를 보고 관백이 타는 배로 오해하고 놀라서 사양했다. 이러한 충격은 시작에 불과했다.

기타 백공의 기교, 잡화의 거간꾼이 온 나라 안에 퍼져 있고 또 바다 섬의 오랑캐들과 교통한다. 이러한 번화하고 풍부하면서도 눈앞이 탁 트인 듯 기이한 경치가 천하에 으뜸이라 할 수 있다. 옛글에 기록된 계빈罽賓(Kapisi), 파사波斯(Persia)의 나라도 이보다 화려하지는 않았을 것이다.[9]

오사카 거리를 묘사한 부분이다. 오사카는 항구도시로 국내 교역의 중심지였다. 이에 따라 각종 상점이 몰려들었고 인구가 번성했다. 18세기 무렵 오사카의 인구는 40만가량이었다. 당시 서울 인구가 20만에 불과했다고 하니, 도시의 규모에서 큰 차이가 난다. 평소 오랑캐로 멸시했던 일본의 번영에 신유한은 큰 충격을 받았다.[10] 이러한 충격은 에도에 들어서는 순간 곱절이 되었다.

드디어 한 성문으로 들어가 두 개의 큰 판교板橋를 건너니, 모두 비단 가운데로 행하는 것 같았다. 다시 동문으로 나가니 철관금쇄鐵關金鎖로 된 중성重城·옹성甕城이 있었고, 참호에다 다리를 놓았는데 붉은 난간이 번갈아 비쳤다. 배는 다리 밑에서 수문을 나가 바다에 통할 수 있었다. 길옆에 있는 장랑長廊은 모두 상점이었다. 시市에는 정町이 있고, 정에는 문이 있고, 거리는 사면으로 통하여 편편하고 곧기가 활줄과 같았다. 분칠한 다락과 아로새긴 담장은 3층과 2층이 되었고, 서로 연한 지붕은 비단을 짜놓은 것 같았다. 구경하는 남녀가 거리를 메웠는데, 수놓은 듯한 집들의 마루와 창을 우러러보니 여러 사람의 눈이 빽빽하

「국서누선도」, 종이, 58.5×1524cm, 국립중앙박물관. 조선통신사가 오사카의 요도가와에서 일본의 누선으로 갈아타고 지나가는 장면이다. 이 누선의 형상과 노 젓는 왜인의 숫자가 해유록의 기록과 일치한다. 국서가 실린 작은 가마 앞에 푸른 옷을 입은 이가 제술관인 것으로 추정된다.

여 한 치의 빈틈도 없고 옷자락에는 꽃이 넘치고 주렴 장
막은 햇볕을 받아 반짝이는 모습이 오사카에서보다 3배
는 더하였다.[11]

비단을 짜놓은 화려한 도시를 지나며 신유한은 현기증을 느낄
정도였다. 그가 놀란 것은 이뿐만이 아니었다. 일본인들의 질서정
연함, 그리고 청결함에서 문명의 발전을 느낄 수 있었다. 통신사
행을 구경하러 온 일본인들은 고기비늘처럼 연달아 꿇어앉았는

데, 대열에서 어긋나 함부로 행동하는 자가 없었다. 거리는 침도
뱉을 수 없을 정도로 깨끗했고, 한여름 무더위에도 파리와 모기
가 생길 수 없을 정도로 위생 관리를 엄격하게 했다.

상업의 발달은 출판 문화에서도 짐작할 수 있었다. 오사카에
는 서실과 서림이 있어 고금의 백가 서적을 저장하고 출판, 판매
하고 있었다. 출판이 신속하게 이루어져 아카마가세키로 출발하
기 전 일본 문사와 주고받은 시문이 오사카로 돌아왔을 때 이미
간행되어 신유한이 받아볼 수 있을 정도였다. 신유한이 날짜를

「조선통신사 내조도」, 하네카와 도에이, 종이에 채색, 69.7×91.2cm, 1748~1750년경, 일본 고베시립박물관.

계산해보니 한 달도 안 되어 출판된 것이었다. 일본 경제, 문화의 성장을 눈으로 목격한 그는 당시 일본이 부국강병의 장구한 낙을 누리고 있음을 인정하지 않을 수 없었다.[12]

당시 부가 축적되면서 오사카, 에도에는 사치가 만연했다. 평민의 부호들도 재력만 있으면 집을 으리으리하게 꾸미고 금령을 피해가며 화려한 비단옷을 입었다. 다양한 유흥문화가 성행했다. 곳곳에 상인들을 대상으로 하는 유곽이 들어섰고 매춘을 통해 부를 축적하는 이들이 늘어났다. 귀족과 부유한 상인이 미소년을 옆에 두고 지내는 동성애 문화도 공공연하게 퍼져 있었다. 일본의 성 문화는 가히 충격적이었다. 신유한은 그 충격을 「낭화여아곡浪華女兒曲」과 「남창사男娼詞」에 담아내고 주를 달아 일본의 성 문화에 대한 설명을 붙였다. 그중 몇 편을 살펴보자.

나의 집 칠보등은

밤마다 날을 지샌다네

새 낭군이 누각에서 오면

옛 서방은 문 열어주고 떠나네

儂家七寶燈, 夜夜達天曙.

新人從閣來, 故人開門去.

*남녀가 잠자리를 할 때 반드시 등불을 밝히는 것이 이 나라

풍속이다.

_「낭화여아곡」 3수

어쩌면 그리도 선명할까

낭군 품속에 있는 그림을 펼쳤네

낭군은 좋다고 부끄러워할 줄 모르고

그림과 비교하면서 즐긴다네

的歷何的歷, 展郎懷中圖.

感君不羞報, 較他作歡娛.

*왜인 남자는 반드시 품속에 춘화도春畫圖를 가지고 다니면서

정욕을 도발한다.

_「낭화여아곡」 29수

기생집엔 봄빛이 도로 무료하고

호노카 명성도 문득 쓸쓸해졌네

천금으로 보검을 사다가

어여쁜 동자 허리춤에 묶어주었네

娼臺春色亦無聊, 保野芳香便寂寥.

看取千金買寶劍, 一歡將繫姣童腰.

*오사카 상상녀上上女 이름이 호노카保野香이다. 상상녀를 한 번
데리고 자는 데는 천금을 주는데, 남창에게도 천금을 아끼지 않
는다.

_「남창사」 7수

누각 앞에 주렁주렁 금빛 귤이 향기로운데

비단옷에 은 등불 든 동자 어느 고을 사내인가

채찍을 멈추고 무라하루와 무라사메는 묻지도 않고

웃으며 예쁜 동자 지목하며 애태워하네

樓前羃羃金橘香, 繡服銀燈何郡郎.

停鞭不暇問春雨, 笑指妖童先斷腸.

*무라하루村春와 무라사메村雨는 다 오사카 기생의 이름이다.

_「남창사」 8수

신유한은 이 시의 서문에서 『시경』 「정풍鄭風」이 음란한 노래지
만 후세의 경계로 삼을 수 있다는 공자의 뜻을 되새겼다. 즉 독
자를 교화하고자 하는 뜻에서 오사카의 문란한 풍속을 담아냈
다는 것이다. 파격적인 시작詩作에 대한 독자들의 비난을 막기 위

해 미리 깔아둔 변명일 것이다. 하지만 일본의 성 문화를 오랑캐의 흉한 풍습이라 하며 언급조차 하기 싫어했던 이전 통신사들과는 분명 다른 시선이다. 궁색한 명분을 내세우고 있기는 하지만, 신유한은 유녀와 남창의 일상을 호기심을 갖고 바라보며 시로 담아냈다. 특히 「낭화여아곡」은 일본 유곽의 모습을 핍진하고도 생동감 있게 묘사하며, 유곽이 성행하게 된 물적 기반 및 유녀의 신산한 삶과 애환까지 포착한 작품으로 평가된다.[13]

이 밖에도 신유한은 일본의 풍속, 주거, 음식, 의복, 문학 등을 세심하게 관찰하여, 「문견잡록」에 상세하게 기록했다. 그의 「문견잡록」은 이후 통신사들의 교과서 노릇을 했다. 계미사행을 떠났던 성대중은 꼼꼼하게 「문견잡록」을 요약하여 그의 『일본록』에 다시 수록한 바 있다. 이 글에서 신유한은 일본에 대한 잘못된 편견, 정보를 정정하기도 했다.

> 왜국의 땅은 모든 섬을 합병하여 자못 수천만 리가 되어 아름다운 산, 고운 물, 기름진 토지에 백 가지 곡식이 풍부하고 만 가지 보화가 자연스럽게 난다. 어찌 진秦나라 이후에 사람이 있게 된 것이며 서복徐福 이후에 임금이 생겨난 것이겠는가.[14]

『사기』에 진시황 때 서복이 동해東海의 삼신산三神山에 불사약을 구하러 동남동녀童男童女 수천 명을 배에 태우고 일본으로 가 시조가 되었다는 이야기가 전한다. 조선 사람들은 이 이야기를 사실로 믿었다. 신유한은 일본에도 아름다운 산천과 비옥한 토지가 있음을 보고 과연 서복 이후에야 인류가 정착하게 되었을까 하는 의문을 제기했다. 오랑캐 나라라고 하지만 일본 안에도 나름의 발전된 문명이 존재했고, 또 근래 부국강병을 이루게 되었음을 그는 자각했다. 이는 책이 아니라 일본 땅을 직접 밟으며 얻어낸 생각의 변화였다.

긴장과 갈등 속 사행길

경제와 문화의 발전을 겪으면서 일본에서는 조선을 문명국으로 바라보던 기존 관점도 점차 약해졌다. 일본은 통신사를 초빙하고는 조공 사절인 양 선전하기도 하면서 오만한 모습을 드러냈다. 신유한은 조선국 사신으로서의 자존심을 지키며 잘못된 관례를 바로잡으려고 애썼다. 쓰시마 태수를 접견하는 자리에서, 태수가 앉은 채로 제술관인 신유한에게 절을 받으려 했다. 이게 전례라는 것이었다. 하지만 조선 측 기록에 따르면 원래 제술관이 재배를 하면 쓰시마 태수는 몸을 돌리고 서서 감히 절을 받지 않았다고 한다. 신묘사행 이후 점차 예가 바뀌어 태수가 몸을 남쪽으로 향해 서서 절을 받으려 했고 신유한 때에는 제술관을 군관으로 취급하고 아주 앉아서 절을 받으려고 하니 신유한으로서는 자존심이 상했다. 더구나 태수는 한문을 전혀 모르는 자니, 시문을 창수할 일도 없었다. 내가 그를 만날 이유가 있을까.

　"예는 공경에서 생기고 거만한 데서 폐지되는 법이오. 내가 감히 만만하게 여기는 것이 아니라 귀국이 우리를 만만하게 보는 것이오."

급기야 신유한은 태수를 만나지 않고 되돌아갔다. 그는 태수의 봉행들이 선물을 선사하는 것도 거부했다. 쓰시마 기실記室 아메노모리 호슈는 얼굴을 붉히며 역관에게 고래고래 소리를 질렀다. 신유한이 다 알아듣지는 못했지만, 두 나라 사이에 갈등이 생겨 화가 일어날 것이라는 말까지 했다. 주변의 일본인들이 안절부절못하며 신유한을 흘겨보고, 손가락질을 했다. 결과적으로는 신유한 이후 쓰시마 태수와 제술관이 서로 접견하는 예가 폐지되었다.[15] 신유한이 제기한 것은 단순한 개인의 자존심 문제가 아니라 조선과 쓰시마의 관계에 대한 근본적인 질문이었다. 또 외교 의례는 한번 잘못 마련하면 그대로 굳어질 수밖에 없으니 신유한으로서는 무리를 해서라도 그 잘못을 따질 수밖에 없었다.

평화사절로 일본을 향했지만 신유한은 긴장과 갈등을 곳곳에서 느꼈다. 아카마가세키를 지나면서는 일본이 항상 전쟁에 만반의 준비를 하고 있는 것을 세밀하게 관찰했다.

서산 기슭에는 대변정待變亭이 있는데 정사亭舍가 넓고 툭 틔었다. 칼 찬 사람 10여 명이 벌여 앉아서 대포 수십 개를 포가砲架에 얹어놓고 포문이 모두 바다로 향하게 하여 화약을 넣어두고 화승火繩을 달아서 곧 적에게 응하여 발사할 것같이 하고 있었다. 정 아래에 물이 도는 곳에는 매우 크고 유개油蓋로 덮은 군함 세 척이 있었는데, 조각조각이 갑옷과 같고 좌우에 노櫓를 버리어 또 기회를 보아 적에게 달려갈 것같이 하고 있었다. 그들이 군비를 갖추어 변變을

기다려 밤낮으로 쉬지 아니함이 이와 같았다.[16]

대포와 군함을 준비하여 한시도 긴장을 놓치지 않는 모습이 인상적이었다. 「문견잡록」에서 일본의 군제軍制에 대해 정리하기를 일본의 제도 중 가장 정밀하다고 하며, 병사들이 목숨을 돌보지 않고 전장에서 용감하게 싸우는 것이 비록 오랑캐 종족의 본습本習이긴 하나 군제가 잘 갖추어져 있기 때문이라고 분석했다.

그럼에도 신유한은 일본에서는 전란이 종식되고 태평한 시대가 왔다고 판단했다. 아카마가세키에서 그는 아래와 같이 노래를 덧붙였다.

> 항구에 군함이 크기가 산처럼 높고
> 특별히 검사劍士 두었는데 칼도 잘 당기네
> 유풍은 아직도 백마총을 가리키는데
> 풍신의 살기는 이미 흔적도 없네
> 灣頭鬪艦大於阜, 別有劍士能彎弧.
> 遺風尙指白馬墳, 殺氣已掃豐臣奴.

아카마가세키의 서쪽 언덕에는 백마총白馬塚이 있다. 신라 왕이 일본을 공격하자 일본이 강화하기를 청하여 흰말을 잡아 맹세한 뒤, 죽은 말을 묻어서 만든 무덤이라고 한다. 신유한은 이곳을 거닐며 도요토미 히데요시의 살기는 이제 사라지고, 옛날 신라와 일본이 강화했던 것처럼 평화가 지속될 것이라 진단했다. 그 이유는 무엇일까. 신유한은 다만 「문견잡록」에서 일본인들이 안락

「도쿠가와 요시무네 초상」, 와카야마시립박물관.

한 생활에 젖어들어, 사변을 일으키는 것을 도모하지 않기 때문
이라고 설명했다. 도요토미 히데요시, 가토 기요마사와 같은 적이
나타나지 않는다면 변방에는 걱정할 것이 하나도 없다고 했다.
다만 경계할 것은 쓰시마의 교활한 놀음이라는 것이다.

신유한은 쇼군 도쿠가와 요시무네에게서 좋은 인상을 받았
다. 입궁하여 국서를 전하는 자리에서 멀찍하게 그를 볼 수 있었
다. 다부지게 앉아 있는데, 그 풍모가 빼어났다. 요시무네는 검소
함을 숭상하여 비단옷을 입지 않았다. 그는 사치를 배격하여 각
종 허례허식을 줄여나갔다. 대신 백성의 궁핍함을 돌보고 형벌을
관대하게 집행했다. 신유한은 그가 임금의 도량을 충분히 갖추고
있어 앞으로 태평의 정치를 기대할 수 있다고 보았다.

신유한이 목격한 대로 에도 막부는 정치적, 경제적 안정을 바

탕으로 전란을 종식시키고 번영을 구가하고 있었다. 하지만 도요토미 히데요시와 가토 기요마사와 같은 인물이 일본에서 다시 나올 가능성을 간과할 수 있을까. 신유한은 이에 대한 경계를 게을리했다. 아울러 쓰시마 태수가 보였던 그 교만이 일본 전반으로 확산되고 있다는 것을 짐작하지 못했다. 이미 신유한이 파견되기 불과 8년 전인 1711년 막부의 유신儒臣이었던 아라이 하쿠세키新井白石는 일본과 조선의 관계를 일본 우위로 재정립할 것을 주장했다. 신유한은 겉으로는 강화를 내세우며 상대국을 업신여기는 그 오만함이 지닌 위험성을 충분히 파악하지 못했다.

이러한 위험성은 다이부쓰지大佛寺 방문에서 명료하게 드러난다. 다이부쓰지는 교토 남쪽에 위치했는데, 도요토미 히데요시의 원당願堂이다. 쓰시마 태수가 관백의 명이라며 다이부쓰지 연회에 초대하자 사신 일행이 원수의 원당에서 술을 마실 수 없다는 이유로 거절했다. 그러자 일본 측에서 『일본연대기』라는 책을 가져와 다이부쓰지가 히데요시의 원당이 아님을 고증했다. 아메노모리 호슈는 눈을 부라리며 자기네 말을 믿지 않고 공식적인 대접을 끝내 거절한다면, 차라리 죽어버리겠다고 막말을 했다. 결국 우격다짐으로 종사관 이명언을 제외한 사신 일행은 연회에 참석하게 되었다.

하지만 사실인즉, 『일본연대기』는 위조된 책이었다. 도요토미 히데요시가 건립하고 그의 아들 히데요리가 재건한 사찰이 맞았다. 더구나 다이부쓰지 옆에는 바로 임진왜란 때 조선인의 귀와 코를 묻어 만든 봉분이 있었다. 강항姜沆부터 시작해 일본을 다녀간 수많은 문인이 다이부쓰지에 관하여 자세히 기록하고 있다.

이총耳塚. 교토 히가시야마東山구의 옛 다이부쓰지 터에 남아 있다.

『부상록』에서 이경직李景稷(1577~1640)은 다이부쓰지를 다녀오고
나서 원수인 적에게 절하게 되어 마음과 쓸개가 찢어지는 듯하다
고 통탄한 바 있다. 일본은 통신사를 접대한다는 명분으로 이러
한 도요토미 히데요시의 원당에서 연회를 감행하여, 교토의 백성
을 비롯한 일본인들에게 통신사를 조공 사절로 연출하려 했다.

　그 자리에서 큰 분쟁이 발생하는 것은 위험한 일인 데다 전적
도 가져와 보이니, 통신사 일행은 우선 일본 측의 요구대로 연회
에 참여할 수밖에 없었다. 기해사행단의 집요한 거부는 당시에는
관철되지 않았지만, 다음 사행부터는 다이부쓰지 연회가 폐지되
는 데 기여했다. 쇼군 요시무네도 거짓으로 속인 것을 인정하여
이후 통신사행 때는 이곳을 들르지 않도록 했다.

『해유록』에서 신유한은 이 사건을 상세히 기록하기는 했지만, 일본인의 의도를 꿰뚫는 데에는 충분히 이르지 못했다. 다이부쓰지의 전각에 들어서 그 회랑에 모신 3만3333개의 불상을 보고는, 젊은 시절 금불 수만을 본 꿈을 상기하고는 전생의 인연으로 이곳에 오게 되었다고 한가로운 감상을 덧붙였을 뿐이다. 신유한은 일본의 산수, 누각을 살펴보는 만큼 일본인의 내심을 좀더 세심히 관찰했어야 했다. 도요토미 히데요시의 살기는 정말 사라진 것인가.

3

사행의 동반자 아메노모리 호슈

신유한은 통신사행을 통해 일본의 문사들과 많은 인연을 맺었다. 그의 여정에서 동반자 역할을 한 이는 아메노모리 호슈雨森芳洲였다. 아메노모리 호슈는 쓰시마번에 소속된 기실로 근무하며 조선과 일본의 외교에 힘쓴 인물이다. 중국어와 우리말에 능하고 시문에도 능했다. 조선어 학습서인 『교린수지交隣須知』와 조선과의 외교 지침서 『교린제성交隣提醒』을 편찬했다.

　그는 아라이 하쿠세키와 함께 기노시타 준안木下順庵의 문하생이었다. 1711년 신묘사행에서 정사 조태억과 제술관 이현李礥(1653~1718)은 그가 뛰어난 인재임에도 출세하지 못하는 것을 안타까워하며, 일본 조정에서 인재를 제대로 쓸 줄 모른다고 했다. 이후 하쿠세키가 실각하자 호슈도 관직이 쓰시마 기실에 그쳤다. 그가 숭신청崇信廳을 세워 제자를 양성한 이후로 쓰시마의 문사

「아메노모리 호슈 초상」, 76.0cm×43.0cm, 에도시대 중기, 다카쓰키 칸노노사토 역사민속자료관高月観音の里歴史民俗資料館. 통신사 화원이 그렸다고 전해진다.

들이 문풍을 숭상하게 되었다고 한다.

사실 신유한은 애초부터 그에 대한 인상이 좋지 않았다. 처음 봤을 때부터 아롱 적삼을 입은 그의 모습이 괴이했으며 문인의 기상이 느껴지지 않았다.

때로 호슈는 좋은 길벗이 되어주었다. 신유한은 길 위에서 그와 시통 詩筒을 주고받았으며, 늦은 오후에는 그를 찾아 대화하며 여독을 풀었다. 신유한은 호슈를 통해 일본 문화, 역사, 정치에 대한 정보를 얻었다. 호슈도 신유한의 시재와 안목을 신뢰해 문장에 관하여 여러 차례 의견을 물었다.

그럼에도 둘은 언성을 높이며 논쟁을 벌이곤 했다. 호슈는 일본인을 왜인이라고 부르는 것에 대해 신유한에게 물어 따졌고, 신유한은 쓰시마 태수의 접견례를 수용할 수 없다며 그에게 항의하기도 했다.

그는 꽤 다혈질인 사람이었다. 신유한은 그가 다이부쓰지에서 화내는 모습을 "사자처럼 으르렁거리고 고슴도치처럼 화를 냈다. 송곳니를 드러내고 눈을 부라리는 모습이 마치 칼집에서 칼이 나오고 있는 듯하였다"[17]라고 기록했다. 글 읽는 자가 어떻게 그렇게 흥분할 수 있냐며 그를 나무라기도 했다.

쓰시마에서 이별하는 자리에서 신유한은 호슈에게 다음의 시를 주었다.

> 오늘 밤 정이 있어 나를 전송하는데
> 이승에서 다시 그대 만날 길이 없구나
> 今夕有情來送我
> 此生無計更逢君

호슈는 이 시를 보고는 대성통곡을 했다.

> 나는 이제 늙었습니다. 감히 다시는 세상사에 참여할 수 없고, 조만간 쓰시마에서 죽어 귀신이 될 것입니다. 뭘 더 바라겠습니까. 다만 여러분이 본국에 돌아가 조정에 등용되어 영화로운 이름을 떨치시기를 바랍니다.[18]

그렇게 사납던 자가 눈물을 줄줄 흘리는 모습에 신유한은 적잖이 당황했다. 신유한은 겉으로는 문장을 한다고 핑계하면서도 마음속에는 창과 칼을 품은 자라며 호슈를 비웃었다. 만약 그가 권력을 잡았더라면 조선과 사달이 일어났을 것이다. 쓰시마 기실 자리에 국한된 것은 어쩌면 다행이라 할 수 있다. 지금 그가 이별하는 자리에서 통곡하는 것은 쓰시마에서 살다가 이제 늙어 죽게 되는 것이 서러워서 그런 까닭이다. 이 눈물은 곧 자신을 슬퍼한 것이라고 평가했다. 호슈에 대한 신유한의 인상은 처음부터 끝까지 바뀌지 않았다.

호슈는 일본과 조선이 진실한 마음, 즉 성신誠信을 가지고 평화로운 관계를 유지할 것을 주장했지만, 다른 한편으로는 일본의 무위를 긍정하기도 했다. 사행 도중에는 쓰시마번이나 막부의 외교적 이득을 위해 통신사와 대립했다. 사행의 당사자였던 신유한은 이런 점에서 호슈와의 관계가 불편할 수밖에 없었다.

호슈의 염려와는 달리 그는 88세까지 장수했지만, 안타깝게도 쓰시마를 벗어나지 못하고 그곳에서 생을 마쳤다. 호슈는 기해사행 이후로 통신사행에 동행하지 않았다. 그러나 1748년 무진사행 때는 통신사행을 자신의 집 앞에서 지켜보았다. 당시 그의 아들이 도선주都船主였으며 그의 제자 아사오카 이치가쿠朝岡一學가 기실을 맡고 있었으니, 실제 직임에서는 물러났지만 통신사행을 동행하는 일은 여전히 그의 손안에 있었다고 할 수 있다. 그런가 하면 기해사행이 끝나고 얼마 지나지 않아 1721년에 경종 즉위 경축참판사 도선주로, 1729년에 공작미 기한 교섭의 사이반裁判으로 부산에 머물렀다. 그렇지만 신유한과는 더 이상 서로의 안부를 묻거나 서신을 주고받는 교류가 없었다. 나라의 금법이 엄격했거니와 두 사람은 딱히 인연을 유지할 이유가 없었던 것으로 보인다. 신유한은 귀국 후 "아라이 하쿠세키와 아메노모리 호슈는 지금 살아 있는가. 아름다운 시편은 뭇사람 수준을 넘지白石芳洲今在否 翩翩詩札定超羣"라는 시구로 아련히 그를 추억할 뿐이었다.

겟신 쇼탄과의 신교

겟신 쇼탄月心性湛은 담장로湛長老로 불렸는데 쓰시마 이테이안以酊 菴의 윤번승輪番僧이었다. 윤번승은 교토의 오산五山에서 2년 임기로 쓰시마에 파견하는 승려를 말한다. 조선에 보내는 외교 문서를 주관하는 역할을 담당하기에, 윤번승은 막부에서 학식이 높은 자로 선발되었다. 담장로는 오산 중 덴류지天龍寺, 신조인眞乘院 출신으로 기해사행 당시 60세가량이었으리라 추측된다.[19] 신유한은 사행 중에 담장로와 교분이 제일 깊었다고 기록했다.

30세의 나이 차와 신분의 차이에도 불구하고 우정을 나눌 수 있었던 것은 어떤 이유에서였을까. 신유한은 담장로의 첫인상에 대해 "담박하게 옛 풍모가 있고 불경에 능통하여 오랑캐의 속된 기색이 없다"고 기록했다. 담장로도 신유한이 문장에 뛰어날 뿐 아니라 불가의 경전에 박식하다는 점에 놀라움을 표했다. 수많은 인원이 함께 움직이는 사행길이라 늘 가까이하지는 못했지만 우연히라도 길에서 마주치면 손바닥에 글자를 긁적이며 서로 반가움을 금치 못했다. 신유한이 노독에 못 견뎌 몸져누우면 담장로는 그의 처소를 직접 방문하거나 하인을 보내 안부를 묻곤 했다. 두 사람이 주고받은 시와 서신은 『성사답향星槎答響』이라는 책으로 출판되었다.

신유한은 담장로와 서신 및 필담을 주고받으며 불도에 대해 깊이 있는 대화를 나누었다. 그는 유불儒佛이 원래 하나의 도라는 담장로의 논의에 동의하며 하늘이 내려주는 본원의 이치를 보존하기 위해 힘쓴다는 점에서 유불은 동일하다고 답했다. 담장로는 문장이 뛰어나고 속세에 머물면서도 불도를 깨우치고 있다는 점에서 신유한을 유종원, 황정견, 소식에 비견했다. 또 그들처럼 신유한의 앞날이 창창하기를 기원했다. 아래는 신유한이 담장로에게 적어준 시다.

한가로운 설산의 기운
청아한 옛 신선일세
한 폭 그림 속 암자 고요하거늘
천 그루 대나무 숲 청신하구나
꽃은 무심하게도 햇살 받는데
새는 마음껏 봄을 노래하네
「추황사」 읊고는 기뻐했는데
담장로와의 우정 신기하구나
婆娑雪山氣, 蕭颯古仙人.
一幅巖棲靜, 千竿峽竹新.
無心花暎日, 隨意鳥鳴春.
自喜秋篁詞, 交情也有神.

신유한이 담장로를 방문했을 때, 장로는 가죽헌可竹軒의 모습을 그린 족자를 보여주었다. 가죽은 담장로의 호로, 가죽헌은 그의 거처를 의미한다. 푸른 벼랑 밑 깨끗한 암자에 장로가 자의紫衣를 입고 가부좌를 한 그림이었다. 사면에 푸른 대숲이 우거져서 세속의 풍경이 아니었다. 신유한은 그림을 보고는 밀양의 옛집을 떠올렸다. 대나무를 몹시도 좋아한 그는 집 둘레에 대나무

구비이. 과자 자료실 토라야문고虎屋文庫에서 『해유록』의 기록에 따라 겟신 쇼탄이 신유한에 게 선물로 준 구비이를 재현하였다.

100여 그루를 손수 심고는 「추황사」 한 편을 지어 자신의 뜻을 노래한 적 이 있다. 신유한은 담장로와 대나무 를 좋아하는 취향이 겹치는 것을 신 기한 인연으로 생각했다.

귀국길에서 신유한은 「추황사」와 함께 가죽헌 그림에 대한 찬을 주어 이별의 정을 표했다. 담장로는 책 몇 권과 구비이求肥飴 한 바구니 를 선물로 건넸다. 구비이는 흑사탕 모양인데, 연하고 달고 깊은 맛이 있어 노인이 드시기에 적당한 것이었다. 노모를 그리워했던 신유한을 기억하여 준 선물이었다. 사행길 내내 신유한을 세심하 게 배려했던 담장로의 따뜻한 마음을 엿볼 수 있다.

신유한와 담장로는 국경과 신분을 넘는 우정을 나누었다. 물론 이들의 인연도 사행을 마친 뒤에는 이어지지 못했다. 만약 19세 기 조선과 중국 문인들처럼 이들의 교유가 지속적으로 이어졌다 면 조선의 문화사 및 대외 인식은 달라지지 않았을까. 『해유록』 을 읽으면서 아쉬움이 드는 부분이다.

일본 문사와의 수창

1682년 사행부터 시문 수창을 통해 한일 간의 문화 교류가 확대 되는 현상이 두드러지게 나타났다. 일본 문사들에게 통신사의 방 문은 자신의 문학적 자질을 확인받을 수 있는 기회였다. 일본 각지의 문사들은 심혈을 기울여 작성한 시와 문장을 가지고 통신사가 머무는 대도시에 미리 와서 기다리고 있다가 통신사를 만나기를 고대했다. 통신사와 시를 수창하거나 시집이나 문집에 서문을 받는 일은 자신의 문학적 역량을 확인하고 나아가 문단에서 명성을 얻는 기회가 되기도 했다.

정덕正德 개혁을 이끈 정치가로 잘 알려진 아라이 하쿠세키의 경우를 보면 일본 문사에게 통신사가 써준 글이 어떤 의미를 지니는지 알 수 있다. 하쿠세키는 1682년 통신사가 방문했을 당시 자신의 『도정시집陶情詩集』을 서기 성완成琬과 제술관 홍세태洪世泰에게 보여주고 서문과 발문을 받았다. 성완은 서문에서 하쿠세키가 이태백과 같은 재주를 지니고 있다고 극찬했는데, 이로 인해 그의 명성이 널리 알려졌다. 하쿠세키는 서발문이 실린 자신의 시집을 가지고 당대의 유학자인 기노시타 준안의 문하에 들어가게 되었으며,[20] 또 기노시타 준안의 소개로 훗날 도쿠가와 막부의 제6대 장군이 되는 도쿠가와 이에노부德川家宣의 시강侍講이 되었다. 이후 1711년 신묘사행 때 하쿠세키는 통신사를 만나기 전에 호슈를 통해 미리 『백석시초白石詩草』를 보내 정사와 부사, 종사관, 제술관 및 서기의 서문과 발문을 또다시 받았다. 하쿠세키의 시집은 이런 과정을 통해 조선에 전해졌으며, 조선에서도 높은 평가를 받았던 것으로 보인다.

1719년 기해사행에 참여한 신유한은 사행을 떠나기 전 최창대로부터 『백석시초』를 받아 보고 사행 내내 하쿠세키와의 만남을 기대했다. 그러나 하쿠세키는 도쿠가와 요시무네의 즉위와 더불어 실각하여 은거 중이었기에 만날 수 없었다.

新井白石肖像

「아라이 하쿠세키 초상」, 『선철상전先哲像傳』, 하라 도쿠사이原得斎, 1845, 일본국회도서관.

아쉽기는 했지만 신유한은 가는 곳마다 문장을 좀 한다는 일본 문사들을 만나 수창하거나 그들의 시문집에 서문을 써주는 일로 정신이 없었다. 통신사 일행이 숙소에 도착하기도 전에 수많은 사람이 모여 있었다. 신유한은 사람들의 모습이 물고기를 꿰어놓은 것 같았다고 표현했다. 마루·복도·뜰·마당을 가득 메워 발 디딜 틈이 없었다. 시구 하나, 비평 한마디를 얻기 위해 모인 사람들이었다. 신유한은 닭이 울도록 자지 못하고, 입에 넣은 음식을 다시 뱉어내야 할 정도였다고 하며 시문 수창의 괴로움을 토로하기도 했다.[21]

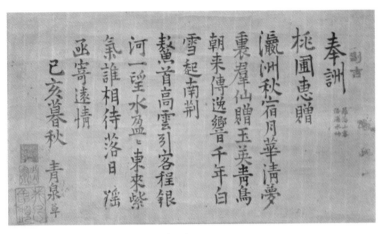

「신유한 친필」, 사가현립 나고야성박물관.

신유한과 일본 문인이 주고받은 한시는 『해유록』뿐 아니라 『성
사답향』과 『상한창수집桑韓唱酬集』『한객창화韓客唱話』『객관최찬
집客館璀璨集』 등 필담창화집 곳곳에서 확인된다. 또 도리야마 시
켄, 이리에 자쿠스이入江若水(1671~1729), 기노시타 란코木下蘭皐
(1681~1752), 가라카네 바이쇼唐金梅所(1675~1738) 등의 시집에서
신유한의 서문이 확인된다. 이들은 오늘날까지 일본 한시사를 장
식하고 있는 인물이다.

도리야마 시켄의 시를 읽다

사실 신유한은 일본 문사의 시를 대단치 않게 여겼다. 일본 시인
의 한시는 밥을 먹다가 뿜을 정도이며, 표절에 능하고 시작詩作
의 방법조차 잘 모른다고 조소를 보내곤 했다.[22] 그럼에도 신유

한의 시선을 끌었던 시인이 있었으니, 바로 도리야마 시켄烏山芝軒
(1655~1715)이다. 시켄은 교토의 후시미伏見 출신으로 오사카에서
활동한 시인이며 신유한이 일본을 방문했을 때에는 이미 세상을
떠난 뒤였다.

9월 9일 신유한이 오사카에 머물 때 시켄의 제자 도다 호히쓰
戶田方弼가 통사通事를 통해 『지헌음고芝軒吟稿』 5권을 보내왔다. 신
유한은 행장에 시집을 넣고 바쁜 와중에도 등불에 비춰가며 읽
어보았다. 시켄의 시는 산뜻하고 운치가 있었다. 일본에서는 쉽게
만날 수 없는 시인이었다. 이 시집을 가지고 돌아가 조선 사람들
에게 보여주고 싶은 마음이 들 정도였다.[23]

10월 11일 에도에서 신유한은 서문을 완성하여 보냈다.

> 도리야마 씨가 지은 시는 반드시 자신의 마음을 스승 삼
> 아師心 수단을 버렸다. 하나도 고인의 면목을 쓴 것이 없고
> 하나도 오늘날 사람의 의태意態를 쓴 것이 없다. 이 때문에
> 밖으로는 상象을 충분히 표현하고 안으로는 생각思을 충분
> 히 표현하였다. 이로써 그의 시는 영지버섯처럼 진귀하고
> 옥구슬처럼 아름다운 소리를 내고 생강처럼 알싸한 맛이
> 난다. 그가 흥겹게 읊조리며 노년까지 은거하고, 관로에 나
> 가 도시 인사들에게 명성을 파는 젊은이들과 어울리려 하
> 지 않았던 것은 모두 이 때문이다. (…)
> 이 시집은 화씨벽처럼 천년이 넘도록 손상되지 않아, 한번
> 뛰어난 안목을 가진 자를 만나게 되면 금방 그 가치를 징
> 험할 수 있다. 생각건대 내가 바다를 건너와서는, 이제 노

를 저어 가는데 이 문집 서문에 이름을 올리게 되었으니,
또한 우연한 일이다.[24]

  신유한은 『지헌음고』의 서문에서 시켄이 물상과 자신의 생각
을 자신의 언어로 노래했다고 썼다. 이러한 풍격은 개결하면서도
유유자적한 그의 삶 속에서 피어오른 것이다. 시켄은 시벽詩癖 때
문에 평생 관로에 나가지 않았다. 날마다 안개 낀 수죽水竹 사이
에서 노닐며 술과 시를 즐기는 것이 그의 일이었다. 부귀했지만
스스로 곤궁함을 택한 자였다. 임종 때 제자들이 간직한 시고詩
稿를 가져오게 하며, "일본에는 내 지기知己가 없다. 간행하더라도
나를 제대로 알지 못하는 사람에게 보여서 평가하게 하지 말라"
하였다고 한다. 신유한의 서문은 바로 시켄의 소원을 실현시켜준
것이나 다름없었다.

  귀로에서 11월 4일 오사카에 도착한 신유한은 판각이 완료된
『지헌음고』를 받게 되었다. 간기 다음에 한 면 전체에 큰 글씨로
'어람御覽'이라고 표기되어 있었다. 천황이 보았다는 뜻이다. 조선
통신사가 시켄의 시를 높이 평가하고 서문을 써주었다는 소문이
교토의 천황가天皇家에도 들어가 태상황太上皇[25]이 『지헌음고』를
직접 열람한 것이다. 그다음 장에 20여 일 전에 붙인 신유한의
서문이 실려 있었다. 신유한은 "지금 그 시권이 행장에 있어 매일
맑은 향기를 맡을 수 있다. 도다 호히쓰와 대면하여 이 감격을 이
루 다 쏟아놓지 못하는 것이 안타깝다"[26]며 기쁨을 표했다.[27]

  신유한은 시켄의 시에 매료되었던 것으로 보인다. 실제로 귀국
길에 신유한이 『지헌음고』를 가지고 갔음이 확인된다. 바로 동국

『일본조산씨시고』, 도리야마 히로오, 24.1×15.3cm, 동국대 도서관.

대본 『일본조산씨시고日本鳥山氏詩稿』를 통해서다. 이 책은 국내에서 보기 드문 일본 문집 필사본이다.[28]

각각의 시에는 청색과 붉은색으로 된 비점, 관주貫珠 등이 많이 달려 있다. 필사자가 누구인지는 알 수 없지만 적극적으로 시켄의 시를 음미하고자 한 흔적을 보이고 있다. 시켄의 시를 높게 평가하며 조선에 이 시집을 가져가고 싶다고 한 신유한의 발언이 괜히 한 말이 아님을, 또 신유한의 평가가 조선의 독자들에게 영향을 주었음을 알 수 있다. '일본'에 대한 편견을 넘어, 그들의 문학을 온전히 이해하고 적극적으로 향유하려는 조선 문인들의 달라진 시선을 여기서 확인하게 된다.

통신사행, 그 후

4

1720년 1월 6일 신유한 일행은 쓰시마를 출발했다. 쓰시마에 머문 지 보름 만이었다. 신유한은 이날의 귀로를 다음과 같이 생생하게 기록했다.

> 아침에 동풍이 맹렬하여 반나절이 못 되어 수백 리를 내달렸다. 오후에는 비가 부슬부슬 내리더니 문득 역풍逆風으로 변하였다. 표류할까 염려되었지만 있는 힘을 다하여 노를 저었다. 절영도絶影島에 80여 리를 못 미쳤는데 날이 저물고 파도가 거세게 솟았다. 온갖 고생 속에서 배를 조금씩 앞으로 움직였다. 사방이 컴컴하여 어디가 어딘지 알 수가 없었다. 이때 멀리 한 척의 배가 보였다. 파도 위에서 횃불을 들어보니 불빛에 우립羽笠을 쓴 사람의 모습이 비쳤다. 바로 우리나라 사령使令이었다. 바람결에 대고 크게 외치기를,

"개운포 만호開雲浦萬戶의 초탐선哨探船이오."

하였다. 배를 탄 이들이 모두 미친 듯이 뛰었다.[29]

그렇게 신유한은 9개월간의 여정을 무사히 마치고 조선 땅을 밟을 수 있었다.

신유한의 일본 통신사행은 조선과 그의 삶에 어떤 기억으로 남았을까. 신유한은 꽤 성실한 제술관이었다. 일본 땅에서 약 7개월 동안 6000여 수의 시를 창화했으며, 지나는 곳마다 일본의 풍속, 문물을 세심하게 관찰하고 치밀하게 기록하려고 노력했다. 일본의 문물, 정황에 대한 섬세한 관찰, 긴 여정 동안 느꼈던 여러 감회 등이 오롯이 그의 『해유록』에 담겨 있다. 신유한은 일본 통신사행 기록을 묶어 『해유록』으로 간행했다. 기굴하고도 형상성이 높은 신유한의 문장은 『해유록』에 잘 구현되어 생동하는 물상을 포착하고 역동적으로 표현하는 데 강점을 발휘했다. 이에 이진 시기 정보 전달 위주의 통신사 문학을 극복하고 뛰어난 문예적 성취를 거둔 것으로 평가할 수 있다.

『해유록』은 신유한의 문장 중에서도 백미로 꼽히는 데다가 집집마다 소장하고 애송했을 정도로 조선 후기에 활발하게 유통되었다. 그야말로 베스트셀러라고 할 수 있다. 김태준은 『조선한문학사』에서 "『해행총재』에 실린 수많은 일본 기행문을 압도하고, 중국 기행문의 백미라고 하는 연암 박지원의 『열하일기』에 대립한 기행문자의 쌍벽이라 볼지니, 문장의 미묘함과 관찰의 세미하기가 족히 『열하일기』와 맞버틸 만할 것이다"라고 평가했다.

『해유록』은 후대 문인들에게 일본에 대한 중요한 정보를 제공

『해유록』, 도쿄대학도서관.

해 통신사행을 떠나는 이들에게는 필수 참조 자료로 활용되었다.
또 이익, 정약용, 이긍익, 박지원, 이덕무 등 후대 학자들은 신유
한의 기록을 즐겨 인용했다. 『해유록』은 우리 문학사, 외교사에서
빼놓을 수 없는 중요한 자료라 할 수 있다.

　『해유록』뿐 아니라 신유한이 가져온 일본 서적도 조선 지식인
들의 관심을 끌었으리라 추정된다. 앞서 살펴보았던 도리야마 시

켄의 시집 외에도 신유한은 많은 일본 서적을 가지고 왔다.『청대일기』를 보면 신유한이 가져온『옥산강의玉山講議』『삼자전심록三子傳心錄』『이정치교록二程治教錄』을 열람한 기록이 있다. 이들 책은 미나모토노 마사유키源正之가 편찬한 것으로 그의 손자인 하라 마사카타源正容가 신유한에게 직접 서문을 요구한 바 있다. 신유한의 통신사행은 일본에 대한 새로운 지식을 생산하는 데 적지 않은 영향을 남겼으리라 짐작할 수 있다.

물론 신유한의 일본 사행에 대해 아쉬움을 표하는 시선도 있다. 정약용은『해유록』을 읽고는 기물器物의 정교함이나 조련調鍊하는 법에 대해 상세히 관찰하지 못했다고 비판했다. 또 일본과 조선의 위치에 대한 기록에서 일본인의 말을 곧이곧대로 듣고 사실을 따져보지 않으며 기록한 것을 개탄하면서 신유한을 일개 시인이라고 평하기도 했다.

더 큰 아쉬움은 신유한의 경험, 깨달음이 귀국 후 그에게나 조선에게나 큰 영향을 미치지는 못했다는 점이다. 사행 이후 조선이나 일본에 대한 변화된 인식이 뚜렷이 보이지 않으며, 일본 문사와의 만남 역시 특별하게 기억되지 못했다.

통신사행을 다녀온 후 30년이 지나 신유한은 남태기南泰耆의 통신사행을 기념해 「일동죽지사日東竹枝詞」 34수를 써주었다.

황금빛 거룻배에 붉은 비단 휘장

오사카가 번화하기로는 제일간다네

스물네 개 다리는 홍귤 나무 숲 속에 있고

창루마다 구슬 발 속에는 미인이 가득하네

黃金船舶紫綾帷, 大坂繁華第一奇.

二十四橋紅橘裏, 家家珠箔鎖名姬.

_「일동죽지사」8수

세 종실과 네 집정, 많은 배신이

맨발로 조정을 다니며 흰 천을 끌고 다녔지

천황이 한번 정사를 건네주고 나서는

대장군이 국가를 다스리는 진짜 왕이 되었지

三宗四執衆陪臣, 跣足趨朝曳白綸.

一自天皇專授政, 大將軍攝國王眞.

_「일동죽지사」22수

30년이 지나 회상하는 일본의 공간은 다만 아름다운 오랑캐의 땅이거나 이해할 수 없는 문화를 가진 곳으로 박제되어버렸다. 일본에 대한 냉철한 관찰이나 새로운 깨달음은 희석되어버렸다. 이상진은 「일동죽지사」 시들이 아름답기만 할 뿐 사신의 일에 대해서는 언급하지 않았다고 비판했다.[30] 그의 지적대로 신유한은 일본 사행의 경험을 바탕으로 국내 정치나 양국 교류에 생산적인 제안을 하지 못했다. 이는 신유한이 그런 제안을 할 수 있는 자리에 서지 못한 데서도 비롯되었을 것이다.

일본 사행은 정치인으로서보다는 문학가로서의 신유한의 성장을 이끌어냈다. 통신사행 이후 신유한의 문명은 더욱 높아졌다. 일본 사행을 훌륭하게 수행한 공으로 정6품 성균관 전적에 올랐다. 무진사행(1748) 때 정사로 일본을 다녀온 홍계희洪啓禧

(1703~1771)는 여염집 벽이나 공관公館과 역관譯舘이 모두 신유한의 글을 가지고 금사金紗로 장식했으며, "칠석에 소를 끌고 가는 밤, 외로운 등불 켠 쓰시마七夕牽牛夜, 孤燈對馬州"라는 신유한의 시구는 사람마다 외우고 있다고 전했다. 이처럼 통신사행은 그의 문명이 조선 밖 일본까지 전해지는 계기가 되었다.

사행은 청년 신유한에게도 문학적 감수성을 더욱 원숙하게 만드는 시간이었다.

> 왼쪽으로 바라보니 큰 바다가 푸른 하늘에 맞닿아 천하에 아무것도 내 눈을 가리는 것이 없었다. 아득하게 그 끝을 알 수 없고 드넓어 한계를 알 수 없었다. 생각해보면 구주九州 안의 백공百工 만물, 고금의 서적, 사마천이 구경했다는 것과 초나라 좌사左史가 읽고 기록한 것이 탄환처럼 조그마한 것이었다. 돛대 아래 걸터앉아 「소요유逍遙遊」 「추수秋水」 등 여러 편을 읽으니, 장자의 가슴속이 조금 컸음을 알 수 있었다.[31]

쓰시마에서 본 풍경이다. 신유한은 끝없는 바다를 바라보며, 가슴이 확 트이는 느낌을 받았다. 옛 사서史書 속의 정보는 현실에 비하면 작디작은 것에 불과했다. 세상의 범위는 장자의 언어처럼 상상 속에서나 가늠할 수 있다. 그는 일본 사행을 통해 인식 너머의 세계가 존재한다는 것을 체득하게 되었다. 상상의 세계를 유람하며 자신의 한계를 초극하고자 하는 신유한의 욕망이 사행길에서 그 근거를 찾아가며 더 강렬해진 것이다.

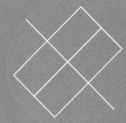

나를 알아줄 이
누구인가

성 밖에서 나를 전송하는데
구슬 같은 눈물이 그렁그렁
남쪽으로 겹겹 관문을 지나
동으로 낙동강 변에 이르렀네
산천은 아득하고 가는 길은 험한데
저물녘 산에 올라 그대를 그리네
바람은 세차게 심장을 조이는데
저 꾀꼬리 나무 위에서 함께 지저귀네
내 옛 벗을 생각하며
휘파람 불며 배회하네
뜬구름에 글월을 붙이나
뜬구름 아득할 뿐 어이 가지 않는고
다만 밥 잘 먹고 지내면서
영원히 잊지 말자 기약할 뿐

1

진정한 지기

임진년(1712) 봄이었다. 정시庭試에서 낙방한 신유한은 고향으로 돌아가던 중이었다. 오랫동안 준비했던 과거에 다시 낙방하자 그는 실의에 찬 마음을 가누기 힘들었다. 그저 서울 여관방에 우두커니 앉아 있었는데, 그때 한 젊은 유생이 그를 찾아왔다. 유생의 눈빛이 무척 맑았다. 처녀처럼 수줍으면서도 고집스런 기운도 느껴졌다.

유생은 신유한의 손을 잡으며 반가움을 감추지 않았다. 그의 명성을 익히 알고 있었는데 이제야 만났다는 것이다. 소매에서 주섬주섬 자신이 쓴 시를 꺼내 신유한에게 건넸다. 투박하면서도 여성적인 언어로 자신의 감정을 감추지 않고 노래했다. 참신하면서도 고조古調가 느껴졌다. 조선에서는 보지 못했던 시였다. 신유한은 놀라움을 감출 수가 없었다.

신유한도 유생에게 자신의 시를 주었다. 유생은 신유한의 시를 읽고는 웅장한 물결에 큰 물고기를 품고 있는 못과 같다고 찬탄했다. 이 둘은 그 자리에서 단박에 서로의 지기가 되었다.

유생은 신유한에게 어떤 책을 좋아하는지, 출세하면 어떤 일을 하고 싶은지 물어보고는,

"지금은 태평성대라 뛰어난 자든 우둔한 자든 가리지 않고 모두 등용한답디다. 그대와 같은 사람은 금방 이름을 낼 수 있을 테지요. 어찌 한 번 낙방했다고 바로 실의해서 고향으로 돌아가려 하십니까?"

하자, 신유한은

"저는 도성 안에 들어올 때마다 마음에 상처를 입곤 합니다. 서울 대갓집은 으리으리하여 하늘을 찌를 정도이고 그들이 손가락만 까닥하면 다른 사람을 영예롭게도 욕되게도 만들 수 있습니다. 제가 그런 대갓집을 어찌 가까이할 수 있겠습니까. 이제 나그네살이도 지겹습니다. 고향에 돌아가서 구름과 물을 짝하며 지내려고 합니다."[1]

하였다. 유생은 안타까운 마음을 금치 못할 뿐이었다. 그렇다고 떠나려는 신유한을 만류할 수도 없었다. 다만 앞으로 서로의 인연을 이어나갈 것을 당부했다. 그는 이날의 만남을 「처음 주백 신유한을 만나다初逢申周伯」와 「주백을 전송하며送周伯」로 남겨 길이 기억했다.

그렇게 최성대와 신유한의 만남이 시작되었다. 한미한 신분에도 큰 문재와 포부를 품었던 신유한, 그는 평생 자신을 알아줄 이를 갈망했다. 최성대는 이런 신유한의 삶에서 빼놓을 수 없는 사

람이다.

최성대의 자는 사집士集, 호는 두기杜機이며, 소북계 명문가 자제로 태어났다. 최성대의 육대조 최천건崔天健(1568~1617)은 소북의 핵심적 인물이었으나 광해군 때 정쟁에서 패배하여 목숨을 잃었다. 이후 그의 집안은 쇠락했으나 조부 최항제崔恒齊, 부친 최수경崔守慶에 이어 최성대까지 3대가 연이어 문과에 오름으로써 소북 명문가의 명성을 회복했다.

최성대는 40대 이후 사헌부 지평持平, 장령掌令, 승정원 승지承旨를 역임했다. 하지만 그도 관료이기보다는 시인이었다. 그는 김창흡 이후 18세기 시단의 제1인자라는 평가를 받기도 했다.[2] 하지만 그의 시는 일반적인 사대부 한시와는 구별되는 독특함을 지녔다. 여성적인 감수성을 바탕으로 자신의 내적 우울을 표현했다. 또 거리의 백성, 아녀자의 언어를 한시로 끌고 들어오는 것을 거리끼지 않았다.[3]

최성대의 삶도 신유한을 빼놓고 이야기할 수 없을 것이다. 그가 신유한을 처음 만난 것은 22세 때로, 자신만의 시 세계를 한창 구축해나갈 때였다. 신유한과는 열 살 차이가 났지만 우정을 나누는 데 큰 문제가 되지 않았다. 원래 최성대는 무척 내성적인 인물이었다. 스스로 전생에 여자였다고 생각할 정도였다. 다른 사람과 모인 자리에서 머리도 제대로 들지 못할 만큼 수줍음을 많이 탔다. 이런 성격 탓에 뛰어난 시재를 가졌음에도 불구하고 남들과 시를 수창하는 것을 좋아하지 않았다. 혼자 시를 읊고 즐기면서 누구에게도 자신의 시를 보여주려 하지 않았다고 한다.[4] 하지만 신유한에게만은 달랐다.

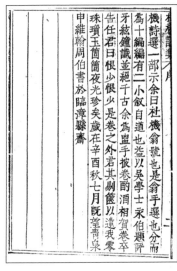

『두기시집』, 최성대, 30.5×19cm, 1741, 서울대학교 규장각한국학연구원/중앙도서관(표지)·국립중앙도서관(본문). 신유한의 서문이 남아 있다.

　"한나라 때 양웅은 자신을 알아주는 이가 없어 후세에 반드시 그런 이가 나타날 것이라고 스스로 위로하였는데, 나는 살아생전에 진정한 지기를 만났으니, 얼마나 다행인가."

　최성대는 평소 자신의 뜻과 문학을 알아주는 지기가 없다는 것을 늘 한탄했는데, 신유한이 바로 그 앞에 나타난 것이다. 최성대는 기꺼이 자신의 시를 보여주며 그의 평가를 고대했다.[5] 최성대의 시집인 『두기시집』에는 신유한의 흔적이 가득하다. 신유한의 서문이 문집의 첫 장을 장식하고 있다. 그다음 실린 이수봉李壽鳳의 서문도 신유한과의 첫 만남, 최성대의 한시에 대한 신유한의 평가로 채워져 있다. 또 직접 주고받았거나 서로를 그리워하는 시문이 각각의 문집에서 30편 내외씩 확인된다.

이들이 처음 만나 주고받은 시를 살펴보자.

영남에 훌륭한 선비 많기도 하나

그대처럼 성대한 명성 드물지

유랑하는 모습은 왕찬과 같고

문장은 육기를 무색하게 하네

술잔 입에 대니 봄풀 올라오고

칼 두드리니 구름 피어오르네

내일 관문으로 향할 적에

티끌 옷에 묻을까 걱정일세

嶺南多好士, 名盛似君稀.

漂泊同王粲, 文章笑陸機.

含杯春草出, 彈劍片雲飛.

明日關頭路, 深悲塵滿衣.

_최성대, 「처음 주백 신유한을 만나다初逢申周伯」

최성대는 신유한의 뛰어난 문재와 역마살을 꿰뚫어보았다. 다시 영남 고향 집으로 향하는 신유한의 뒷모습을 바라보며, 최성대는 자연스레 선계로 돌아가는 신선을 떠올렸다.

신유한은 「군마황곡君馬黃曲」 3장으로 최성대의 시에 화답했다. 「군마황곡」은 원래 한나라 악부 고취곡鼓吹曲에 속한 작품으로 낙양 명문자제들의 화려한 생활을 노래한 시다. 신유한은 이 시를 의고하며 만남의 기쁨(1장)과 잊지 못할 우정(2장), 앞으로의 당부(3장)를 차례차례 노래했다. 그중 2장의 앞부분을 보자.

「유하기마도」, 필자 미상, 종이, 125.4×63.9cm, 국립중앙박물관.

그대는 말을 타고

나는 나귀를 탔네

말은 빨리빨리 달리는데

나귀는 느릿느릿 걸어가네

걸음걸음 채찍질하지 않고

또 높은 수레 피하였지

君乘駒, 我乘驢.

駒行邀邀, 驢走蹇蹇.

行行勿驅, 且避高車.

최성대가 속한 소북계는 광해군 이후 정계에서 소외되어왔다. 앞으로의 그의 삶이 순탄하지 않으리라는 것은 쉽게 예견할 수 있었다. 실제로 신유한을 처음 만난 1712년으로부터 20년이 지나서야 최성대는 42세의 늦은 나이에 문과에 급제했다. 1738년 장연 현감으로 관직생활을 시작하여 승지, 대사간에까지 올랐지만 좌천, 파면, 유배를 거듭했다. 하지만 당시 신유한의 입장에서 보자면 최성대는 어디까지나 훌륭한 명문가 자제였다. 신유한은 그와의 신분적 거리감을 날쌘 말과 느린 나귀로 비유하며 시를 시작했다.

높은 수레 끄는 말은 날마다 먼지 속에서

뒤선 이 에워싸고 앞선 이 고함치네

눈앞서 영락이 잠깐 사이 달라지니

한평생 시름겨울 뿐 어느 세월에 즐기리오

차라리 그대 집 봄 나무 아래서

봄 구름 흘러가는 속에 옛 노래 장단 맞추리

高車駟馬日日在塵陌

後者呵擁前者呼

眼中榮落一朝異

百年愁歡何時娛

不如君家春樹下

古歌協節春雲徐

　　당시 서울 거리에서 만난 경화사족의 모습은 화려하면서도 위태로워 보였다. 신유한의 눈에 비친 최성대는 이들과 달리 속된 야망에 휘둘리지 않고 예술과 자연을 즐길 줄 아는 고고한 인물이었다. 말과 나귀처럼 둘은 신분이 다르지만 함께 어울리며 술을 마시고 시를 노래했다. 「군마황곡」의 3장은 다음과 같이 끝난다.

성 밖에서 나를 전송하는데

구슬 같은 눈물이 그렁그렁

남쪽으로 겹겹 관문을 지나

동으로 낙동강 변에 이르렀네

산천은 아득하고 가는 길은 험한데

저물녘 산에 올라 그대를 그리네

바람은 세차게 심장을 조이는데

저 꾀꼬리 나무 위에서 함께 지저귀네

내 옛 벗 생각하며

휘파람 불며 배회하네

뜬구름에 글월을 붙이나

뜬구름 아득할 뿐 어이 가지 않는고

다만 밥 잘 먹고 지내면서

영원히 잊지 말자 기약할 뿐

送我於城隅, 泣涕何珊珊.

南出重關, 東到洛江干.

山川悠阻道里艱, 薄暮上山以望君.

飄風聿烈摧心肝, 彼黃鸝和鳴林端.

我思故人, 嘯歌盤桓.

寄書於浮雲, 浮雲坱濭胡不還.

但當加餐食, 永矢無相諼.

　　그와 헤어져 고향으로 내려가는 길은 더 고달프다. 최성대와 같은 시대에 살면서도 다른 지역에 거주하니, 다행이면서도 불행이었다. 이제 가면 언제나 만날 수 있을까. 다만 건강히 잘 지내고 서로를 잊지 말자고 거듭 당부했다. 신유한은 최성대의 눈물을 닦아주며 발걸음을 옮겼다. 그렇게 조선 문단에 길이 회자된 두 시인의 운명적인 만남이 시작되었다.

필원에서의 밤

최성대와 만나고 고향으로 돌아간 이듬해, 신유한은 염원하던 대로 드디어 문과에 급제했다. 최성대는 마치 자기 일인 양 기쁨을 감추지 못했다. 신유한은 급제를 한 것보다 지음知音을 얻은 것이 더 기쁘다며 최성대의 축하에 응했다. 이듬해인 1714년, 신유한이 원경하와 함께 서울에 올라오자 최성대는 자신의 필동 집에 묵고 가기를 청했다. 두 번째 만남에서 이들은 더욱 깊은 대화를 나누며 서로의 문학에 대해 이해할 수 있었다.

최성대의 집을 방문했던 11월 4일 밤, 그날의 풍경을 신유한은 「필원야화筆園夜話」라는 작품에 소상히 기록하고 있다.

눈이 내리는 골목, 등불 하나가 거리를 형형하게 비추고 있었다. 이때 신유한과 같은 영남 출신인 이세황李世璜이라는 자도 필원 모임에 함께했다. 이들 세 명은 수많은 책 사이에서 앉거나 눕거나 하며 함께 시간을 보냈다. 흥이 나면 시를 읊조리고 읊조리는 것이 지겨우면 잠이 들었다. 자다 일어나서는 술을 마셨다. 신유한으로서는 객지생활 중 오랜만에 마음을 나누는 시간이었다. 평소 술을 잘 못하는 신유한이었지만 이날만큼은 실컷 술을 마셨다. 신유한은 술에 취해 다음과 같이 말했다.

"『주역』에 이르지 않았습니까. 두 사람이 마음을 같이하면 쇠도 자를 수 있고 또 그들의 말은 난초 향기와 같다고. 우리 두 사람의 마음이 옛 군자에 못할 것이 뭐 있겠습니까. 말하는 것도 똑같고 뜻도 같습니다. 시를 좋아하는 것도 똑같은데요. 그대는 어떤 시를 좋아하는지 물어도 될까요?"

"그대와 저는 마음이 같은 자입니다. 저는 그대가 좋아하는 것을 그림자, 메아리보다 더 빨리 호응하여 따릅니다. 어찌 그대와 다른 생각이 있을 수 있겠습니까. 하지만 그 렇다고 해서 그대는 제가 아니니, 먼저 제가 좋아하는 것 을 말한 다음 그대가 좋아하는 것을 듣고 함께하려 합니 다.”

최성대는 고쳐 앉으며 말을 이어나갔다.

“저는 시를 지을 적에 법칙으로 하지 않고 격률로 하지 않 으며 소리와 빛깔로도 하지 않습니다. 제가 잡고 즐기는 것은 천기天璣일 뿐입니다. 하늘에는 해, 달, 별과 바람, 비, 서리, 이슬이 있고, 땅에는 산천, 초목, 날짐승, 들짐승, 물 고기, 자라, 조수가 있습니다. 누가 이것을 만들고 두어서 형상을 이루게 하였을까요? 사람에게는 학사, 일민逸民, 협 객, 승려, 화장한 여자, 과부 등의 노래와 말, 그리고 웃음 과 울음이 잇달아 끝없이 나옵니다. 수많은 사물과 함께 움직이는 것 모두 모양마다 하늘이 낸 것이고 종류마다 하늘의 정취입니다. 이런 것들은 흥기할 수 있고 살필 수 있으며 무리 지을 수 있고 원망할 수 있습니다. 지금 저의 생활에는 날마다 시가 아닌 것이 없습니다. 시에 어찌 일 찍이 정해놓은 법식이 있으며 또한 어찌 일찍이 족보와 정 통이 있겠습니까.”

그의 대답이 채 끝나기도 전에 신유한은 자리에서 일어나 기뻐하며 말했다.

> "아! 그대의 말은 제 영혼을 일깨우는 듯하네요. 옛 시인
> 도 그대의 말을 들었다면 무덤에서 벌떡 일어나 감탄을
> 마지않았을 것입니다. 그대는 사람의 모습을 하고 신선 세
> 계에 노니는 자이군요."[6]

　최성대는 시를 짓는 데 있어 일체의 법을 부정하고 천기에 따라 시를 지을 뿐이라 했다. 천기는 『장자』의 "욕망이 많은 자는 천기가 적다其耆欲深者, 其天機淺"에서 유래하여 인위적인 조작이나 꾸밈이 없는 자연 그대로의 마음을 뜻한다. 100여 년 전 허균, 장유에서부터 천기 개념이 문학에서 언급되기 시작하면서 정과 개성을 추구하는 시론에서 중요하게 활용되었다. 최성대에 앞서 김창협은 시란 성정이 드러난 것이자 천기가 발한 것이라고 주장하여, 진실하면서도 개성적인 시 창작을 지향했다. 홍세태는 위항인의 천기는 가려지지 않았다는 논리로 그들의 문학을 옹호한 바 있다. 최성대의 천기론이 구체적으로 어떤 논리를 지니고 있는지 신유한의 인용만으로 충분히 파악할 수는 없지만, "시는 흥기할 수 있고 살필 수 있고 무리 지을 수 있고 원망할 수 있다"는 언급에서 전통적인 교화론의 테두리를 벗어나고 있지는 않아 보인다. 하지만 앞서 김창협의 천기론이 성리학적 성정론에 근거하여 수양과 학습을 통해 천기와 조우하는 시작始作을 주장했다면 최성대의 천기론은 틀에 얽매이지 않는 천진함에 더 큰 방점이 찍혀 있다. 그의 천기는 해, 달, 산천, 초목, 동물 등 온갖 만물에서부터

인간의 언어, 노래, 감정까지를 포괄한다. 그는 이 천기를 따라 시를 지을 뿐 인위적인 일체의 법을 부정했다. 세상 만물이 다 천기이므로, 이를 마주한 그의 일상은 그 자체로 모두 시였다.

이러한 최성대의 말은 젊은 시절 시의 격조, 법칙에 공을 들였던 신유한에게 큰 충격과 깨달음을 제시하는 것이었다.

> 중국의 시를 애써 흉내 낸다고 비슷해질 수 있겠는가! 길거리의 노래와 골목의 민요가 모두 하늘이 만들어내는 꽃비요 이슬 향기이니, 이를 작품에 담아내는 것이 바로 옛 시의 정신이 아닌가. 최성대의 시가 흉내 내지 않아도 자연스레 시경, 악부의 시와 부합하는 것은 바로 이 천기를 담아내고 있기 때문이다!

신유한은 젊은 시절 시경, 「이소」, 한위 악부에 심취했고 이들을 따라 하며 고조古調를 재현하려 노력했다. 반면 최성대는 거리의 평범한 이들의 삶과 노래를 자기 시에 담아냈는데도 절로 옛 시에 가까워졌다. 우리나라에 최성대와 같은 시인이 있었던가. 그를 만난 것은 행운이었다. 필원에서의 대화는 신유한의 시 세계에 많은 자극을 주었다. 이에 대해서는 4장에서 상술하겠다.

이날을 이어 신유한은 최성대의 집에서 열흘가량을 묵으면서 함께 시간을 보냈다. 필원에서 보낸 이 시간을 두 사람은 생애 내내 회고했다.

평생을 함께하다

두 사람의 각별한 우정은 평생에 걸쳐 이어졌다. 필원에서의 모임이 있었던 이듬해 1716년에 신유한이 다시 서울에 올라와 한달간 머물렀다. 관직을 구하기 위해 고관대작들을 찾아다니며 명함을 돌렸지만 성과는 없었다. 마음에도 몸에도 병이 생겼다. 어쩔 수 없이 아픈 몸을 이끌고 고향으로 돌아가는 날, 신유한은 답답한 마음을 가눌 수가 없었다. 이럴 때 그의 마음을 읽어준이가 바로 최성대였다. 그는 신유한의 손을 잡고 그의 좌절에 마음 아파하며 하염없이 눈물을 흘렸다. 신유한은 그의 눈물을 닦아주며,

"슬퍼할 필요가 없습니다. 우주가 좁아 다행히 우리 두 사람이 만났으니, 얼마나 기쁜 일입니까."

라고 답하며 되레 그를 위로했다.[7] 다행히 이듬해 신유한이 권지교서관 부정자에 제수되어 서울로 다시 올라왔다. 두 사람은 자주 만나며 서로를 의지했다. 신유한이 통신사행을 떠나면서 도성을 나갈 때에는 최성대가 술과 음식을 가지고 와 뒤따르며 혈육처럼 다정하게 송별했다. 그러나 각자 지방관으로 나가면서부터는 자주 만나기 힘들어졌다. 이들은 손을 꼭 잡고 5년에 한 번씩은 만나자고 약속했다.

최성대는 1732년 문과에 급제하여 3년 뒤 연풍 현감으로 관직을 시작했다. 문경새재를 바라보며 최성대는 영남 고을로 돌아가는 신유한의 뒷모습을 떠올렸고 그리움이 간절해졌다. 지난 약속을 상기시키며 신유한과의 재회를 간곡하게 요청했다. 당시 신유

한은 생모 삼년상을 마치고 병이 나 도저히 움직일 수가 없었다.
이듬해 마침 서울에 일이 있어 지나가는 길에 연풍에 들를 수 있
었다. 최성대는 그 기쁨을 다음과 같이 노래했다.

아이야! 대나무 새총으로
까막까치 둥지를 쏘지 말거라
어제 어쩌나 시끄러이 지저귀던지
오늘 아침 그대 말 우는 소리 들리네
衙童白竹弩, 慎莫彈烏棲.
昨日何強聒, 今朝君馬嘶.
_최성대, 「신주백이 가야에서 방문해줌을 기뻐하며喜周伯自伽倻
枉駕二篇」

　　신유한은 그사이 많이 노쇠해졌다. 삼년상을 치르고 병치레를
하느라 머리털까지 빠져 몰골이 말이 아니었다. 오랜만의 만남이
었지만 이전처럼 흥겨운 술자리도, 밤샘 토론도 할 수 없었다. 대
신 최성대는 신유한에게 아름다운 연풍의 풍경을 소개했다. 마침
연풍은 가을에서 겨울로 접어든 때였다. 신유한은 연풍의 풍경에
감탄하며 미처 보지 못한 봄 풍경을 보고 싶다는 마음이 들었다.
사실 최성대는 연풍 현감직을 못 견뎌했다. 외진 고을인 데다가
병이 나 파직시켜달라고 누차 청한 상황이었다. 신유한은 너무
고달프게 여기지 않고 아름다운 연풍에서 즐거움을 찾기를 기원
했다.
　　최성대는 다녀茶女를 불러 노래로 흥을 돋우고 신유한의 시중

을 들게 했다. 다녀는 관사에서 차와 술대접 등 잡일을 맡아 하
던 관비다. 마땅한 기생이 없던 외진 고을이라 다녀에게 기생 노
릇을 대신하게 한 것이다. 신유한은 다녀와의 만남을 아래와 같
이 기록하고 있다.

다녀 못생겼네

다녀는 못생기지 않았거늘 인연이 없어서지

"그대 저더러 봉두난발에 때 낀 얼굴이라 하지 마세요

저는 객이 머리 듬성하고 이 다 빠진 것이 우습네요

제가 늦게 태어난 것 아쉬우니

객이 젊을 때 웃음 사며 봄꽃과 짝하는 것 못 봤네요

지금에는 입으로 반야경을 외며

다만 아미타불과 정토원을 말할 뿐

전생의 죄가 사라지지 않는다며

마등가녀에게 밥을 빌어먹지 않겠다 하네요"

茶女惡, 茶女不惡因緣薄.

客休道儂頭如蓬面有垢, 儂笑客胡爲鬂短牙齒落.

惜儂生苦晚, 不見客朱顏買笑春花伴.

如今口誦般若經, 但道阿彌淨土苑.

前生宿債苦未消, 莫向摩登伽行乞飯.

_「장연현재시축長延縣齋詩軸」

마등가녀는 『능엄경楞嚴經』에 나오는 음녀淫女로, 석가모니의 제
자 아난阿難이 밥을 빌러 나갔다가 그녀의 유혹에 빠졌다. 신유한

은 늙은 다녀가 영 마음에 들지 않았는지 아니면 동침을 할 만한 기운이 없어서였는지, 짐짓 자신이 불가의 도를 닦는 중이라며 그녀의 유혹에 빠지지 않겠다고 큰소리를 쳤다. 신유한의 유머 감각이 돋보이는 시다. 다녀시를 비롯하여 최성대와의 만남, 연풍에서의 풍경을 읊은 시가 「장연호회기長延好會記」와 「장연현재시축」으로 남아 있다.

이후로도 신유한과 최성대는 평생 우정을 나누며 기쁨과 슬픔을 함께했다. 최성대는 신유한이 조정을 빛낼 만한 인재인데도 작은 고을 현감 자리나 전전한다며 안타까움을 표했다.[8] 신유한이 고향으로 돌아가 지낸 뒤로 경화사족과의 연락이 대부분 끊어졌지만 최성대는 그의 안부를 묻는 것을 게을리하지 않았다. 흉년에는 물품을 보내 신유한을 위로하곤 했다. 신유한에게 온 세상에서 자신의 마음을 터놓고 지낼 이는 오직 최성대 한 사람뿐이었다.[9]

서로 멀리 떨어져 있어도 두 사람은 서신을 주고받으며 함께 시를 짓고 평하는 일을 게을리하지 않았다. 최성대는 40대 초반 공릉 참봉과 충청도사를 지낼 때 지은 작품을 『만습晚拾』으로 묶어 신유한에게 보내 평을 요구했다. 신유한은 그의 시가 젊은 시절보다 현실과 일반 사람들의 안목에 맞는 방향으로 변모했다고 긍정적으로 평가했다. 또 재주와 격이 청정함을 얻었으나 중후함만 더욱 갖추는 것이 좋겠다고 솔직하게 조언을 덧붙였다.[10] 그 후 8여 년 뒤인 1741년에 최성대는 자신의 시집을 보내 신유한에게 서문을 받았다. 신유한은 조선 땅에서 제대로 된 한시가 나오지 못한다는 고정관념을 최성대가 뛰어넘고 있다고 고평했다. 신유한도 마찬가지로 때때로 시축을 보내 최성대의 평을 기다리곤 했다.

물론 조선 문인들이 동류 문인들과 교유하며 시를 평가하는 일은 흔히 볼 수 있다. 그런데 신유한과 최성대는 서로의 작품을 찬미하는 데에만 그치는 것이 아니었다. 상대의 시를 하나하나 음미한 다음 객관적인 평가를 수행하며 서로의 성장을 도왔다.

이들의 우정 속에서 산출된 대표적인 작품이 바로 「산유화곡山有花曲」이다. 이 노래는 원래 일선—善, 지금의 구미 지역의 열부烈婦 향랑香娘이 부른 원가怨歌다. 향랑은 남편으로부터 절연을 당하고 집으로 돌아왔는데, 당시 부모는 생존해 있지 않았고, 숙부가 개가를 시키려고 하자 울면서 불가하다고 말하고는 스스로 낙동강에 몸을 던졌다고 한다. 최성대는 민간에서 불리는 향랑의 이야기를 악부시에 담아 소상하게 그 일을 기록했다. 이후 신유한에게 자신의 「산유화곡」을 보내자, 신유한은 음색이 오묘하며 표현이 공교로우면서도 사건을 소상하게 다루고 있다고 극찬했다. 이어 죽음을 결심하는 향랑의 서글픈 내면을 읊으며 최성대의 작품에 화답했다. 두 문인의 시로 향랑이 겪은 아픔과 한 인간으로서 가졌던 감정이 오늘날 우리에게 더욱 생생하게 전해지게 되었다. 「산유화곡」은 4장에서 다시 상세히 살필 것이다.

부부로 기억되는 우정

신유한과 최성대의 각별한 우정은 부부관계로 비유되어 길이 회자되었다. 이덕무는 "옛날에 들으니, 승지를 지낸 두기 최성대와 청천 신유한은 전생에 배필이었는데, 청천은 남편이고 두기는 아내였다고 한다"라고 기록했다. 이들이 주고받은 시를 보면 결코 지나친 표현만은 아니다.

지난번 보내준 말 타고 한 이불 덮고 이야기하다

둥둥 거리에 종이 울릴 때까지 밤을 새우니

주인집 노파가 방 안 소리 엿듣고는

방 안에 예쁜 여자 숨겨놓았나 생각했지

등불 켜고 책 읽다 귀밑머리 정리하며

이에 생각하니 영남 신랑 얻기 원하네

군은 이 내 마음 간절한 것을 알면서도

홀로 전전불측 허락하지 않는고?

昨蒙遣騎聯被語, 謷謷直到街鐘曙.

主家老嫗窺戶聽, 室中知貯如花女.

挑燈讀書理雙鬢, 念此願得山南婿.

君知此意良已勤, 胡獨展轉心不許.

위의 시는 「장난으로 비서랑 신유한에게 준다戲贈申秘書」의 일부다. 신유한이 공무로 바빠 만나기 힘들어지자, 최성대가 그를 다시 만나기를 고대하는 자신의 마음을 읊은 것이다. 예전에 두 사람이 함께했을 때 주인집 노파가 오해할 정도로 밤새 다정하게 환담을 주고받았다. 최성대는 자신을 여자인 양 몸단장하며 산남 신랑 신유한을 기다리고 있다고 농담을 던졌다. 부부를 자처할 정도로 이들 사이의 정은 깊었다.

최성대보다 열 살 많았던 신유한은 그보다 딱 10년 앞서 세상을 떠났다. 최성대는 가눌 수 없는 슬픔을 제문에 담았다.

임신년 6월 9일 청천 신유한 선생이 고령의 경운재에서 운명하였다. 그의 벗 고애자孤哀子 완산 최성대는 수원의 초라한 집에 머물고 있었다. 어머니 상을 만나 슬프고 황망한 데다가 궁핍으로 죽음을 머지않게 여겼다. 선생을 만나지 못한 지도 몇 해나 되었다. 부음을 듣던 밤 온몸이 무너졌다. 또 남긴 글 몇 장을 받고는 미친 듯 부르짖으며 울기를 눈물이 말라붙어서야 그쳤다. 4일이 지나 7월 을축일 붕우의 상복을 만들어 남쪽을 바라보며 곡하였다. 8월 3일에 비로소 양식을 싸서 종에게 주고 전錢 100문文을 가지고 가서는 도착하는 날, 닭과 한 잔의 술을 영전 앞에 바치게 하였다.

아, 5년에 한 번 만나자는 약속을 8년 동안 헛되이 기다렸다. 회동과 주자동의 인연이 하루아침에 끊어졌다. 천고의 지기를 찾을 곳이 없으니, 내 마음이 어떻겠는가. 나는 거적에 엎드려 숨을 이어나가며 곧 죽을 지경이다. 만약 조금이라도 내 명이 이어진다면 글월을 가지고 다시 고할 것이고, 그렇지 않다면 죽어서 지하에서 만나 서로 하소연할 수 있을 것이다. 이외에 할 말이 뭐가 있겠는가. 아, 선생이여 혹시라도 이 말을 들을 수 있는가.[11]

최성대는 절제되지 않은 슬픔을 간결한 제문 안에 담아냈다. 그의 슬픔은 글로 이루다 표현하기 힘들 정도였다. 최성대는 시마복緦麻服을 입었다. 시마복은 먼 친족의 상에 입는 상복을 말한다. 『의례儀禮』「상복喪服」에 의하면 붕우는 시마복에 쓰이는 질대絰帶 차림만 한다고 했다. 또 정확한 날수를 정하지도 않았다. 붕우의 상에 시마복을 3개월 동안 실제로 입는 것은 무척 드문 일이었다.

최성대는 별도로 세가世家를 지어 신유한의 가문을 상세히 기록하고 그의 삶을 기렸다. 또 자신의 손자 최중순崔重純을 시켜 신유한의 행장을 짓게 했다. 실로 최성대만큼 신유한을 잘 아는 이는 없었던 것이다.

신유한이 떠난 후에도 최성대는 그를 잊지 못했다. 자신의 시를 옮겨 적은 신유한의 글씨를 작은 병풍으로 만들어두고 늘 그리워했다.[12] 그를 향한 그리움은 「언제 그대가 몹시 그리운가何處思君苦」라는 시 9수에서 절절히 드러난다. 눈이 올 때나 달이 빛날 때, 앵도화가 필 때, 궁궁이蘼蕪 풀이 자라날 때, 궁궁이 잎이 무성할 때, 날이 저물어 구름이 일어날 때, 기러기가 날아갈 때, 귀뚜라미가 울 때, 술을 마실 때, 매 순간순간 신유한이 사무치게 그립다고 토로했다. 그중 일곱 번째 시를 소개하면 다음과 같다.

「갈대와 기러기」, 장승업, 종이, 135.7×31.5cm, 국립중앙박물관.

어느 때 그대가 몹시 그리운가

높은 누대 기러기 지나갈 적에

바람 타고 우는 새소리 맑을 때

외로운 그림자 달 속에서 이그러질 때

북쪽 변방 옅은 서리 벌써 내릴 때

강남의 편지 느리게 올 때

이때가 제일 사무치게 그리우니,

기러기 우는 구천 아래서 그리워하네

何處思君苦, 高樓鴈去時.

數聲風外澈, 孤影月中虧.

塞北微霜早, 江南尺素遲.

此時思最苦, 嘹唳九天思.

　신유한과 최성대는 문학적 반려였다. 이들이 주고받은 시는 프랑스 시인 랭보와 베를렌의 사랑을 연상하게 할 정도다. 신유한과 최성대가 서로 깊은 우정을 나눌 수 있었던 것은 무엇보다 문학에 대한 공감대가 있었기 때문이다. 이들은 정치가나 철학자라기보다는 문학가였다. 세상이 요구하는 문학의 틀에서 벗어나 자신만의 개성적인 문학세계를 구축해나가려고 했던 그 의지에 서로가 깊이 공감했다.

　또 평생에 걸쳐 소외되고 좌절했던 두 사람은 누구보다 서로를 깊이 이해하고 어루만졌다. 물론 최성대는 소북계 명문가 출신으로 신유한과는 처지가 달랐다. 하지만 소북계 인재는 과거 합격자 명단에서 한두 자리 내줄 뿐이고 중요한 관직에 임명되기에도 어려울 정도로 정치적으로 소외되었다. 최성대는 오랫동안 과거에 급제하지 못하고 절망에 빠져 있었을 때 신유한이 불우하게 전국을 떠돌았던 모습을 자연스레 떠올렸다. 다른 벗들과 교유하더라도 처지가 같지 않으므로 그의 마음속에는 오직 신유한밖에 없다고도 했다.[13]

조선 문인에게 벗은 대체로 정치, 종교적 신념을 공유하는 동지同志였다. 서로 간의 의리와 신뢰가 중요한 가치로 강조되었다. 한편 신유한과 최성대 사이에는 문학을 바탕으로 한 농도 짙은 감정이 오갔다. 조선 문단에서는 낯선 장면이다. 천기를 지향하며 진실한 감정을 표현하는 것을 추구하던 두 문인은 서로에 대한 우정, 그리움을 감추지 않고 노래했다. '세상에서 유일하게 자신을 알아주는 지기'라는 관계는 단순히 문학적 수사에 그친 것이 아니라 평생에 걸쳐 이어졌다. 이것이 신유한과 최성대의 우정이 특별하게 기억되는 이유다.

불우함을 위로받다

2

눈 오는 밤의 시회

1743년 1월 17일 서울에 큰 눈이 내렸다. 땅거미가 질 무렵 임정 任珽, 임위任瑋, 임박任璞, 임원任瑗 네 명의 임씨 성을 가진 선비가 술에 취한 채 회동晦洞 길을 걷고 있었다. 임정, 임박, 임원은 한배에서 난 형제이고, 임위는 이들의 종형제로 늘 함께 어울렸다. 옷소매에 눈 그림자가 점점이 어렸지만, 술기운에 추위도 느껴지지 않았다. 그들의 걸음은 거미줄같이 어설프게 지어진 집 앞에서 멈추었다. 문을 두드리자 머리카락이 드문드문 빠진 한 노인이 나왔다. 신유한이었다.

"산음의 흥이 다하지 않아 그대가 대안도戴安道보다 뛰어나다고 생각하여 찾아왔습니다."

임정의 이 말은 진晉나라 왕휘지王徽之의 고사를 가져온 것이다. 왕휘지가 산음山陰 땅에 살던 중, 큰 눈이 내리던 밤 홍취를

천하제일의
문장

172

「섬계회도剡溪廻棹」, 양기성梁箕星, 종이에 채색, 33.5×29.4cm, 18세기 전반, 일
본 야마토문화관. 왕휘지가 대안도의 집을 방문하는 장면을 그렸다.

가눌 수가 없어 친구인 대안도를 찾아갔다가, 막상 문 앞에 도착
해서는 흥이 사라져 만나지 않고 되돌아왔다. 하지만 왕휘지와
달리 임정 형제들은 신유한과 함께 그 흥취를 나누고 싶었다. 신
유한이 대안도보다 뛰어나다는 말은 바로 그 뜻이다.

신유한은 놀라움과 반가움을 감추지 못했다. 신도 제대로 신
지 않은 채 그들을 서둘러 아랫목으로 안내하여 몸을 녹이게 했
다. 아들 몽준夢駿은 자리를 깔고 아내는 화로를 데우고 아이종

은 등잔을 가지고 왔다. 오랜만에 귀한 손님들을 맞이하느라 모두 정신이 없었다.

진정하고 자리에 앉자 잠시 뒤에 달이 동쪽 창을 비추고 눈꽃이 정원에 소복소복 쌓였다. 초라한 집이 어느새 옥동으로 만든 굴로 바뀌었다. 이들은 광주리에 안주를 늘어놓고 차례로 술을 마셨다. 술을 다 마시고 난 뒤에는 서書와 사史를 논했다. 주나라에서 시작해 한당, 제자백가까지 대화가 끊임없이 이어졌다. 갓이 삐뚤어지도록 취해서는 돌아가며 시를 지었다. 글씨는 삐뚤삐뚤했지만 모두 명편이었다. 신유한은 이들과 함께 육체를 떠나 넘실넘실 천고의 시간을 노니는 듯한 환상이 들었다. 이 모임은 오경을 알리는 종소리가 울리고 나서야 파했다.

이날 모임에서 더욱 그리운 이가 있었으니, 바로 최성대였다. 늘 시회에 함께하던 최성대는 마침 문화 현령文化縣令으로 부임했을 때라 오지 못했다. 신유한은 최성대의 빈자리가 아쉬웠다. 그는 임정 형제들과 주고받은 시를 정리해서 『설야집雪夜集』으로 만들어 최성대에게 보냈다. 최성대는 이들 시에 짤막한 평을 달았다. 예컨대 아래와 같은 임정의 시에,

함박눈 속에 신군 누워 있으니
추운 날씨에 아우 손을 잡고서
갖옷을 전당 잡아 좋은 술 사서
촛불 켜서 좋은 글을 써냈지
병든 말 서울 사람 구분하고
때아니게 우는 닭 주객을 구별하네

길이 송백가를 노래하는데

하얗게 센 머리 새로 보는 듯

大雪臥申子, 寒天携卯君.

典裘沽美酒, 呼燭出高文.

病馬京鄉念, 荒鷄客主分.

長歌有松栢, 頭白若新聞.

"걸출하게 대가의 풍미가 있다槃槃故有大家風味"고 평했다. 또 자신
의 창화시와 함께 아래의 새해 편지를 신유한에게 보냈다.

> 고요한 밤 관소에 여가가 있어서 청천옹이 보낸 시문을 보
> 고는 음풍하고 깊이 음미하니 그림 같은 정경이었다. 홀로
> 바닷가에 있어 이 모임을 함께하지 못하니 한편으로는 질
> 투가 나고 한편으로는 서글프다.[14]

눈이 소복소복 쌓이는 풍경을 바라보며 함께 술 마시면서 문
학을 논하고 시를 짓는 흥겨운 자리. 신유한은 이날 지어진 시문
에 최성대의 시까지 얹어 천고의 유람千古遊으로 길이 간직하고
자 했다.

신유한은 서울에 올라간 이후 당파의 구분 없이 다양한 문인
들과 교류하려고 노력했다. 그중에서도 특히 소북계 인물들과는
흉금을 터놓는 각별한 관계를 가졌으며 시회에도 활발하게 참석
했다. 여기에는 물론 최성대의 역할이 컸다. 당시 최성대는 소북
계 시단을 주도하는 인물 중 한 명이었다. 그와 함께 남태온南泰

임정의 초상, 『칠분전신첩七分傳神帖』, 임희수, 19.4×
11.5cm, 1750, 국립중앙박물관.

溫, 남태량南泰良 형제가 대표하는 의령 남씨, 임정, 임집 형제가 대
표하는 풍천 임씨 집안은 남산 아래에서 시사詩社를 이끌었다.

　신유한도 이들과 각별한 관계를 가지며 시회에 참여할 수 있었
다. 특히 임정 형제와는 최성대 못지않게 깊은 교분을 맺었다. 임
정 집안은 당시 소북계로서는 보기 드문 명망과 복을 누렸다. 임
정의 부친은 승지 임수적任守迪(1671~1744)이다. 그는 임정을 비
롯한 여덟 아들을 두었는데 이 중 임정, 임집, 임박, 임준 네 명의
아들이 문과 급제를 했고 청요직에 올랐다. 나머지 아들도 음직
으로 관로에 나아갔다.[15] 임정 집안은 당시 당파에 관계없이 인재
를 고루 등용하겠다는 영조의 정책에 시혜를 입은 대표적인 가
문이다. 임정은 1731년 수찬으로 탕평책에 따른 시정의 폐단을
건의하여 영조의 눈에 든 바 있다.

　임씨 집안에는 문예에 능한 인물도 많았다. 임수적은 명필로

명성이 자자했다. 임정의 아내는 시서화 삼절로 일컬어지는 강세황姜世晃(1713~1791)의 누이다. 강세황은 어릴 적 임정에게서 시와 글씨를 배웠다고 전해진다. 임정은 시를 평가하는 안목도 뛰어나 서울 선비들이 다투어 그에게 시를 보내 평을 받고자 했다. 임정의 아우들도 과체시에 능하여 당시의 표준이 되었다고 전한다.(『병세재언록』) 임정 형제들은 팔촌 임위(1701~1762)와 각별한 관계를 가졌는데, 요절한 천재 화가 임희수任希壽(1733~1750)가 바로 그의 아들이다. 임수적 집안은 18세기 정치와 문예를 이끌어나간 한 축이라고 해도 과언이 아닐 것이다.

신유한이 쓴 임수적의 제문에 의하면 임수적이 포의였을 때부터 둘 사이에 교분이 있었다고 한다. 임수적이 문과에 급제했을 때가 1725년이니 그 전부터 익히 알고 지냈던 것이다. 최성대를 통해 그의 집안과 인연을 맺었을 가능성도 생각할 수 있겠다. 신유한은 임정 형제의 모습을 다음과 같이 노래했다.

치옹 나이 오십에 맑고 넉넉해
가는 눈썹 활기차고 구레나룻 짙네
술 즐겨 백 잔은 마실 수 있다 하며
냉채와 묵숙나물 술 단지에 곁들이네
거리에 종 둥둥 울리면 아이 불러
돈 준비해 호희胡姬 집에서 술을 사네
이부의 명예일랑 신경 쓰지 않으니
추위 속 봉황이 오동나무에 깃드네

巵翁五十淸且腴, 踈眉活畫雙鬢烏.

自言嗜酒能百觚, 冷盤苜蓿樽罍俱.

街鍾坎坎丫鬢呼, 覓錢貰酒胡姬壚.

吏部榮名似葭莩, 天寒鳳凰棲碧梧.

임정의 관력은 무척 화려하다. 사변가주서事變假注書로 벼슬을
시작해, 세자시강원 설서說書, 홍문관 수찬, 부응교 등 청직을 거
쳐 대사간, 대사성에 제배되었다. 이 시가 지어졌던 1742년에는
이조참의에 제수되었다. 당시 이조참판은 원경하였다. 영조가 이
들을 이조에 앉힌 것은 인재를 당파와 상관없이 등용하여 탕평
을 실현하겠다는 강한 의지의 일환이었다. 하지만 임정은 얼마
지나지 않아 사사로이 자신의 친척이나 같은 당파에 속한 인물
을 의망擬望했다는 이유로 거듭 논핵을 받았다. 영조는 공연히 당
쟁을 벌인다며 논핵을 단호히 물리쳤지만 임정은 패초牌招에 한
동안 응하지 않았다.[16] 그는 살얼음판 같은 이조의 일로 마음을
괴롭히는 대신 저물녘이면 술을 사서 아우들과 즐거운 술자리를
가지곤 했다. 그는 백 잔의 술을 거뜬히 마실 정도로 엄청난 대
주가여서 신유한은 그에게 서신을 보내 술을 좀 자제하라고 조언
할 정도였다.[17]
　이어 신유한은 자신의 모습을 아래와 같이 노래했다.

　　동쪽 다리 옆 늙은 나그네 오활하니
　　뭐 하러 이웃집을 구해서 사는고
　　대낮에 작은 당에 부들자리 펼쳐서
　　객 맞아 술 마시며 더불어 기뻐하네

그대 흰 나귀 타고 정원으로 들어가니

난과 계수가 울창해 천향이 은은하네

문성사군 최성대는 마른 선학과 같고

경윤(임위)과 화중(임박)은 한 쌍의 여주驪珠라네

東橋有客老更迂, 買屋卜隣胡爲乎.

小堂淸晝設寒蒲, 邀賓睹醉供歡娛.

君乘素驢入庭隅, 蔚如蘭桂天香敷.

文城使君仙鶴癯, 景潤和仲雙驪珠.

1743년 연천에서 돌아와 봉상시 첨정을 지낼 때, 신유한은 임수적의 집에서 동쪽으로 100보 거리에 터를 잡고 2년 동안 지냈다. 임수적의 집안은 회동, 지금의 충무로 4가에 위치했다. 최성대가 머물었던 필동과도 아주 가까운 곳이다. 신유한은 아침저녁으로 임수적의 집을 방문하여 그의 아들들과 교분을 다져갔다. 『설야집』이 만들어졌을 무렵도 바로 이때다.

「수선전도」, 100.5×74.5cm, 1830, 국립중앙박물관. 임수적 집이 있던 회동과 최성대의 경저가 있던 필동. 신유한의 경저는 회동의 동쪽(현 그림에서 왼쪽)에 위치했던 것으로 추측된다.

여섯 아우 풍골은 악와渥洼(천마가 나는 지역)의 준마요

자리에 앉은 영웅호걸 짝할 자 없구나

토끼 구이 호박잎 주방에서 나오고

신풍의 녹주가 눈앞에 가득하네

오늘 해가 짧아 이미 날 저물었는데

연이은 술잔 싫다 말고 술통 다 비우세

술 취해 뜬구름이 가는 것 바라보다

손 들어 얼어붙은 수염을 꼬아보네

六郎風骨渥洼駒, 四座英豪一世無.

兎燔瓠葉出窳廚, 新豐綠酒滿眼沽.

今日苦短時已晡, 連舠莫厭須盡壺.

酒酣仰視浮雲徂, 矯手自捋氷霜鬚.

뛰어난 인재들이 함께 모여 술을 실컷 마시는 흥겨운 자리. 그
러면서 그들과 문학을 논하는 자리가 신유한의 보잘것없는 삶에
큰 위로가 되었음은 분명하다. 그럼에도 구슬처럼 준마처럼 빛나
는 그들 속에 있으니 자신의 신세가 더욱 초라할 뿐이었다. 신유
한은 술잔을 멈추고 자신의 신세를 한탄했다.

청컨대 이내 팔자 기구한 것 보시오

소년 시절 독서는 양웅, 사마상여 짝하였죠

우연히 책을 끼고 서울 거리 노닐었고

우연히 부賦 지었는데 삼도부三都賦도 한 수 아래

임금님의 은혜가 골고루 적시는데

어느 나무는 영화롭고 어느 풀은 시드는가

세상 사람 다 잘났는데 나 홀로 바보 같아

천마는 달빛 밟는데 외양간 소 신음하네

請看此物行崎嶇, 少年讀書楊馬徒.

偶然挾策遊九衢, 偶然作賦傾三都.

皇穹雨露共霑濡, 何木欣榮何草枯.

世人皆賢吾獨愚, 天駆躓月犇牛豬.

「삼도부」하나로 낙양의 종이 값을 폭등시킨 좌사左思보다 자신이 뛰어난 문재를 지녔다고 자부하지만 불우한 신세에서 벗어날 길이 요원하다. 서얼허통에 탕평책이 시행된다지만 신유한에게 단비는 내리지 않는다. 세상 사람 모두 잘났는데 나만 바보 같구나! 신유한은 울분에 찬 목소리를 억누르기 힘들었다.

말 끝나자 군들이 일제히 탄식하고

치옹은 나를 위해 한동안 머뭇거리네

능양후 변화는 자기 옥을 자랑 말라

세상 사람 들으면 모두 활을 당길 테니

취해 노래 한 곡조 부르니 소리 울적하고

찬 바람 우수수 하늘은 흐려지네

산에는 높은 솔 진펄에는 느릅나무

원컨대 술 마시며 길이길이 즐기길

語盡諸君起一吁, 卮翁爲我立跙趄.

陵陽白璧莫言殊, 世人聞此皆張弧.

醉歌一曲聲煩紆, 寒颸獵獵天糢糊.

山有橋松隰有楡, 願言有酒長懽愉.

_「취가행, 치재 임장공에게 올리다醉歌行 奉卮齋任長公」

임정은 화씨벽和氏璧의 이야기를 끌어오며 영화榮華가 오히려 화를 불러일으킬 수 있음을 경계했다. 신유한은 임정 형제에게 위로를 받고 자신의 불우함을 조금이나마 해소했을까. 마지막에 신유한은 『시경』「당풍唐風」 '산유추山有樞'를 인용하여 너무 고생하지 말고 인생을 즐길 것을, 한편으로는 임정 형제와의 지속적인 교유를 염원하면서 이 시를 맺는다.

임정 형제에게 보내는 서신과 시에는 유독 그의 신세 한탄이 많이 드러난다. 연일 현감으로 나갈 때는 "삼조의 관직 모두 미관말직이라, 만권총서는 다만 속을 끓일 뿐이네. 작년에 눈물 뿌리며 서울을 떠나, 서울을 내려와 유빙이 흐르는 섣달에 형산강을 건넜다오三朝歷事皆微分 萬卷叢書但熱腔 灑淚前年辭帝里 流澌臘月渡兄江"로 시작하는 장편시(「오천에서 술회하다烏川寫懷二十二韻. 寄晦洞」)를 임정 형제에게 보냈다. 신유한에게 있어서 임정 일가는 일종의 기댈 수 있는 권력이었다. 신유한이 누차 이들에게 자신의 신세를 호소하는 서신과 시를 전달했던 데에는 출세에 대한 그의 강한 의지가 작용했을 것이다.

그럼에도 이들의 교유에는 문학적인 교감이 함께했음이 분명하다. 일찌감치 문과에 급제하여 문명을 날린 신유한은 한참 어린 그들에게 문학적 선배로 역할했을 것이다. 신유한보다 스무 살이나 어린 임박은 그를 스승으로 대접하며, 문학에 대해 의견을 구했다. 신유한은 임박의 태도가 제齊나라의 장군 전단田單이 늙은 군졸을 스승으로 섬기는 격이라며 손사래 쳤다. 전단의 이야기는 『사기』「전단열전」에 실렸는데, 전단이 연나라와의 전쟁을 앞두고 병사들의 사기를 올리기 위해 "신이 내려와 나를 가르쳐

준다"는 소문을 퍼뜨렸고 한 군졸을 무당인 양 섬겼다. 물론 전단은 이 군졸에게 아무런 신력이 없는 것을 잘 알고 있었지만 그 전략은 성공하여 그의 군대는 연나라를 크게 무찔렀다. 신유한은 이 고사를 인용하여 자신이 미천한 데다가 소문과 달리 아무런 실력이 없음을 겸사로 말했다. 그럼에도 신유한은 임박을 상대로 문장 학습, 그리고 문장에 대한 자신의 의견을 서신(「임학사와 문장을 논한 글與任正言論文書」)으로 상세히 전달했다. 그리고 임박도 옛사람의 기사紀事, 기언紀言, 기물紀物의 문체로 나아가서 학습하기를 권했다. 이 서신은 그의 문학론을 살펴볼 수 있는 중요한 자료이다.

임정, 임원을 제외한 이들의 문집이 온전히 남아 있지 않아서 신유한의 문학이 이들 형제에게 어떤 영향을 주었는지는 구체적으로 파악하기 힘들다. 다만 임정의 한시로 유추할 때 신유한과 이들 형제는 문학적 지향을 공유했을 가능성이 있다. 임정은 신유한, 그리고 최성대와 마찬가지로 악부풍 시를 즐겨 지었고, 조선의 현실을 시 안에 담아냈다. 때로는 염정 가득한 시를 여성의 목소리로 창작하는 것을 꺼려하지 않았다. 이러한 문학적 경향은 함께 시회를 하며 긴밀한 관계를 유지하는 속에서 공유되었던 것으로 논해진다.[18]

신유한에게 있어 임정 형제, 최성대와 보낸 시간이 얼마나 특별했는지는 다음과 같은 편지에서 확인된다.

칠순이 얼마 남지 않았습니다. 회동 옛집에서의 인연이 아득한 꿈과 같네요. 죽고 나서 내 영혼은 영원히 회원과 주

동 사이에서 노닐 겁니다.[19]

서얼 차별을 철폐하라

최성대, 임정 외에도 신유한의 문집에는 당시 명망가의 이름이 빼곡히 채워져 있다. 이들 중 많은 이가 서얼허통을 이끌거나 영조 대에 탕평파의 주축으로 활동했다. 신유한은 이들에게 심적으로 의지했다.

과거 급제 직후 신유한이 정치적으로 많이 의지했던 인물은 바로 최석정崔錫鼎(1646~1715), 최창대崔昌大(1669~1720) 부자였다. 최석정의 조부는 다름 아닌 최명길崔鳴吉이다. 병자호란 때 화친을 주장한 것으로 유명한 그는, 서얼허통 논의를 조정에서 본격적으로 제기한 인물이기도 하다. 1625년 그는 상소를 올려 "재능에 따라 인재를 거두어 써서 서얼의 억울함을 펴주고 인재를 등용하는 길을 넓혀줄 것"을 요청했다. 그의 요청이 받아들여져 양첩良妾 소생은 손자부터, 천첩賤妾 소생은 증손부터 과거 응시가 가능해졌고, 요직에 나아가는 것도 허용되었다. 그러나 서얼 출신이 과거를 보려면 곡식을 바쳐야 했고, 합격한 이후에도 요직에 임명되는 이는 극소수에 불과했다. 손자 최석정은 조부의 뜻을 이어 이조판서에 재직 중이던 1696년 다음과 같은 차자箚子를 올렸다.

우리나라에서 인재를 등용하는 데에는, 오로지 문벌門閥을 숭상하여 서울 사람을 앞세우고 시골 사람을 뒤로 미루니, 이미 현명한 사람을 세우는 데에는 일정한 방도가 없다는 의리에 어그러집니다. 서류庶流를 막는 데 이르러서는 진실로 옛 제도가 아닙니다. 인조 때에 요직要職에는 허용하고 청직淸職에는 허용하지 않는 것으로써 품재稟裁하고 서경署經하였으나, 오래도록 거행하지 못하였습니다. 하늘이 인재를 낼 때에는 귀천에 차이를 둔 것이 아니나, 마른 목과 누런 얼굴로 불우하게 나란히 죽습니다. 이를테면 송익필宋翼弼의 학술로도 포의布衣로 마치고, 신희계辛喜季의 문장과 우경석禹敬錫·유시번柳時蕃의 재지才智가 모두 그 뛰어난 재능을 펴지 못하였으니, 애석함을 금할 수 있겠습니까? 이제 갑자기 옛 폐단을 고치지는 못하더라도, 정제定制에 따라 삼조三曹에 속한 각시各寺의 벼슬을 주고, 이재吏才가 있는 자는 고을을 맡기되, 그중 무리에서 뛰어난 자는 이 제한 안에 두지 아니하여, 음관蔭官·무관武官도 그 길을 조금 넓혀서 인재를 버려두는 한탄이 없게 하여야겠습니다. 쌀을 받아들이고 벼슬길에 통하는 것을 허가하는 것은, 처음에 호변胡變 때문에 두었으나, 이미 오랫동안 폐단이 일어났으니, 특별히 그 법을 없애야 하겠습니다.[20]

최석정은 인물을 제대로 등용하지 못하는 조선의 현실을 규탄했다. 문벌과 출신 지역으로 사람을 가려 쓰는 것은 옛 성왕聖王의 법도에 어긋난다. 또 서류를 차별하는 것은 어디서도 그 근거를 찾아볼 수 없다. 최석정은 재능을 품은 채 서얼이라는 이유로 불우하게 생을 마감해야 했던 이들의 이름을 나열했다. 조

「최석정 초상」, 비단에 색, 173.0×90.0cm,
보물 제1936호, 국립청주박물관.

선 성리학에서 중요한 위치를 차지하는 송익필(1534~1599)은 천출이라는 이유로 벼슬길에 나아가지도 못했다. 신희계(1606~1669), 우경석(1602~1677), 유시번(1616~1692)은 문과급제를 했지만 모두 봉상시 관원이나 외진 고을의 수령 자리를 전전할 뿐이었다. 이 중 신희계는 인조 때 장원을 차지할 정도로 문명이 높았다. 그의 장원은 실록에도 국조 이래 처음 있는 일이라고 기록될 만큼 큰 사건이었다. 하지만 그의 이름과 문장은 문학사에서 찾아볼 수 없다. 최석정은 목소리를 높였다. 인조 때 만든 규정대로 서얼을 요직에 등용하는 것을 허용하고, 납속納粟한 자에 한하여 허통하는 구차한 규정을 혁파해야 한다. 그의 건의가 받아들여져 납속허통책은 철폐되었고 서얼 출신 이현李礥(1653~1718)이 그의 추천하에 호조좌랑으로 선발된다. 최명길과 최석정의 대를 잇는 노력은 후인들의 공감과 지지를 받아 서얼금고 철폐론에서 지속적으로 인용되었다.[21]

사회적 약자의 아픔에 공감하고 인간을 평등하게 바라보는 시선은 최석정의 아들 최창대에게도 이어진다. 그는 여항 문인 홍세태와 오랫동안 각별한 관계를 가지며 신분과 나이를 초월한 우정을 나누었다. 서얼로서 세상의 편견에 맞서야 했던 신유한이 최석정, 최창대에게 의지한 것은 어쩌면 당연해 보인다. 최창대는 신유한에게도 "족하는 높고 뛰어난 문예를 가졌는데 세상에 어긋나고 시대에 곤액을 당한 지 오래라 뭐라 할 말이 없소"라며 그의 마음을 따뜻하게 어루만져주었다.

최창대의 제문祭文에서 신유한은 달포 정도 최창대를 만나지 않으면 뼈구멍骨孔이 다 막히는 듯했는데, 그를 만나면 오관五官이 시원하게 열리며 명리名利에 집착하지 않게 되었다고 술회했다. 또 자신이 죽을 때까지 헌신짝 같은 신세가 되지 않고 자기 몸을 온전히 보존하게 된 것은 최창대 덕분이라고 했다. 미관말직을 전전하긴 했지만, 그래도 신유한의 삶이 관로에서 벗어나지 않을 수 있었던 것은 최창대의 지지가 있었기 때문임을 넌지시 표한 것이리라.

한편 신유한이 정치적으로 의지했던 이들 중에는 임정처럼 영조 대에 탕평파로 활동한 인물이 많았다. 당파와 상관없이 새주만 보고 인재를 등용해야 한다는 탕평론의 논리는 서얼금고 철폐로 확장되곤 했다. 신유한에게서 문장을 배웠다는 원경하는 탕평파의 중심인물로 성장했다. 그처럼 탕평의 필요성을 꾸준하게 역설한 인물은 없다고 평가를 받기도 한다. 그는 출신 자체가 독특했다. 왕실의 외손인 데다가, 소론 완론으로 탕평에 참여해왔던 이태좌의 외손이며, 조현명의 형으로 탕평의 원조라 할 조문명趙文明의 사위이기도 했다. 그는 장원급제 이후 영조의 총애를 받으며 정치적으로 성장해왔다. 그는 군자붕 소인당君子朋 小人黨이라는 구양수의 붕당긍정론을 비판하고(「반구양자붕당론反歐陽子朋黨論」) 임정, 정우량鄭羽良, 오광운吳光運 등과 함께, 인재라면 4색

딩파를 불문하고 모두 등용해야 한다는 대탕평大蕩平을 창도했다. 1741년 3월 경연에서 원경하가 오직 재주를 가지고 인재를 등용해야 한다는 논의를 펼치자 영조는 이에 근거해 서얼 출신을 등용하겠다는 의지를 피력하기도 했다.[22]

탕평파로서 서얼통청을 주장한 이주진李周鎭(1692~1749) 집안과도 신유한은 각별한 관계를 유지했다. 이주진의 아들 이미李瀰(1725~1779)는 신유한과 자신의 집안이 "삼세의 구의가 있었다余與翁有三世之舊"고 했다. 그의 표현에 의하면 조부 이집李㙫(1664~1733)과 부친 이주진은 신유한을 기사奇士로 "허여"했다. 이집은 우의정까지 역임했으며 소론계 완론을 이끌어간 인물이다. 이주진은 노론 영수 민진원의 사위이기도 했는데, 이러한 출신 성분으로 노소론을 아우르는 탕평을 담당하기에 적합한 인물로 평가되었다. 신유한과 이집 집안의 인연은 아마도 이집이 1718년 무렵 영남 안찰사로 부임하면서 시작되었으리라 추측된다. 신유한은 문과 급제한 이후 이집의 집을 드나들며 아들 이주진과 손자 이미의 문장을 지도했을 것이다. 신유한이 통신사행을 가게 되자, 이집은 그를 위로하고 권면하는 서신을 보냈으며, 이주진은 그를 직접 배웅하며 시 주머니와 환약을 선사했다. 신유한이 일본에서 귀국한 후 그를 승문원으로 이배해줄 것을 청한 것도, 만년에 정3품직인 봉상시 정으로 추천하여 그의 억울함을 달래주려 노력한 것도 바로 이주진이었다.

1746년 이주진은 상소하여 고금의 뛰어난 서얼들의 사례를 조목조목 들어 서얼을 미관말직에만 국한시키지 말고 등용의 길을 넓힐 것을 주장했다. 그의 주장은 무척 급진적이었는데, 상소 말미

「이주진 초상」, 『해동진신도상』, 종이, 28.3
×39.1cm, 국립중앙박물관.

에서 여항의 비천한 이들에게까지 벼슬길을 넓혀야 한다고 논의를 확대하기도 했다.[23] 신유한과의 교유를 통해서 이주진은 재주가 있다면 당파와 신분에 국한되지 말고 등용해야 한다는 신념을 더욱 굳히게 된 것인지 모른다.

신유한의 교유망을 그려나가다보면 서얼이라는 굴레에서 벗어나려는 그의 모습을 발견하게 된다. 재능 있는 서얼을 구제하려는 최석정, 원경하, 이주진 등의 노력은 안타깝게도 신유한 생전에 끝내 실현되지 못했다. 하지만 이들의 발언은 서얼금고를 철폐할 것을 청하는 상소문에 지속적으로 인용되면서 서얼에 대한 사회적 차별을 조금씩 개선하는 데 기여했다. 이들과 함께 신유한의 이름은 재능을 품은 채 불우하게 생을 마감한 서얼로 후대의 상소에서 언급되곤 했다.[24] 인간을 평등하게 바라보는 시선이 요청될 때마다, 신유한과 그의 주변 문인들은 다시 호명되었다.

신유한의 울분은 그의 후배 세대에 와서 조금이나마 해소될 수 있었다. 이덕무, 유득공柳得恭, 박제가朴齊家가 검서관으로 등용되어 자신의 학식과 재능을 펼칠 수 있었던 것은, 선배 세대의 이러한 노력 덕분일 것이다.

3

김창흡의 조언

신유한이 활동한 18세기 전반에는 개성적인 예술가들이 등장하여 새롭고 다채로운 변화를 시도했다. 신유한은 이들과 교유하며 많은 감발을 받았다. 1719년, 신유한은 조선 시의 혁신을 이끈 인물 삼연三淵 김창흡金昌翕(1653~1722)을 만났다. 그해 봄, 신유한은 통신사 제술관으로 일본으로 떠나는 길을 앞두고 있었다. 하직 인사차 영의정 김창집金昌集의 집에 들렀다. 그의 둘째 아우 김창흡이 마침 설악산에서 서울로 들어와 그의 형 집에 머무르고 있었다. 삼연은 평소 신유한의 명성을 잘 알고 있어서 처음 만났지만 구면인 듯 반가워했다. 그는 신유한에게 시권詩卷을 보여달라고 요청하고 일본으로 가기 전에 돌려주겠다고 약속했다. 연보에 의하면 김창흡이 신유한을 만나자마자 손을 잡고 협실로 들어가 사흘간 나오지 않고 마침내 세상에 드문 신교曠世神交를 "허여"했다고

「김창흡 초상」, 덴리대학도서관.

도 한다. 이 역시 두 사람의 신분 차이를 의식한 표현일 것이다.

5월 신유한은 부산에 내려가 통신사행을 준비했다. 배가 출발하기에 적당한 바람을 기다리던 참이었다. 설악산에서 온 승려가 신유한을 찾아왔다. 그는 김창흡이 빌려갔던 시권과 시찰詩札을 신유한에게 전해주었다. 김창흡이 과연 약속을 어기지 않은 것이었다. 김창흡의 시는 다음과 같다.

명성이 남도에서 일어나

발과 눈이 이제 또 동해로 가네

천지는 동남쪽이 기울어지니

문장은 굴원屈原, 송옥宋玉 따랐네

돛 달고 유람하던 사령운謝靈運이요

붓 들어 휘갈기던 목현허木玄虛로다

장차 용궁 속에

『벽라동사초薜蘿洞私草』 글 전해지는 걸 보게 되리

聲名自朱鳥, 足目又歸墟.

天地東南缺, 文章屈宋餘.

揚帆謝康樂, 肆筆木玄虛.

將見蛟宮裏, 流傳蘿洞書.

_김창협, 「통신사의 좌막에 부치는 시」²⁵

   김창흡은 신유한이 영남 궁벽한 곳에서 일어나 문명을 떨쳤
으니 이제 곧 일본에 그의 문명이 전해질 것을 축복했다. 천지가
동남으로 기울어졌다는 표현은 모든 강물이 동남쪽으로 흐른다
는 전통적인 지리 관념에 따른 것이지만 신유한의 출신을 고려
한 것이기도 하다. "동남쪽에 기氣가 치달려 이곳의 문장이 몹시
치성하다"는 일서逸書의 말이 전하기도 한다.²⁶ 김창흡은 신유한
의 문학의 근원이 『초사』에 있음을 간파했다. 이어 사령운謝靈運
(385~433)과 목현허를 들며 신유한의 바닷길에서도 이에 못지않
은 명작이 탄생할 것이라고 다정하게 노래했다. 사령운은 남조 송
宋나라 시인으로 오늘날 절강 지역인 적석을 노닐다가 돛을 올려
바다로 나가 마음의 근심을 달래는 시를 남겼다.(「유적석진범해遊
赤石進帆海」) 목현허는 서진西晉 시인 목화木華로, 광활한 바다의 신
비를 읊은 「해부海賦」 한 편으로 문학사에 남았다. 마지막 시구의
『벽라동사초』는 신유한이 김창흡에게 빌려주었던 시권인데, 지금

은 확인되지 않는다. "일본에서도 그의 시명을 길이 전하게 되리라." 신유한은 김창흡에게 받은 격려를 『해유록』에서 감동적으로 기술했다. 이 이야기는 그대로 성대중의 『청성잡기』에도 기록되어 있다.

그런데 사실 신유한이 김창흡을 만나서 좋은 소리만 들었던 것은 아니다. 김창흡은 신유한의 시를 보고 "수주대토守株待兔"의 병폐가 있다고 지적했다. 나무 그루터기를 지키고 우연히 토끼 얻기를 바라는 농부처럼 융통성 없이 옛 시를 답습하고 있다고 비판한 것이다. 당시 굴원의 시나 한위 악부시를 모의하는 데 열중했던 신유한에게는 뼈아픈 지적이었다. 김창흡은 그에게 이백의 시를 읽으라고 권했다. 그의 시법을 배우라는 뜻은 아니었다. "오로봉으로 붓을 삼고, 삼상으로 벼루의 먹물을 삼아, 푸른 하늘 한 장 종이에, 내 뱃속의 시를 쓰련다五老峯爲筆 三湘作硯池 靑天一張紙 寫我腹中詩"라고 노래하던 이백의 호방한 정신과 자기만의 언어를 터득할 것을 권한 것이었다. 만년에 신유한은 「이백시서李白詩序」를 써서 김창흡의 조언을 회고했다.

김창흡은 신유한보다 30세가량 많았고, 당대 노론계 시단의 종장으로 역할한 인물이었다. 당대의 대가로부터 시문을 인정받고 조언을 들었다는 것 자체가 신유한으로서는 큰 영광이었다. 신유한이 귀국하고 2년 뒤 신임사화辛壬士禍로 김창집이 사사되자 김창흡도 지병이 악화되어 곧 별세했다. 안타깝게도 이들의 만남은 한 번으로 그쳤지만 김창흡의 조언과 격려는 신유한의 가슴에 오래 남았다.

이병연과의 시교

김창흡을 이어 노론계 시단을 이끌었던 이가 바로 사천槎川 이병연李秉淵(1671~1751)이다. 신유한은 그와도 깊은 시교를 맺었다. 이들이 언제 만났는지는 정확히 알 수 없다. 다만 신유한이 문과에 급제한 후 이병연과 안면이 있었던 것으로 보인다. 그런데 본격적인 교유를 시작한 것은 1732년 신유한이 평해 군수로, 이병연이 삼척 부사로 재임하던 때다. 신유한의 나이 51세, 이병연의 나이 61세 때였다. 먼저 만남을 제안한 것은 이병연 쪽이었다.

> 영동에 와서 남쪽 구름 바라보니
> 산해 창망한 속에 신 사또 있네
> 이십 년 전 한번 손을 잡았는데
> 백발 되어 다시 문장 논할 수 있겠네
> 嶺東來望更南雲, 山海蒼茫申使君.
> 二十年間一握手, 可能頭白重論文.
> _이병연, 「평해 군수 신유한에게 주다畜申平海維翰」[27]

평해와 삼척은 이웃한 고을이었다. 시명이 이미 자자한 두 사람이 멀지 않은 곳의 수령이 된 것도 인연이다. 함께 문장을 논하자는 이병연의 제안에 감사해하며 신유한은 완곡하게 답장을 보냈다.

병들어 관소에 누워 가을꽃을 보지 못한 지 오래입니다.

다만 삼척의 바다 산에 사령운과 같은 당신을 제후로 맞이하였다 하니 축하할 일입니다. 마음으로는 날마다 푸른 절벽과 안개 노을에 가고 싶지만 날아갈 수 있는 날개가 없음이 한탄스럽습니다. 생각지도 못하게 진중한 서신이 속내 말을 시원하게 하시고, 칠언의 아름다운 시가 다시 깊은 정을 말하여 사람으로 하여금 말라버린 뼈에 봄기운이 살아나게 하였습니다. 고질병에 망연자실하고 있었는데 글자마다 감격하였습니다. 그리하여 그대가 날마다 수석과 시서를 즐기지 않는 때가 없음을 알게 되었으니, 어떠한 풍류이고 어떠한 선연仙緣입니까. 공경하고 또 공경합니다.

저는 오랫동안 동군東郡(평해)에 머물면서 노심초사하다가 여름부터 가을까지 병이 깊어 겨우 죽다 살았습니다. 임기가 다하면 돌아가려 합니다. 응벽헌(삼척 죽서루 건물) 술자리에 가볼 수 없을 듯해서 서운한 마음이 들었는데 마침 삼척의 새로운 수령을 만나게 되었습니다. 저의 고을에서 형살문서를 처리하는 일로 집사를 부르고자 합니다. 만약 기약을 정하여 오신다면 하룻밤 즐거울 수가 있으니 몹시도 바라는 바입니다.

신유한은 오랫동안 병에 시달려 직접 삼척을 방문하기를 꺼렸다. 마침 평해에 살인 사건을 처리해야 하는 일이 생겨 이병연이 평해 쪽으로 대신 와주기를 부탁했다. 조선시대에는 살인 사건이 발생하면 인근 고을 수령들이 와서 2차 수사를 했다. 좋지 않은

「망양정」, 『금강사군첩』, 김홍도, 비단에 수묵담채, 30.4×43.7cm, 1788, 개인 소장.

일로 모시게 되었지만 온 김에 평해 고을의 풍경을 누리고 가기를 권했다. 평해의 월송정越松亭과 망양정望洋亭의 절경은 삼척 죽서루에 못지않다. 망양정은 숙종이 관동팔경의 으뜸으로 꼽아 친히 '관동제일루'라는 글씨를 보낸 곳이기도 하다.

다만 문장은 예전에 미치고 망령된 짓을 경계하여 불태워 남긴 것이 없습니다. 저는 스스로 어리석은 속리俗吏로 지내는 것에 만족한 지가 오래되었습니다. 주신 시 중에 문장을 논하자는 말씀은 제가 옛날의 제가 아니라는 것을 몰라서 하시는 바입니다. 세 번 읽고는 낯빛이 뜨거워서 결국 창화하지 못하였습니다. 말미에 또 멋대로 한마디 말을 적을 뿐입니다.

북으로 가는 구름 관루에서 바라보며

아리따운 꽃 따서 그대에게 보내고저

10년 동안 진토 속 옛 칼집에 꽂아두니

칼날에 다시 불꽃 움직이지 않는구나

官樓目送北歸雲, 采采瓊華欲報君.

塵土十年棲古匣, 劍花無復動星文.[28]

　신유한은 예전 글들을 불태우고 문장을 짓지 않는다고 답했다. 겸사일지는 모르겠지만 『청천집』에는 평해 고을에서 재직하던 시절에 창작된 작품이 많지 않다. 문장을 논하자는 이병연의 제안은 영광이지만 자신은 오래도록 칼집에 꽂힌 칼이나 다름없어 그의 뜻에 부응하기 힘들다고 했다. 이병연에게 보내는 서신은 짐짓 겸손한 마음을 보인 것일 수도 있겠다. 하지만 이제 신유한은 쉰을 넘어 노년으로 향하는 나이였다. 모진 세상 풍파를 거쳐 젊은 시절 문장에 대한 포부가 시든 것이 사실이었다.

　신유한의 소망대로 얼마 지나지 않아 이병연이 평해를 방문했다. 신유한이 자랑하던 오월루에서 두 사람은 시를 창화했다. 이병연이 무딘 칼날에 다시 불꽃을 일으켰던 것일까. 신유한은 이 자리에서 "10년 동안 관리 노릇한 것이 부끄러우니 3일 동안 그대를 따라 시를 배우고 싶다十年愧我長爲吏 三日從君願學詩"라고 하여 경모하는 마음을 드러냈다. 이병연은 신유한과 작별하면서 아래의 시를 남겼다.

촛불이 밝히는 밤 국화는 시들었는데

비바람 치는 고루에서 여러 번 술잔 잡네

반갑게 천하의 선비를 다시 만나니

백발로 여전히 남쪽 고을 시 읊조리네

이제 필마로 떠나려는 그대를 보노라니

이내 미친 노래 부칠 곳은 어느 곳에 부치려나

술 취해 거문고 두드리며 작별을 하니

해산금 삼첩 연주를 듣고 싶네

燭花吐夜菊花衰, 風雨高樓酒屢持.

青眼更逢天下士, 白頭猶誦日南詩.

看君匹馬自玆去, 着我狂歌何處宜.

醉後鼓琴還作別, 海山三疊欲希時.

_이병연,「평해 사군 신주백과 이별하며留別平海使君申周伯」1수

18세기를 대표하는 두 시인이 만나 작별하는 자리에는 안타까움이 가득했다. 20년 전 천하의 인재天下士라 여겼던 청년은 이제 백발이 되었다. 해산금은 가야산 오동나무를 베어 만든 거문고로 신유한의 분신이나 마찬가지였다. 이에 대해서는 뒤에서 다시 이야기하겠다.

산하 눈앞에 가득한데 올해도 다해가니

두 사람 헤어질 적 취해서 다시 잡네

누각의 거문고 소리 말 타길 권하는데

바닷가 비바람이 시 속에 스며드네

그대 만나 실컷 마시는 것은 좋지만

늙어서 미관말직 정말로 부당하네

길가에서 그대 머리 돌리는 곳 알겠으니

무한히 큰 바다 난간에 기대어 서리

山河滿目各年衰, 雙袂將分醉復持.

林閣琴歌勸騎馬, 海天風雨欲侵詩.

逢君痛飮差猶可, 傍老微官百不宜.

路上更知回首處, 大洋無限倚闌時.

_이병연, 「평해 사군 신주백과 이별하며」 2수

이병연은 신유한의 재능을 알아주지 않는 현실을 한탄했다. 평해 군수는 신유한에게 한참 부족한 자리라 여겼다. 그가 시선을 돌리는 곳은 무한한 바다, 신유한이 품은 생각은 그만큼 넓었다.

이병연과의 인연은 그 뒤로도 이어졌다. 신유한은 틈틈이 이병연이 남기고 간 시축을 읊조리며 그를 기렸다. 이백과 같지만 고인의 성조를 사용하지 않고, 또 금인의 면목을 사용하지 않아 별도의 경지를 이룩했다고 찬탄했다.

6년 뒤 평해 군수에서 물러나 서울에 돌아와 봉상시에서 근무할 때 신유한은 백악산 아래에 있는 이병연의 집을 방문했다. 병석에 오래 누운 탓인지 더욱 노쇠해 보였다. 그는 생일을 맞아 지은 시를 신유한에게 보여주었다. 이제 살 날이 얼마 남지 않았다는 자조적인 시였다. 신유한은 부처가 오신 날에 이병연이 태어났다는 점을 언급하며 그의 장수를 기렸다.[29]

김창흡, 이병연과의 만남은 분명 최성대처럼 영혼을 나누는 교유는 아니었다. 하지만 노론 문단의 종장인 이들과 사귀어 시를

「시화환상간詩畵換相看」, 정선, 비단에 엷은색, 29.5×26.4cm, 1754, 간송미술관. 왼쪽이 정선, 오른쪽이 이병연이라고 전한다.

주고받고 인정받는 것은 곧 세상에서 그의 시재를 인정받는 것이나 다름없었다. 신유한이 이들과의 만남을 평생 소중하게 가슴에 담았음은 분명하다.

적벽부를 모의하다

1742년 경기 감사 홍경보洪景輔(1692~1745)[30]가 경기 동부 지역을 순시하다가 삭녕 우화정羽化亭으로 연천 현감 신유한을 불렀다. 이때 자리에 함께한 이가 한 명 더 있었다. 바로 18세기를 대표하는 화가 정선鄭敾(1676~1759)이다. 정선은 이때 양천 현감이었다. 최고의 시인과 최고의 화가가 만난 자리였다. 이날 모임에서 시인은 부賦를 읊고 화가는 그림을 그렸다. 예술사에 길이 남은 이들의 만남을 따라가보자.

> 올해 임술년 10월 보름에 경기 관찰사 홍 상공이 왕정을 펴라는 명을 받아 경기 땅을 순시하였다. 네 마리 말이 끄는 수레가 성대하게 아침에 삭녕朔寧과 안협安峽을 출발하자 양천 현감과 연천 현감이 급히 따라갔다. 너풀너풀 함께 어울려 높은 정자에 올라가니 낙엽은 졌지만 산은 맑았고 강 흐르는 소리에 돌이 드러났다.
>
> 상공이 말하기를, "아, 오늘 밤이 어떤 밤인가. 바로 소동파가 호기롭게 놀던 때이다. 내가 적벽부를 외워 그 풍류를 오매불망 잊지 못한다. 객이 두 명인 것도 똑같고 날짜도 똑같다. 강벽을 보니 황주와 어찌 다르겠는가. 이때를 다시 만날 수 없다. 오늘 어찌 속히 노닐지 않겠는가" 하였다.
>
> _「의적벽부擬赤壁賦」

1082년 임술년 7월과 10월 보름은 바로 소동파가 황주黃州 적

「우화등선」, 『연강임술첩』, 정선, 비단에 엷은색, 33.5×94.4cm, 1742, 개인 소장.

벽赤壁에서 노닐던 날이었다. 이날의 유람을 담은 「적벽부」는 인
간의 유한함에 대한 비애와 천지 만물 속에서 자유롭게 만끽하
는 즐거움이 교차하며, 인생에 대한 성찰과 예술적 흥취를 전달
하는 불후의 명작이 되었다. 조선 문인들은 이날이면 소동파의
호방한 풍류를 직접 체험하고자 했다. 1742년은 소동파의 적벽
유람이 있은 지 660년이 지난 해였다. 게다가 동파가 두 명의 객
과 어울린 것처럼 홍경보에게는 신유한과 정선 두 객이 있었다.
임진강은 물결 따라 깎아지른 절벽이 늘어서 있어 소동파의 「적

벽부」를 재현하기에 최적의 공간이었다. 언제부터인지 적벽강으로 불리기도 했다. 임진강을 내려다보는 우화정 역시 「적벽부」의 "표연하게 속세를 벗어나 홀로 서서 날개 돋아 신선이 되어 하늘에 오르는 듯하네飄飄乎如遺世獨立 羽化而登仙"에서 따온 것이다. 이날 적벽에 배를 띄우지 않을 수 없다. 홍경보는 신유한과 정선을 불러 삭녕 우화정에서 출발해 연천으로 향했다. 정선의 그림에 의하면 이들이 함께 탄 배는 네모 지붕 초정草亭이 설치된 누선樓船이었다. 5척의 배가 앞뒤로 호위했다.

「우화등선」 부분. 병풍을 배경으로 가운데 좌정한 이가 관찰사, 오른쪽 차일 아래에 앉아 있는 두 인물이 바로 신유한과 정선이다.

배가 유유하게 포구를 나와 10월 싸늘해진 공기를 가로질러 갔다. 신유한은 지나치는 풍경을 글로 옮겼다. 산은 우뚝하게 솟아 있고 물은 거세게 흘렀다. 높다란 바위가 깎아지른 듯 구름을 뚫고, 고목의 가지는 삐죽하게 서리를 입고 있었다. 여울이 바윗골을 통과하면서 돌 틈에서 나는 우레 소리를 들으며 가을 저녁의 흥취를 느꼈다. 산을 끼고 왼쪽으로 돌아가니 와송이 벽 옆으로 이리저리 자라나 있었다. 고요한 수풀에 석양이 내렸다. 이제 곧 절벽이 붉게 물들어 적벽의 진면목이 드러날 것이다. 주연酒筵을 시작할 때다. 석탄 화로에 불을 지피고 술잔을 가져오라 하고는 쏘가리를 회 치고 노루를 구워 먹었다. 뱃노래를 함께 부르니 모래밭의 새들이 일제히 날아올랐다.

잠시 뒤 부드러운 바람이 갑자기 불어와 옅은 구름이 흩어졌다. 얼음 수레와 같은 달이 산 정상에 떠올라 비단 물결이 수면 위에 펼쳐졌다. 여울 소리가 갑자기 거세져 노를 바삐 움직이다가 연천 웅연熊淵에 이르러 멈추었다. 웅연은 우리말로는 곰소인데 지금은 휴전선 너머에 있다. 직접 가볼 수는 없지만 신유한의 글과 정선의 그림으로 그곳의 풍경을 조금이나마 상상해볼 수 있다.

배가 지나가는 물결에 달그림자가 칡덩굴마냥 이지러졌다. 여러 산은 상투 모양으로 곳곳에 솟아 있었다. 곰소의 나루는 넓어 배를 품기에 충분했다. 연천은 궁벽한 고을이었지만 나루 중심으로 제법 민가가 들어서 있었다. 고기잡이 등불과 시끌시끌한 나무꾼들의 소리가 한데 어우러져 있었다. 웅연에는 허목이 여러 차례 기록을 남긴 신비한 바위가 있었다. 바위 겉면에 있는 신이한 문양이 이날따라 더욱 신비로운 분위기를 자아냈다. 당색이 남인이었던 홍경보는 허목의 자취를 따라가며 남다른 감회를 느꼈을 것이다.

신유한 일행은 나루에 배를 정박했다. 명주같이 깨끗한 모래사장에 노을이 바짝 내려와 그 위를 비단처럼 장식했다. 이보다 더 아름다운 풍경은 없을 것 같았다. 그 자리에 그대로 머물러 주연을 가졌다. 노을이 비친 술잔을 연거푸 들이켜다 신유한은 반쯤 취하여 붓을 휘둘렀다.

홍겨운 술자리이건만 거문고와 퉁소 소리가 유달리 구슬프게 들렸다. 홍경보는 자연스레 「적벽부」에서의 소동파와 객의 대화를 떠올렸다. 그들의 대화는 다음과 같다. 한 객이 퉁소를 구슬프게 불자 소동파가 그 이유를 물었다. 객은 적벽이 바로 조조와 주유가 맞서 싸우던 곳임을 떠올리고는 자연은 무한한데 인간이

「웅연계람」, 『연강임술첩』, 비단에 엷은색, 33.5×74.4cm, 1742, 개인 소장.

미미하고도 유한한 존재라는 사실에 비통해했다. 소동파는 변화
의 관점에서 보자면 자연 역시 매 순간 변화하는 존재이며, 불변
의 관점에서 보자면 인간 역시 불변하는 존재라고 답했다. 그러
니 슬퍼하지 말고 이 순간 조물주가 내려준 자연의 향연을 마음
껏 누리자며 객의 마음을 달래고 질펀하게 술을 마시며 놀았다.

홍경보는 신유한에게 술잔을 건네며 오늘의 유람은 소동파에
비할 때 어떠한지 물었다. 신유한은 웃으며 대답했다.

소동파는 쫓겨난 신하로 근심을 펼친 것이고, 공은 영화
로운 길을 걸어 하늘에게 신임을 얻었습니다. 근심을 가진
자는 그 말이 크고, 하늘에게 신임을 얻는 자는 그 즐거
움이 온전합니다. 공이 백세 뒤에서도 소동파를 떠올리는
것은 그의 문장이 빼어나기 때문입니다. 유람의 행적을 거

론하면, 또 누가 낫다고 어찌 하겠습니까. 또 천지가 넓고 커다라니, 강산과 풍월은 본디 구역이 없습니다. 조물주가 만들어낸 오묘함은 소동파와 공께서 함께하시는 것입니다. 그러니 우리의 한북漢北(한양 북쪽)의 강산이 오강吳江의 적벽보다 어찌 못하겠습니까?

몇백 년이 지나서도 적벽의 유람이 두고두고 기억될 만큼 소동파의 문장은 뛰어나다. 감히 홍경보를 소동파에 비할 수는 없다. 하지만 행적을 비교했을 때 소동파는 유배객이었고 홍경보는 성상의 신임을 얻은 관료이기에 그 즐거움이 다르다고 했다. 풍경을 비교하자면 어떠한가. 소동파는 천지자연이 모두 조물주의 보물이므로 이를 자유롭게 즐기면 된다고 애초에 말하지 않았던가. 우열을 비교하는 것은 의미가 없다. 우리가 보는 풍경이 적벽보다 못할 것은 뭐가 있겠는가. 신유한은 뱃전을 두드리며 노래했다.

"적벽의 신선은 아득한 하늘 위에 있고 「적벽부」는 속세에 남아 있지만 오늘 밤 웅강에 달빛이 너울너울한 것이 더 좋다네, 배 꼬리를 따라가며 창랑가를 부르세."

다만 소동파의 적벽놀이보다 못한 것이 있었다. 신유한과 정선 모두 술을 못한다는 것이었다. 홍경보 혼자 얼큰하게 마시고, 신유한과 정선은 반 잔을 겨우 대작할 뿐이었다. 주연을 파하고 신유한은 연천 현재縣齋에 돌아와 남은 흥을 가누지 못해 거문고 연주를 들었다. 달빛이 더욱 짙었다.[31]

이때의 유람을 신유한은 「의적벽부」로 기록했다. "적벽부를 모의하다"라는 뜻의 제목이지만 신유한은 중국의 적벽이 아닌 조

선의 실제 경치를 글 안에 생생하게 담아냈다. 정선 또한 「우회등
선」 「웅연계람」으로 임진강의 풍경과 이날의 경치를 그려냈다. 두
문인은 우리 산하의 아름다움을 글과 그림으로 나누어 담았다.
이들은 작품을 『연강임술첩漣江壬戌帖』으로 엮어 홍경보, 신유한,
정선이 각각 1부씩 나누어 소장했다.[32] 최고의 시인과 최고의 화
가가 만나 그려낸 임진강의 풍경이 화첩으로 전하게 된 셈이다.

함께 옛것을 이야기하다

1743년 가을, 신유한의 셋방을 찾아온 이가 있었다. 중년의 나이
에도 용모가 수려했고 옷차림을 보니 고관대작 자제의 태가 났
다. 그는 『금강경金剛經』 『원각경圓覺經』 『유마경維摩經』 등 불서가
신유한의 책상에 놓인 것을 보고는 손뼉을 치며 기뻐했다.

"불가의 길은 얽매이는 것도 풀 것도 없지요. 세법世法을 쾌활하
게 증명해 보이는 것이 매우 좋습니다."

그는 바로 상고당尚古堂 김광수金光遂(1699~1770)다. 조선 후기
유행한 고동서화 수집 열풍의 최선두에 섰던 인물이다. 이조판서
김동필金東弼(1678~1737)의 아들로, 그의 집안은 소론계 명문세족
에 속한다. 실록에 김동필의 집이 매우 호화로웠다고 기록될 만
큼 그의 집안은 상당한 재력가였다. 더구나 그의 증조와 부친이
잇달아 연행을 다녀온 덕분인지 김광수 집안에는 중국 물건이 넘
쳐났다.

대대로 명망이 높은 가문이라 김광수가 관직을 얻는 것은 지

「포의풍류도」, 김홍도, 종이에 엷은색, 27.9×37cm, 삼성미술관 리움.

푸라기 줍듯 쉬운 일이었다. 하지만 그는 벼슬길에 나아가는 것을 마다했다. 집안사람들과 벗들이 꾸짖고 비웃었지만 아랑곳하지 않았다. 대신 김광수는 서화, 도자기, 벼루, 먹, 비문 탁본, 기이한 서적을 닥치는 대로 수집했다. 마음에 드는 물건이 있으면 전택田宅을 팔아서라도 값을 치르고 샀다. 박지원에 따르면 국내의 진귀한 물건이 모두 김광수에게 돌아갈 정도였다고 한다.[33] 그의 감식안은 꽤 정확하여 수집한 기물이 모두 정품精品이었다.

그는 유람벽도 있었다. 때로는 훌쩍 산천을 다니며 외쳤다.

"아, 우리나라는 좁디좁아 붕새가 등도 못 펴겠네. 내 나막신으로 느릿느릿 걸어도 곧 바다 끝에 도착할 것이다. 내가 벼슬까지 한다면 우물 안에서 펄쩍펄쩍 뛰는 꼴이 되어 숨도 못 쉴 것이다."

긴광수는 무엇으로도 구속할 수 없는 자유로운 영혼을 가진 인간이었다. 신유한은 그가 불경을 좋아하는 것도 기물과 유람의 벽癖에 빠져든 것도 모두 세상의 구속에서 벗어나고 싶어하는 욕망 때문이라고 해석했다. 김광수는 개인의 취향을 숨기지 않고 드러냈던 조선 후기에 새롭게 등장한 인간형으로 볼 수 있을 것이다.

그는 이처럼 별난 자신의 삶과 취향을 스스로 해명하고 세상에서 인정받기 위해 노력했다. 스스로 묘지명을 써서 자신의 벗이자 명필이었던 이광사李匡師에게 글을 쓰게 했다. 신유한에게도 자서自敍를 주어 발문을 요청한 것으로 보인다. 이덕수李德壽에게는 자신의 생전生傳을 지어달라고 요청했다. 자찬묘지명, 자서, 생전은 그가 좋아했던 명나라 문화이기도 했다.

이덕수는 김광수가 옛것을 숭상하면서도 명나라 문화를 좋아하는 이유에 대해서 물었다. 김광수의 상고당이라는 호도 명대 화가 문징명文徵明이 쓴 「화상고소전華尙古小傳」의 주인공인 화상고에서 따온 것이다. 그는 왕세정王世貞의 내옥루來玉樓, 동기창董其昌의 내중루來仲樓를 따라 자신의 서재를 내도재來道齋라 칭하기도 했다.

> 저는 우리나라 풍습이 좀스런 것이 싫고, 우리나라 문장이 번잡스러우며 진부한 것이 싫고, 우리나라 학문이 거칠고 얄팍한 것이 싫습니다. 옛것에 돌아가기를 생각하였지만, 삼대는 징험하기 어렵고, 한위는 징험할 수는 있으나 소략합니다. 당은 한위보다는 상세하고, 송도 당보다는 상

세하지만 잘 갖추지 못했습니다. 명은 지금 세상과 가까우면서 서적도 갖추어져 있습니다. 내가 숭상하는 것은 중국인입니다. 촘촘하지 않으면 호방하니 우리나라 사람처럼 좀스럽지 않습니다. 중국의 문장은 간결하지 않으면 웅건하여 우리나라 문장처럼 번잡하고 진부한 것 같지 않습니다. 중국의 학문은 주자학을 하려면 주자학을 하고, 양명학을 하려면 양명학을 하고, 불가나 노자를 하려면 또 자기 지향대로 용감히 움직여 깊이 나아가 자득하니, 우리나라 사람들이 입으로 정주程朱만을 외우고 속으로는 장사치처럼 구는 것과 다릅니다. 내 명을 숭상하는 것이 아니라, 중국을 숭상할 뿐입니다.[34]

그는 성대한 중국의 문화와 중국인의 기상을 흠모했다. 명은 시대가 멀지 않고 또 상고직인 문풍을 지녔기에 더욱 빠져들 수밖에 없었다는 것이다. 김광수의 답은 평소 신유한도 늘 생각하던 바였다. 신유한과 김광수는 신분이나 처지가 달랐지만 세상을 바라보는 시선은 같았다. 신유한도 좁아터진 조선 땅과 조선의 학문, 문장에 답답함을 느꼈다. 중화 문명이 성대하던 명나라를 그리워했고 전후칠자前後七子의 문장에 빠져들었다.

상고적인 취향과 함께 불교에 대한 경도까지 닮았기에 신유한과 김광수는 서로 깊이 이해할 수 있었다. 신유한은 그와의 만남을 불교의 도와 명의 문화가 함께한 시간으로 기억했다. 김광수는 신유한을 명대 왕세정에 비견하기도 했다. 김광수가 신유한과 통했던 것은 바로 신유한의 문장에 전후칠자의 복고적 문풍을

「김광수 묘지명」, 대리석, 16.6×16.6cm, 국립중앙박물관.

연상시키는 지점이 있었기 때문이리라.

물론 신유한은 김광수의 지나친 벽癖을 거리를 두고 바라보았다.

> 그대는 실로 천하의 기이한 선비니 신선처럼 노닐고 있군요. 함께 기이함에 대해 말할 만하나, 아직은 함께 도道에 대해 말할 만하지 않습니다. 옛날 도에 노닌 자들은 진眞과 박樸으로 돌아갔습니다. 진眞하면 무망無妄하고, 박樸하면 무명無名하니 노자와 장자 모두 그러하였습니다.[35]

흔히 말하는 완물상지의 논리로 비판하는 것은 아니었다. 신유한은 김광수의 벽이 초월에 대한 그의 욕망을 충족시킬 수 있는지 회의적이었다. 그저 기奇에 머물 뿐 도에 이르지는 못할 것이다. 『장자』에서는 자연의 원기인 홍몽鴻濛이 놀기만 하면서도 무망無妄, 즉 진眞을 바라보는 이야기가 나온다. 김광수는 산천을 유람하면서도 그 안에 담긴 진을 파악하지 못했다. 또 노자는 "도는 언제나 이름도 없고 질박한 것이다道常無名樸"라고 했는데,

김광수는 이름 있는 외물에 연연할 뿐이었다. 그가 온 세상의 기물을 모두 소유하고 천하를 다 유람한들 그가 원하는 초월을 할 수 있을까. 소유에 집착하는 김광수의 욕망은 갈증만 더 일으킬 뿐이다. 김광수는 그 자리에서 신유한의 조언에 수긍했다.

신유한을 처음 만났을 때 김광수의 나이는 45세였다. 그의 사치스런 취미로 이미 가세가 기울고 있었다. 2년 뒤 그는 벼슬을 하지 않겠다는 결심을 포기하고 현감직을 받아 예안으로 떠났다. 신유한은 「상수가相隨歌」 2수를 지어 그의 삶을 기리고 앞으로의 관직생활을 축원했다. 이들은 늦게 만났지만 신유한이 여생을 마칠 때까지 인연을 이어나갔다. 김광수는 1744년 동래 부사 홍중일洪重一과 5일 동안 해운대에서 함께 노닐고 「해운쌍유도海運雙遊圖」를 그려 신유한에게 발문을 청했다. 신유한이 가야산에 돌아간 뒤에도 김광수는 신유한의 안부를 다정하게 묻는 서신을 보냈다.

불행히도 김광수는 신유한이 준 앞서의 조언을 깊이 있게 받아들이지는 못했던 것 같다. 그의 비참한 말로에 대해서는 박지원의 증언이 남아 있다. 김광수는 노년에 몹시 궁핍하여 그동안 모아들인 고동서화를 내놓아 먹을거리를 마련할 정도였다. 팔리는 값은 산 값의 10분의 2, 3도 되지 않았다. 이도 이미 다 빠져버린 상태라 먹을 것을 구해도 국물이나 가루음식뿐이었다고 한다.

김광수와 신유한의 차이는 옛것을 좋아하되 그 안에서 자신의 길을 찾았는지의 여부다. 김광수는 길을 잃었고, 신유한은 옛것을 끌어들여 자기만의 경계로 승화시켰다. 이 이야기는 4장으로 미룬다.

영매의 해산금 연주

앞서 이병연이 듣고 싶다고 했던 해산금海山琴 이야기로 돌아가보
자. 해산금은 신유한의 거문고로 그의 삶과 뜻을 상징하는 분신
이나 마찬가지다. 해산금과 관련된 소상한 사연은 최성대의 「해
산금시海山琴詩」에 기록되어 있다. 100운의 장편시인데 시작 부분
은 다음과 같다.

> 그 옛날 옛적 아찬 최치원이
> 거문고 끌어안고 신선산 가서
> 한번 가서는 다시 아니 돌아와
> 천년 동안 뜬구름 한가하였지
> 끊어진 자취 찾는 이 없건마는
> 노랫가락 속세에 남아 전하네
> 오동나무 한 그루 우뚝 자라나
> 두류산 기슭에 자리하였네
> 뿌리는 바위틈에 깃들었고
> 가지는 연하 사이로 돋아났구나
> 신이한 샘물 그 옆에서 솟아오르고
> 짝 잃은 고니 그 위에 둥지 틀었네
> 해풍이 반쯤 마른 나무에 부니
> 영험한 퉁소 소리 자연에 응하네
> 기이한 물건 감추기 어려워라
> 사람 만나는 것도 인연 있는 듯

청옹 신유한 우연히 나무를 만나

나무꾼에 명하여 도끼질했지

삼척 크기 거문고 만들어서는

붉은 끈 팽팽하게 걸어두었네

빼어난 소리 손길 닿는 대로 울려

영롱한 울림 이 세상 음악이 아닌 듯

아무래도 고운 선생 거문고가

다시 청천에게서 나온 것이로다

해산금이라 이름을 지어주고

글자를 새긴 다음 단청 칠했네

드나들 때마다 늘상 가지고

천금마냥 애지중지 다루었지

昔有崔阿飡, 抱琴入倻山.

一入不復返, 千載空雲間.

無人繼絶躅, 有曲留塵寰.

孤桐生亭亭, 乃在頭流巒.

結根巖石磈, 竦柯煙霞間.

神瀵湧其側, 寡鵠巢其顚.

海風吹半枯, 靈籟應自然.

物奇難久秘, 人逢似有緣.

青翁偶得之, 命工施斧斤.

製成三尺器, 絣以朱繩絃.

逸響觸指生, 泠泠非世聞.

疑是孤雲琴, 復出爲靑泉.

錫名以海山, 刻字丹綠塡.

出入恒自隨, 重之直金千.

_최성대,「해산금시」

이 시에 따르면 해산금은 신유한이 가야산 오동나무를 베어다가 만든 것이다. 최성대는 최치원이 가야산에 들고 들어갔다고 전해지는 거문고와 신유한의 해산금을 포개놓았다. 불우한 천재 최치원의 영혼이 신유한으로 부활했음을 뜻한 것이리라. 신유한은 해산금을 평생 애지중지하여 출입할 때 늘 함께했다. 무장과 평해에 지방관으로 나갈 때도 들고 가서 그곳 기생들에게 연주하게 했다. 하지만 서울에 와서는 벼슬살이하느라 바빴고 연천 현감 때에는 고을이 너무 궁벽진 데다가 기생도 만나기 어려워, 거의 10년간 거문고를 꺼낼 일이 없었다고 한다.

1745년경 신유한은 연일에서 월성月城, 지금의 경주 출신의 기생을 만났다. 기생의 이름은 영매英梅로 젊은 시절 거문고를 잘 연주하고 가무歌舞로 이름이 난 자였다. 신유한과 만났을 때 그녀의 나이는 39세였다. 머리는 엉켜 있었고 옷은 누추해 예전의 미색은 찾아보기 힘들었다. 신유한 역시 예순을 훌쩍 넘은 나이로 머리는 이미 백발이 되었고 이는 듬성듬성 빠져 있었다. 신유한은 영매를 늦게 만난 것을 아쉬워하며, 소년 시절 명성이 사라져 이제는 노년으로 향하고 있는 서로의 모습에 동병상련의 마음을 느꼈다.

신유한이 오랫동안 방치되었던 해산금을 건네자 그녀는 오래된 먼지를 떨어내고 현을 갈아 끼웠다. 영매의 손가락이 거문고에

닿자 아름다운 음악 소리가 방 안을 가득 채웠다. 신유한은 오언
절구 8편의 시를 읊어서 음악에 싣게 했다. 시 중 후반부 세 편을
소개한다.

그대는 월성의 여인이라
신라 말로 노래를 부르는구나
꿈에서 만난 아찬 최치원은
거문고를 안고 가야로 갔었지
娘是月城女, 歌用新羅語.
夢見崔阿飡, 抱琴伽倻去.

누가 가야 늙은이를 이곳에 보내
흰머리로 관사에 앉게 했는가
그대여 함께 난초 배를 저어서
푸른 강 달밤을 노닐어보세
誰遣伽倻翁, 白頭坐縣舍.
約娘理蘭舟, 弄月滄江夜.

술을 마시니 흠뻑 취해버리고
거문고 연주에 소리 지극하네
시들어버린 꽃잎과 말라버린 대
함께 젊은 날 정을 슬퍼하는구나
飲酒當盡醉, 皷琴當盡聲.
殘花與瘦竹, 共惜少年情.

_「기생 영매에게 주다贈梅妓」

그윽하게 샘솟는 소리에 신유한은 황홀경에 빠졌다. 최치원의 거문고 소리를 만난 듯했다. 그렇게 청명각에서 열흘간 영매의 해산금 연주가 이어졌다. 신유한은 탄식했다.

"너는 시를 배우지 않았으니, 어찌 내 소년 시절 명성을 알겠는가. 이미 내가 늙은 것이 서럽고 네가 노쇠한 것도 가련하다."

신유한은 영매에게 주었던 이 8수의 시를 최성대에게 보내 해산금에 관한 사연을 시로 읊어달라고 요청했다. 이에 대한 화답시가 바로 앞서 본 「해산금시」다. 최성대는 가야로 돌아가고자 하는 신유한의 마음을 간파하여 "사람이 이 세상에 살아갈 적에 드러나고 드러나지 않는 것이 때가 있는 법. 비록 산에 은거하고자 하는 뜻이 있다 하더라도 조수와 함께 살 수는 없지 않은가"[36]라며 달랬다.

임정 역시 신유한의 여덟 편의 절구시를 읽고는 차운시를 남겼다. 다음은 6수와 7수다.

꿈속에서 마주한 아찬 최치원
그대에게 무슨 말 하였던가
회동, 주동의 인연 여전하니
거문고 품에 안고 서울로 오시게
夢見崔阿飡, 向君道何語.
猶餘晦注緣, 抱此京城去.

어이하여 앉을 자리 하나 없어서

그대가 머무를 곳 헤매게 하는가

인연 따라 기러기발 움직이는 법

어이 꼭 가야의 밤 그리워하나

豈無一席地, 令君迷所舍.

隨緣且鼓徽, 何必伽倻夜.

_임정, 「신주백이 거문고 켜는 기생에게 준 8수의 시에 차운하
고 해산금을 노래하다次申周伯贈琴妓八詩 仍述其海山琴」

임정도 가야산으로 돌아가려는 신유한을 만류하며 차라리 서
울로 와서 회동과 주동의 인연을 이어나가자고 권했다. 벗들의 뜻
은 지극했지만 신유한의 마음을 되돌리기란 어려웠다. 오래지 않
아 해산금을 안고 가야산으로 돌아가려는 결심은 실현되었다.

오래된 해산금은 그야말로 신유한의 정체성을 보여주는 기물
이다. 신유한은 고조를 지닌 해산금에 문재를 지닌 자신의 모습
을 투영시켰다. 또 가야산 오동나무로 만든 해산금에서 최치원의
모습을 떠올렸다. 신유한은 긴 세월 방치된 해산금에서 새로이
나는 소리를 들으며, 평생 문재를 인정받지 못한 채 늙은이가 된
자신의 모습에 비감을 느꼈다. 이제는 가야산에 돌아가야 한다.
1752년 마침내 가야산으로 간 뒤 신유한은 경운재 좁은 방에 해
산금을 놓았다. 신유한도 해산금도 돌아갈 자리에 제대로 돌아
간 것이다. 신유한이 세상을 뜨고 난 뒤 제자들은 남겨진 해산금
을 바라보며 스승의 모습을 기렸다.

아득한 길 창망하여 음조 잃은 듯

해산금의 고조는 멈췄네

경운재에 삼경 달 떠올라서

선옹의 마음 한 조각 비추네

延路蒼茫欲喪音, 古調開歇海山琴.

景雲齋上三更月, 照得仙翁一片心.[37]

여기서 다시 영매의 이야기로 돌아가본다. 신유한의 말대로 영매는 거문고 연주에 특출난 예인이었다. 신유한이 세상을 떠난 뒤에도 영매의 거문고 가락은 멈추지 않았다. 1763년 성대중은 계미사행으로 경주에 묵었는데, 이곳에서 노기老妓 영매와 비점翡點을 만났다. 비점의 노래와 영매의 거문고 소리가 이번 여정 중 최고였다고 기록할 만큼 큰 인상을 받았다. 이때 나이가 57세였을 텐데 영매의 거문고 연주 실력은 여전했다. 성대중은 "기생 영매는 청천 신유한의 사랑을 받은 적이 있는데, 그의 시를 아직도 상자 속에 가지고 있었다"라고 기록했다.[38] 영매에게도 신유한에게도 함께 거문고를 연주하며 시를 읊었던 그 시간은 특별하게 기억되었음이 분명하다. 신유한의 시와 영매의 거문고 연주가 만난 자리는 후대에 길이 회자되었다.

마음의 스승

4

연천에서 만난 허목

신유한이 어릴 적 누구를 스승으로 모시며 학문과 문학을 배웠는지는 분명치 않다. 그는 단순히 "향선생鄉先生"에게 수학했다고 말했다. 또 자신의 괴상한 문장이 궁벽한 시골에서 공부한 잘못이라고 술회하곤 했다. 하지만 역으로 말하자면 일정한 스승 없이 시골에서 공부한 덕분에 그의 문장은 기존과 다른 독특한 문풍을 가질 수 있었다. 상경 후 최창대가 신유한의 문학에 어느 정도 영향을 끼쳤다지만 그들이 교유한 시간은 길지 않았다. 그가 직접 모셨던 큰 스승은 없었지만, 일생 마음의 스승으로 모신 이가 있다. 바로 미수眉叟 허목許穆(1595~1682)과 고운孤雲 최치원崔致遠이다.

연천에서 기근과 역병을 맞으며 힘든 관직생활을 보냈지만, 다른 곳에 비해 연천에서의 시간은 특별하게 기록된다. 연천은 바

「허목 초상」, 비단, 72.1×57cm, 보물 제1509호,
국립중앙박물관.

로 그가 평소 흠모해 마지않던 미수 허목이 거주하던 곳이기 때문이다. 허목은 17세기 남인계의 영수로서 학문과 문장, 서체에 있어서 독특한 개성을 보인 인물이었다. 서인에 맞서 예송을 이끌어간 그는 늦은 나이에 정계에 진출했고 우의정에까지 올랐다. 1680년 경신환국 때 관작을 삭탈당한 이후 연천에 돌아와 저술과 후진 양성에 전념했다. 허목은 정주학이 원래 육경의 주석임을 강조하고, 공허한 담론에서 벗어나 지행이 일치된 옛 성인의 삶과 성대의 정치를 회복할 것을 주요한 과제로 부각시켰다. 문장에 있어서도 그는 육경을 심도 있게 학습하고 재현하는 것이 곧 상고의 성대한 시대를 재현하는 중요한 경로가 될 수 있다고 믿었다. 고도와 고문에 대한 허목의 지향에 신유한은 크게 감발됐다.

신유한이 부임했던 1739년은 이미 허목이 세상을 떠난 지 57년이 지났을 때다. 그는 연천 곳곳에 깃든 허목의 자취를 밟아갔다. 그해 초복을 앞두고 신유한은 더위를 식히고자 아들 몽준과 관아의 종을 이끌고 웅연을 방문했다. 그곳에서 허목이 「웅연석문기熊淵石文記」와 「석문기石文記」에서 거듭 기록한 석문을 찾아

보았다. 웅연을 바라보는 바위 벼랑에는 검은색의 뱀, 초목 같은 무늬가 있었는데 이를 석문이라 했다. 허목은 자연이 만들어낸 석문을 보고는 초서와 예서도 인위적으로 만들어진 것이 아니라 자연의 형상에서 자연스럽게 발전된 것임을 논했다. 신유한은 덩굴을 잡고 가시덤불을 헤쳐 석문 앞에 이르렀다. 한참을 어루만지며 허목의 손길을 느꼈다. 잠시 뒤 이세응李世膺이라는 자를 만났다. 그는 신유한을 집에 초대해 자신이 소장한 허목의 글씨를 보여주었다. 신유한은 이것 또한 인연이라고 생각했다. 궁벽한 연천 땅이 싫어 두 번 제수된 뒤에 부임했는데, 평소에 경모하던 허목이 노닐던 곳을 거닐고 또 그의 글씨를 직접 보게 되다니! 천고의 기이한 만남을 갖게 된 것이 꿈만 같았다.

신유한은 허목이 살았던 은거당에 대해서도 상세히 기록을 남겼다. 은거당은 허목이 84세이던 1678년(숙종 4)에 관직을 그만두고 향리로 돌아갔을 때 숙종이 허목에게 하사한 거택居宅의 이름이다. 50여 년이 지나 기와가 무너지고 목재가 썩자 신유한이 부임하기 바로 한 해 전인 1738년 허목의 현손들이 뜻을 모아 개수했다. 신유한이 은거당을 방문하자 허엄許淹을 비롯한 후손들이 모여 예를 갖추어 그를 반겼다. 신유한은 은거당에 걸려 있는 허목의 초상을 한참 바라보았다. 80세 때의 모습이었다. 하얀 눈썹에 청명한 기운이 마치 학과 같았다. 이어 윤건과 학창포를 입은 47세 때의 영정을 보았다. 젊은 허목은 긴 눈썹을 가졌는데 수염이 거의 없었다.

은거당 안에는 우전형산비禹篆衡山碑 77개의 글자가 걸려 있었다. 형산비는 중국 호남성湖南省 형산衡山에 있는 비로 하夏나라 우

평수토찬비, 170×76cm, 강원도 시도유형문
화재 제38호.

禹임금이 썼다고 전해지지만 실제로는 후세 사람의 위작으로 알려져 있다. 1678년 낭선군朗善君 이우李俁가 연행길에 탁본을 가져왔다. 허목은 우임금이 치수 사업을 끝내고 사물을 본뜬 글자를 만들어 형산비를 썼다고 보았다. 이 비를 통해 간악한 귀신과 괴상한 동물들을 물리치고, 사람들이 해害를 멀리하여 평지에 살 수 있도록 했다는 것이다. 삼척 부사에 재임했을 때 허목은 형산비에서 48개의 글자를 뽑아 비석에 새겼는데, 이 비는 척주동해비陟州東海碑와 함께 수재를 막는 주술적인 힘을 가진 것으로 믿어졌다.[39] 신유한이 보았던 77개의 글자는 허목이 형산비의 글씨를 그대로 모사한 것으로 추측된다. 신유한은 이 글씨에서 형용하기 어려울 만큼 신이한 분위기를 느꼈다.

방 안에는 신라시대의 거문고, 만주 땅에 살았다고 전해지는 숙신씨肅愼氏의 돌살촉이 있었다. 신유한은 허목이 손수 필사한 선진양한先秦兩漢의 문장과 직접 새긴 도장 53개를 찬찬히 살펴보았다. 은거당은 온갖 고기물과 고서로 가득 채워져 속세와는 떨어진 별세계의 느낌을 자아냈다.

신유한은 은거당을 나와 뒤뜰을 거닐었다. 허목은 생전에 이

뜰을 십청원十靑園이라 이름했다. 전나무, 측백나무, 박달나무, 비자, 노송, 만송蔓松, 황죽篁竹, 두충杜冲의 여덟 그루 나무와 괴석, 석초石草 등 온갖 푸른 것이 모여 십청이라는 것이다. 뜰은 허목이 기록했던 그대로였다. 일월석日月石이라는 사납게 생긴 괴석이 이끼를 뒤집어쓴 채 뜰에 서 있었다. 괴석에서는 신이한 빛이 흘러 삼라만상을 비추고 있었다. 또 바위굴처럼 생긴 기괴한 바위가 높다랗게 둘러서 있었는데 이를 용문석호龍門石戸라고 했다. 곳곳에 남아 있는 허목의 필체와 온갖 예스러운 나무를 바라보며 신유한은 무한한 감흥을 느꼈다. 허목의 글에서 읽었던 아름다운 풍경이 눈앞에 펼쳐진 것이다. 은거당은 단순한 물리적 공간이 아니라 허목의 기상과 문장이 생생하게 남아 있는 곳이었다.

신유한은 「관허상국은거당원기觀許相國恩居堂園記」라는 기문을 지어 이날의 감동을 남겼다. 허목의 학통을 이어받은 이익李瀷은 몇 년 뒤 신유한의 글을 보고는 삼탄을 금치 못했다. 문장이 빼어나고 사실을 자세히 기록하고 있어 마치 직접 가서 눈으로 보는 듯하다는 것이었다. 이런 글은 마땅히 전해져야 한다고 평하기도 했다.[40]

사실 신유한은 연천에 오기 전부터 허목을 깊이 경모했다. 옛것을 좋아하는 벽 때문에 겨우 글자의 음을 분별할 나이부터 허목의 문장과 시구를 외웠다고 했다. 허목의 전서, 예서 작품을 얻으면 상자에 잘 보관하여 애지중지하면서 "단군 기자 이후 4000년 만에 우나라, 하나라의 문장을 얻었도다"라며 기뻐했다.[41]

신유한은 허목을 통해 문학적 영감을 얻기도 하고, 자신의 문학론의 근거로 활용하기도 했다. 그는 「주회부抽懷賦」란 작품을 지어 자신의 삶을 술회했는데, 똑같은 제목의 작품이 유일하게 허목에게 남아 있어 신유한이 허목의 작품을 보고 지었을 것으로 추정할 수 있다. 또 신유한은 「임정언에게 문장을 논하는 글을 주다」에서 "천고의 문장은 사가를 정도로 한다. 정이 변해서 기가 되고, 기가 변해서 궤가 되니, 실로 한유에서부터 잘못이 시작되었다千古文章, 當以史家爲正, 正變而奇, 奇變而詭, 實俑於昌黎"라고 하여 논란을 일으킨 바 있는데, 이 말은 사실 허목의 「문학」에서 "진한 이후 고가 변하여 혼란스러움이 되고 혼란스러움이 변하여 기가 되고 기가 변하여 궤가 된다秦漢以降, 古變而亂, 亂變而奇, 奇變而詭"를 변용한 것이다. 신유한의 상고적 문학론이 허목의 영향을 받았음을 감지할 수 있다.

직접 허목에게 배운 적은 없지만 오랫동안 그를 사숙私淑했던 신유한은 연천에서 허목의 흔적을 만나며 고문과 고도에 대한 허목의 지향을 다시 확인하고 또 공감했을 것이다. 그는 매월 은거당에서 문사들과 강학하며 그의 정신과 문장을 기렸다. 연보에는 평소 신유한이 품었던 소원을 이룬 것이라 기록되어 있다. 척박한 땅 연천에 정을 붙일 수 있었던 것은 바로 허목 덕분이었다.

최치원을 사모하다

신유한의 삶에서 꼭 언급되어야 할 인물은 최치원이다. 신유한이 만년에 은거한 가야산은 최치원의 마지막 은거지이기도 하다. 전

해 내려오는 설화에 의하면 고려 태조가 일어날 무렵에 최치원이 글을 올렸는데,

"계림鷄林의 누런 잎사귀, 곡령鵠嶺의 푸른 솔이다."

라는 말이 있었다고 한다. 신라가 망하고 고려가 흥하게 된다는 뜻으로 이해되어 신라 왕이 그를 미워했다. 최치원이 곧 가족을 데리고 가야산 해인사海印寺에 숨었다고 한다. 최치원의 대표적인 작품 「제가야산독서당題伽倻山讀書堂」도 이때 지어진 시다.

> 돌 사이 마구 흘러 겹친 봉우리 울리니,
>
> 지척서도 사람 소리 구분하기 어렵구나
>
> 시비하는 소리 귀에 들릴까 두려워서,
>
> 일부러 흐르는 물 온 산을 둘러쌌네
>
> 狂奔疊石吼重巒, 人語難分咫尺間.
>
> 常恐是非聲到耳, 故教流水盡籠山.
>
> _최치원, 「제가야산독서당」

가야산 입구는 홍류동紅流洞, 무릉십이곡武陵十二曲이라 불렸다. 무릉교武陵橋에서 치원리致遠里까지 10여 리에 걸쳐 흰 돌이 깔린 맑은 시내가 붉은 절벽과 푸른 골짜기를 뚫고 지나가는데 참으로 절경이다. 『여지승람輿地勝覽』에 의하면 최치원이 각 구비, 좌우의 봉우리와 골짜기에 모두 품평하며 이름을 붙였다고 한다.

신유한은 일생 최치원을 경모했다. 우리나라 문장은 오로지 최치원밖에 없다고 단언했으며, 장년 이후로는 최치원이 살던 가야로 돌아가 은거하겠다는 결심을 종종 밝혔다. 앞선 해산금을 다

「계류도」, 최북, 종이에 엷은색, 28.7×33.3cm, 고려대박물관.

「최치원 초상」, 종이, 116×75.5cm, 국립중앙박물관.

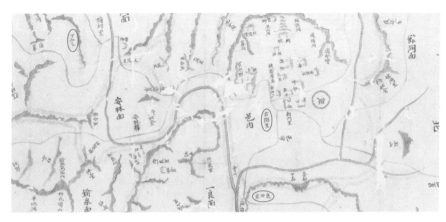

「고령현지도」,『경상도지도』, 1872, 서울대학교 규장각한국학연구원/중앙도서관. 34세에 신유한은 양전리로 이거하였으며, 만년에는 고아리(고화동의 이칭으로 추정)에 경운재를 지어 거주하였다. 신유한 묘소가 남아 있는 좌랑봉 위치는 지도의 하가곡 근처로 추정된다.

룬 시에서 보듯 주변 문인들도 신유한이 최치원의 자취를 밟아나 가리라는 것을 알고 있었다. 1750년, 신유한은 연일 현감에서 물러나 가야산 고화동으로 향했다. 그의 나이 칠순 때였다. 그는 자신의 거처를 경운재景雲齋라고 명명했는데, 경운은 바로 고운을 사모한다는 뜻이었다.[42]

이러한 경모는 사대부로서는 매우 유별난 것이었다. 최치원은 문묘종사되었지만, 그가 생전에 불교와 도교에 경도되었다는 점에서 문묘종사의 자격이 없다는 의견이 조선 중기부터 제기되었다. 이익은 그가 고려의 왕업을 비밀리에 도왔기에 패역을 행했다며 비판했다. 문묘에 종사된 것 자체가 유학자로서 부끄러운 일이라는 것이다. 말년에 은둔한 것에 대해서도 혼란한 세상을 구하지 않고 피해버린 것이라며 비판하는 목소리도 일었다.[43]

그러니 '경운'이라는 자호는 조선 문인의 전통적인 명명 방식에서 벗어나는 것이었다. 공자나 맹자 같은 성현도 아니고 두보, 이백과 같은 중국의 저명한 문인도 아닌 우리나라 문인을 사모한다는 마음을 편액에 담는 것은 당시로서는, 더구나 영남에서는 낯선 일이었다. 영남의 유학자 동강桐江 이석李潪(1701~1759)은 신유한에게 편지를 보내 '경운'이 아닌 안자顔子를 사모한다는 뜻인 '경안景顔'으로 편액을 고칠 것을 권유했다.⁴⁴ 답신이 없어 확인할 길이 없지만 아마도 신유한은 코웃음을 치며 개의치 않았을 것이다.

신유한은 이곳에서 「경운재가景雲齋歌」「경운재게景雲齋偈」「제경운재題景雲齋」「경운재에서 정이연 문생에게 독서기를 주다景雲齋與鄭生履寅讀書記」 등의 작품을 지어 은거를 해명하고 자신의 지향을 드러냈다. 특히 「경운재가」는 자신의 삶을 돌아보고 왜 자신의 거처를 경운이라고 명명했는지 그에 대한 답을 보여주는 작품이다.

우뚝우뚝 산봉우리
출렁출렁 옥 파도
명산 신령스러운 곳
이곳이 바로 가야
내 선사가 그리워
저 구름 등걸에 머무르리
옛날 꿈에 만난 사람
옥 송이처럼 빛났네
말하길 신라 때에 세속을 떠나서
천년 세월 학 타고 아침놀 맛보았네

젊은 날 당唐에 가서 즐거움 누렸으니

자금어대紫金魚袋 향기가 진하게 퍼졌네

황소에게 준 격문 말할 것도 없으니

붓 휘두르자 북두 별빛 삼라만상 비추네

박혁거세 성궐은 탄환같이 작으니

유생 옷 입음에 근심이 어떻겠는가

碧碧叢岫, 漪漪瑤波.

名山靈境, 寔曰伽倻.

我懷仙師, 棲彼雲蘿.

昔夢邂逅, 燁如瓊華.

言是雞林遯世人, 千年騎鶴飡朝霞.

靑春觀樂仙李都, 紫金魚袋香紛挐.

黃巢片檄那足道, 筆開星斗光森羅.

赫居城闕彈丸小, 褒衣博帶愁如何.

　　이 작품은 가야라는 공간을 공통분모로 최치원의 삶과 신유
한의 삶을 차례로 교직시킨다. 가야산에 돌아온 신유한은 젊은
시절 꿈에서 만난 최치원을 떠올린다. 그는 신유한에게 삶의 전
범이나 다름없었다. 문학으로 큰 인정을 받았으나 육두품이라는
신분적 구속을 받았던 최치원, 그의 삶은 영남 출신 서얼 문사였
던 신유한의 삶과 겹쳐진다. 또 중국에 가서 문명을 날렸던 최치
원의 행적은 신유한이 평생 소망하던 꿈이기도 했다. 그들을 용
납하지 못한 신라나 조선 땅은 작게 여겨질 뿐이다.
　　이어 신유한은 꿈에서 최치원이 우릉서, 신선의 서적을 그에게

주며 가야산에서 여생을 누릴 것을 권했다고 한다. 그는 꿈을 꾼 뒤 고령으로 이주했지만 뜻하지 않게 과거 급제를 하고 일본 통신사, 지방관으로 떠돌면서 그와의 약속을 저버리게 되었다고 회고했다. 그는 평생을 허비한 것에 대해 반성하며 가야산으로 돌아가 경운재에서 여생을 마칠 것이라고 다짐했다.

> 수려한 산 푸른 물 선사의 모습일세
> 철벽은 가루 되어도 그 이름 그대로네
> 고금을 우러르며 휘파람 부니
> 어이하면 신선 되어 속세를 벗어나랴
> 남은 세월 질병 없이 지내길 바랄 뿐이라
> 학창의에 두건, 신 갖추고 너울너울 가네
> 판향 하나 올리고 노래 하나 마치니
> 어리석은 말 횡설수설 선사는 껄껄 웃으리
> 山明水綠是先師, 鐵壁可爛名不磨.
> 緬仰今古發長嘯, 焉能羽化超塵譁.
> 但願殘年少疾病, 鶴氅巾屨行傞傞.
> 瓣香一炷歌一闋, 癡言錯落師應呵.
> _이상 「경운재가」 중

이곳에서 그는 신선으로 승천했다는 최치원의 행적을 밟아나간다. 자신이 그의 자취를 따라 신선이 될 수는 없겠고 다만 바라는 것은 병 없이 삶을 마무리하는 것이라 노래했다. 최치원이 껄껄 웃는 마지막 장면으로 그와의 동질감을 고조시키며 시를

천하제일의
문장

맺었다. 「경운재가」는 최치원을 통해 신유한이 자기 삶의 의미를
최종적으로 탐색하는 한 과정을 보여준다. 그는 최치원에 자기
삶을 포개놓으며 마음의 위로를 얻고, 또 초월의 가능성을 꿈꾸
었다. 최치원은 신유한 바로 그 자신이었다.

제 4 장

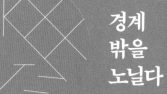

경계
밖을
노닐다

산남 땅 열 마지기 전원에다가
됫박만큼 조그만 집을 지으리
손으로 『산해경』을 펼쳐 읽으며
정신은 온 세상 밖 노닐어보리

1

문장으로 논란을 일으키다

1707년, 27세의 청년 신유한은 실의에 빠져 있었다. 오랜 세월 준비했던 문과시험에 낙방했던 것이다. 서울로 오르내리는 먼 길도 고통스럽고 그에게 큰 기대를 품었던 가족들에게는 면목이 없었다. 희망이 보이지 않았다. 그를 더 힘들게 하는 것은 주변 문사들의 수군거림이었다. 문체가 괴이하다, 난해하다, 요즘 문장이 아니다, 정도正道를 따르지 않는 문장이다……. 수군거림은 젊은 청년의 마음을 헤집어놓았다.

이때 같은 밀양 문사 손명래孫命來(1664~1722)가 한참 어린 후배를 위로했다. 그와는 과거시험을 보러 함께 밀양에서 서울길을 오르내리던 인연이 있었다.

고금의 문장이 어찌 한계가 있겠는가. 선진先秦 이하 시대

마다 대표하는 사람이 있어 모두 불후不朽하게 되었네. 매
번 서적을 대할 때마다 그들을 그리워할 뿐이었는데, 지금
그대와 같은 세상에 태어나 함께 말하고 웃게 되었으니
다행일세.

신유한은 지나친 칭찬이라며 손사래를 쳤지만, 손명래는 말을
이어나갔다.

어떤 이들은 자네더러 구양수, 소식과 같이 절실하고 상세
한 문장을 하지 않고, 왜 일부러 읽기 어려운 문장을 쓰는
가라고 하지. 또 어떤 이들은 삼당三唐의 아리땁고 정이 가
득한 시를 쓰지 않고 왜 일부러 싱겁게 맛없는 시를 쓰는
가라고 하지. 그런 이들은 세상의 변화도 문체도 알지 못
하는 걸세. 시대에 따라 문장은 변하기 마련이네. 옛 문장
가들은 자기만의 의장意匠을 세웠지. 왜 자네한테만 그리
의심하는지 모르겠네.
그대는 시골에서 태어나 세상이 좋아하는 것은 아랑곳하
지 않고, 진부한 말을 벗어나 일가一家를 어느덧 이루었네.
그런데도 당송 문장을 하는 것으로 남들이 여길까 두려
워, 곧장 높이 올라가 그윽한 곳을 찾아 홀로 나가기를 그
만두지 않았지.
그대의 문장과 시는 읽기 힘든 곳이 한 구절 한 구절마다
있긴 하네. 아무 맛이 없는 중에 씹으면 씹을수록 더욱 빼
어나지. 애당초 절실하지 않고 정이 가득하지 않았던 것이

아니네. 옛사람이 적는 대로 써 내려가고 눈앞에서 읊조리
는 것과는 다르지. 어찌 그대의 병폐라고 할 것이 있겠는
가. 사람들은 원래 다른 사람의 단점을 지적하길 좋아하
지. 너무 개의치 말게나.[1]

   젊은 신유한을 다독이는 손명래의 목소리가 다정하다. 손명래
의 지적대로 조선 문단에서 전범이 되었던 것은 바로 송나라 산
문과 당나라 시였다. 문장을 하는 선비들은 이 글들을 반복 학습
하여 그 문풍을 체화하는 것을 목표로 했다. 신유한의 문장은 일
반적인 전범을 거부함에 따라 생경한 느낌을 주었다. 그의 문학
은 평이한 송문이나 아리따운 당시唐詩와는 다르지만 자기만의
문학적 세계를 이룬 것이라고, 세상의 비방은 너를 시기하는 것
일 뿐이니 의연하게 대처하라고 손명래는 주문했다. 신유한은 손
명래의 격려를 마음에 담아 앞으로 나아갈 수 있었다.

   하지만 과거 급제를 하고 나라 안팎으로 문명을 인정받은 후
에도, 심지어 사후에도 그의 문장을 둘러싼 논란은 끊이지 않았
다. 신유한은 서울 사대부에게 자신의 괴상한 문학이 어디서부터
시작된 것인지 변론해야 했다. 일면식도 없던 경주 유생 유의건柳
宜健은 서신을 보내와, 당신의 문장은 천하제일이라고 추켜세우는
듯하더니, 곧 '세상에서 추구하는 문장을 싫어해서 일부러 독특
한 문장을 구사하는 것이냐, 너의 문장은 후학을 미혹하게 하는
것이다'라고 논박했다.[2] 안동 처사 이상진도 신유한의 문학은 방
자하고 불온한 것이라며 불쾌감을 표했다. 그런가 하면 신유한의
문장을 조선 최고의 문장으로 극찬하는 의견도 있었다.

신유한의 문장이 가진 문제적인 지점은 무엇인가. 왜 이렇게까지 생경한 문장을 추구하게 된 것인가. 이른바 신유한의 문장이 가진 병폐와 그 원인은 최창대, 윤순과의 대화에서 좀더 구체적으로 엿볼 수 있다.

선진양한의 문풍을 꿈꾸다

「최창대 초상」, 비단, 55.5×80.3cm, 국립청주박물관.

문과에 급제하고 난 뒤 신유한은 최창대의 문하에서 노닐었다. 최창대는 신유한의 문장을 보고는 그가 고古를 지향하지만 정신을 닮는 것이 아니라 자구만을 본뜨는 의고擬古의 폐단이 있다고 진단했다.

자네는 진실로 옛것을 좋아하고 기력이 있어 고문으로 나아갈 수는 있겠네. 허나 어디로 가야 하는지는 잘 모르는구만. 옛사람 머리털이나 닮고자 하면서, 근육과 골수, 신기神氣로 옛사람을 닮고자 하지는 않네. 그래서 글마다 자구마다 사마천, 좌씨, 장자, 양웅

과 비슷하려 하지만 비슷한 것은 모두 가짜라네.[3]

그러고는 당송팔대가唐宋八大家 중 증공曾鞏의 글을 주며 문장을 교정할 것을 당부했다. 최창대는 평소 문장에 있어 실질과 소통을 중요시해 간결한 문장을 추구했다.[4] 그의 안목으로는 신유한의 문장이 영 마뜩잖았던 것이다. 신유한은 최창대가 자신의 병증을 명확하게 진단했다며 놀라움을 표했다. 하지만 최창대가 추천한 증공의 문장은 졸렵기만 했다. 최창대는 제대로 된 처방이 아니었다고 인정하고는 다시 신유한에게 『한서漢書』를 주었다. 신유한은 『한서』를 열심히 읽고 난 뒤 예전의 병폐를 씻어버릴 수 있었다고 고백했다.

「백하 윤순이 쓴 칠언시 글씨」, 비단, 124.8× 54.8cm, 국립중앙박물관.

최창대 이후 신유한에게 문장에 대해서 조언해준 이는 바로 윤순尹淳(1680~1741)이었다. 윤순은 조선 후기를 대표하는 서화가로 신유한과는 같은 해에 문과에 급제한 동방同榜 사이였다. 급제하고 15년 뒤, 두 사람의 삶은 판연히 달라져 있었다. 1727년 윤순은 대제학을 거쳐 이조참판에 제수되었다. 공무 중 여가가 났던 윤순은 적적하여 봉상시에서 근무하던 신유한을 불렀다. 평소 왕래가 있던 사이는 아니었지만 윤순은 다정하게 그를 대했다.

"어찌 그리 신세가 안 풀렸소?"

"자취가 미미하고 재주가 졸하여 세상이 자연히 저를 버렸을 뿐입니다."

"문장을 좋아하는 벽癖은 예전과 같소?"

"젊었을 때는 오만해서 솜씨 없는 문장으로 다른 이들의 눈을 더럽혔을 뿐이죠. 늙고 나서는 그릇된 일을 깨달았습니다. 다 부질없습니다."

"지난번 그대의 글을 보니 옛글을 잘 끌어다 쓰는 것이 이반룡李攀龍의 문풍을 따른 듯하더군. 그대는 자기도 모르게 세상의 유행을 따른 것인가? 아니면 이반룡을 특별히 좋아하는 것인가?"

신유한은 웃으며 자신의 문학에 대해 해명했다.

이반룡이 저를 그르치게 한 것이 아닙니다. 다 저의 잘못입니다. 저는 궁벽한 영남의 농가에서 자라, 고금 백가百家의 글을 보기가 어려운 형편이었습니다. 다만『시경』『서경』『논어』를 읽고는 글자가 옥과 같고 음률이 음악 소리와 같은 것을 좋아했지요. 그래서 제가 따른 것은 구절과 음조였지 그 문장에 담긴 이치나 깨달음은 아니었습니다. 성격도 편벽되어서 '고인을 힘써 따라하면 그 모습을 닮을 수 있겠다'라고 혼자 중얼거리기만 하고, 생동하는 기백氣魄은 알지 못했습니다. 이후에는 『좌전左傳』과 「이소離騷」, 사마상여司馬相如, 사마천司馬遷, 반고班固의 문장을 보고, 『시경』『서경』과 음조가 일치하는 것이 있으면 베껴서 들고 다니면서 낭송하곤 했죠. 이런 것들이 바로 문장이라고 생각했습니다.

어느 날 동네에서 과거를 준비하는 한 젊은이가 『고문진보』와 『문장궤범』을 가지고 있기에 한번 빌려 보았는데, 음률과 구절이 제가 이전에 읽던 글과는 너무 달라 이상하게 여겼습니다. 스무 살이 넘어 명나라의 왕세정, 이반룡의 글을 읽게 되었는데 자구가 『좌전』『한서』와 흡사하고, 『고문진보』『문장궤범』의 목소리가 전혀 없었습니다. 그때 저는 왕세정, 이반룡을 '백가의 문장을 쓸어버리고 천고의 문장을 끌어당겼으니, 문단의 영웅이다'라고 여겨 무척 좋아하게 되었지요.

이 모든 것이 제 견식이 얕고 취향이 편벽된 까닭입니다. 옛 문장 중에 『산해경山海經』『급총서汲冢書』『황정경黃庭經』, 석고문石鼓文 같은 글이 있으면 보배로 여기고 구했지요. 유가의 평탄한 문장은 좋아하지 않습니다. 서술하는 문체도 종종 고문을 배웠지만 잘하지 못해 이반룡의 글처럼 되어버렸습니다. 서른셋에 과거 급제하여 곤륜 최학사께서 증공의 문장을 학습할 것을 권하셨는데 제 병폐가 고쳐지지 않았습니다. 곤륜이 돌아가신 후 세상에서 제 문장에 대해 조언해주는 이가 없군요.

신유한의 말을 듣고 윤순은 미소를 지으며 말했다.

자네 아직 반백도 되지 않았는데 스스로 한계를 만들지 말게. 옛날 문장하는 선비들은 배우지 않고 능하지 않은 경우가 없었네. 그런데 저 이반룡 무리는 '내가 『좌전』이요, 내가 『사기史記』『한서』다'라고 하면서 결국 『좌전』『사기』『한서』의 경지에 도달하지 못했네. 자네가 가진 병폐도 이와 같지. 자네는 이제부터 마음을 가라앉히고 도학에서 노니길 바라네. 정신을 전일하게 하여 학문에 독실하게 뜻을 두시게. 문장으로 옛 가르침을 견주지도 말고 장구로 바른 도리를 어지럽히지 말게. 이치가 밝아지고 학문이 순정해지면 그 말은 절로 정리되고, 좌구명과 굴원과 반고, 사마천이 심사를 어지럽히지 않게 될 테니 자네의 병폐도 사라질 것일세.

윤순은 최창대보다 더 근본적인 처방을 제시했다. 문장이 아니라 도학에 전념하라는 것이다. 신유한은 윤순의 말을 듣고 자신의 병폐를 콕 짚어 지적한 것이라 생각하고, 그의 조언을 기록하여 스스로 경계하겠다고 다짐했다. 물론 이러한 다짐은 이후 그의 삶에서 전혀 실현되지 않는다. 문장을 자신의 본분으로 생각했던 신유한에게는 결국 적절하지 않은 처방이었던 것이다.[5]

「왕세정 초상」, 『오군명현도전찬吳郡名賢圖
傳贊』.

최창대, 윤순과의 대화에서 우선 알 수 있는 것은 신유한의 문장이 이반룡, 왕세정으로 대표되는 명대의 전후칠자의 문풍에 영향을 받았다는 점이다. 그는 스스로 어린 시절 육경과 진한고문만 읽고 당송 산문은 싫어하던 차에 자신의 취향에 부합하는 이반룡, 왕세정의 글을 보고는 기쁜 마음으로 심취했다고 술회했다. 그리고 자신의 문장이 이반룡과 흡사하다는 비판에 대해서도 원래는 진한고문을 배우려고 했으나 잘 실현되지 않은 탓이라고 답했다.

전후칠자는 명나라 홍치弘治, 정덕正德, 가정嘉靖 연간에 활동한 문인으로 진칠자前七子인 이몽양李夢陽, 하경명何景明, 왕구사王九思, 왕정상王廷相, 강해康海, 변공邊功, 서정경徐禎卿과 후칠자後七子인 이반룡, 왕세정, 종신宗臣, 사진謝榛, 서중행徐中行, 양유예梁有譽, 오국륜吳國倫을 통칭하는 말이다. 이들은 대각체臺閣體와 주리主理 문자를 반대하고 '문필진한文必秦漢, 시필성당詩必盛唐'이라는 구호를 내세웠다. 자신들의 문장 내에서 선진양한 시대의 고문과 성당시의 미감을 '재현'하려 했으며, 문체·수사에서의 변화를 도모하여 문학의 진정성을 회복하려 했다.

명대 전후칠자의 문학론은 선조·광해 연간에 국내로 유입되었다. 이들은 당시 쇠미해진 조선의 문풍을 쇄신시킨 '파천황破天荒'[6]의 공로자로, 혹은 문단의 폐단을 낳은 장본인으로도 평가되었다.[7] 두 평가 모두 전후칠자로 인하여 조선의 문풍이 크게 변모되었음을 긍정한다는 점에서는 일치한다.

신유한은 조선의 문인들 중 어느 누구보다 빈번하게 전후칠자에 비견되는 평가를 받았다. 신유한 사후 지어진 만시挽詩에는 신유한의 문장을 이반룡, 왕세정에 비견하는 칭송이 거듭 나타난다.[8] 일본 사람들은 신유한의 문장을 칭송하며 이반룡의 기미氣味가 있다고 했으며[9] 성해응 역시 그가 왕세정과 이반룡을 배워 묘리를 터득한 자라 평가했다.[10] 이와는 반대로 윤순처럼 그의 문장이 전후칠자와 흡사한 것을 비판의 근거로 삼는 논의가 제출되기도 했다.[11] 이상진은 그가 왕세정, 이반룡의 충신이라고 폄훼했다. 긍정적인 평가뿐 아니라 부정적인 평가에서도 그의 문장을 전후칠자에 비견하고 있기에, 앞서의 언급들은 의례적인 수사나비판이 아니라 신유한의 문장에 실제로 전후칠자가 연상되는 지점이 있음을 뜻한다.

『청천집』 서문을 쓴 이미李瀰는 이 점에 있어서 좀더 구체적으로 말한다. 신유한이 산문에 있어서는 왕세정, 시에 있어서는 이반룡, 부賦에 있어서는 노남盧柟을 숭상했기에 문장이 그들과 흡사하다는 세간의 평가가 있었으며, 그가 『좌전』 『사기』와 함께 이반룡, 왕세정의 문장을 줄줄 외는 것을 직접 목격했다고 증언했다.[12] 실제로 신유한의 산문은 전범에 대한 의존도가 높고 일반적인 자구 운용 방식을 따르지 않는 점에서 분명 전후칠자의 글쓰기를 연상하게 하는 지점이 있다. 때로는 전후칠자 문장을 직접 인용한 사례도 확인된다. 일례로 2장에서 살펴본 도리야마 시켄의 서문에서는 "卽令婆娑漫淫, 白首窮途, 不肯北面而交一二少年

賣名聲于都人士者, 皆是之爲也"라는 왕세정의 글을 그대로 인용했다.[13] 통신사행 길에 작성된 서문인 점을 생각해본다면 신유한이 왕세정의 문장을 들고 다녔거나, 그의 문장을 거의 외우고 있었음을 짐작할 수 있다.

신유한이 전후칠자의 문장을 좋아하게 된 것은 단순히 그의 견식이 얕아서거나 혹은 취향이 편벽된 까닭만은 아니다.

명나라에 이르러 일곱 개의 빛이 번갈아가며 빛나기 시작했다. 고황제高皇帝가 시서예악으로 천하를 다스리자 천하가 울창하게 주나라의 문장을 지었다. 이몽양, 이반룡, 왕세정, 왕도곤과 같이 문장에 뛰어난 인물들이 산처럼 서있고 별처럼 줄지어 나왔다. 우리나라 사람들은 아직까지도 그들의 문장을 아름다운 보석처럼 귀중하게 여긴다. 당시에 중국 사신이 우리나라에 와서 은총을 내려주고 우리에게 명성을 미쳐, 양아陽阿를 노래하면 채릉采菱으로 답하여 우리나라 현인들이 동문同文의 교화를 입었다. 한마디 시구가 북경에까지 빛나 그 시가 사람들의 입에 오르내리고, 그 자취가 국승國乘에 기록되었다.

1747년 서장관으로 연행을 떠나는 조명정趙明鼎(1709~1779)에게 주는 송서送書다.[14] 행장에 따르면 신유한도 연행의 서장관으로 임명된 적이 있으나 스스로 사양했다고 한다. 흥미로운 것은 그 이유다. 바로 이반룡 등 전후칠자와 같은 문인이 더 이상 중국에 없는 이상 누구와 문예를 교류할 수 있겠냐는 것이다.[15]

이 글에서도 신유한은 조선 문인이 동문同文의 교화를 입었던 지난 시절에 대한 무한한 그리움을 드러냈다. 전후칠자가 활약한 시대는 바로 명의 전성기로, 전후칠자의 복고적 경향의 산문은 곧 황명 시대가 옛 주나라의 도를 회복했던 것을 상징적으로 보여주는 것이나 다름없었다. 따라서 전후칠자에 대한 향수는 성대했던 명에 대한, 더 나아가 성대했던 상고시대에 대한 향수를 의미한다.

그러나 갑신년 명이 망한 이후 100여 년간 이 일은 마침내 폐해졌다. 선왕이 제정한 예를 폐기하고 천하의 의관을 없앴으며, 높은 수준의 문장을 대하기를 중항열中行說이 한나라 비단과 솜옷을 입고 풀과 가시밭을 지나가게 한 것처럼 하였다. 이렇게 해서 천하 사람들로 하여금 책을 읽지 못하게 하였음을 알 수 있다.

하루는 내가 중국 사신의 전대를 뒤져, 우동尤侗, 왕탁王晫, 모양冒襄, 사기운沙起雲, 황구연黃九烟 무리의 시문집을 얻었다. 이들은 예림藝林 중 뛰어난 자라지만 그 문장은 귀뚜라미의 울음, 하루살이의 날개, 반딧불이의 빛이 음침하고 어두컴컴하여 자생자멸하는 것이나 다름없었다. 정덕, 가정 연간의 군자들이 징과 북을 가지고 공격할 것은 물론이거니와, 금金과 원元의 수준에도 미치지 못하는 것은 어째서인가. 올빼미가 다투면 봉황이 숨으니, 저들이 백성에게 무젖게 하는 습성이 무武에 있지 문文에 있지 않기 때문이다.

(…) 오늘날 사문斯文은 운명이 다하였다. 오직 우리나라만이 기자箕子의 가르침을 가지고 있어 큰 덕이 사라지지 않고 있다. 문장을 하는 자는 주나라를 이어받고, 사람들은 『시경』을 자랑하고 집집마다 『서경』을 익힌다. 저술에는 옛 법도가 자못 있어 중국이 망한 것과는 같지 않으니, 저들이 필시 얼굴을 붉히고 부끄러워하고 한탄하며 고古로 돌아갈 것을 생각할 것이다.[16]

반면 전후칠자 이후 나약한 청대 문장은 상고와의 연결 고리가 사라진, 바로 쇠약한 시대를 상징하는 것이었다. 하지만 청과 달리 조선은 옛 법도를 지닌 문장을 가지고 있기에 분명 중화를 계승할 만한 단서가 있다는 희망을 신유한은 품었다. 즉 황명의 문장이 상고의 도를 회복한 상징이듯 조선의 문장은 황명의 도를 회복할 수 있는 상징이 된다는 논리다. 인용문에서 보듯 신유한은 명청 문학에 대한 정보에 어두운 것이 아니었다. 당시 연행을 다녀온 지인들을 통해 우동, 왕탁 등 청나라 문장을 접할 기회가 있었다. 실제로 그가 제자들에게 남긴 명청 문학 필사본도 확인된 바 있다.[17] 전후칠자에 대한 신유한의 평가는 문학사와 시대에 대한 나름의 통찰력과 판단을 겸한 것이기도 하다.

이런 신유한도 때로는 전후칠자의 문학적 성취에 대해 경계를 보이면서, 자신의 지향점은 아니라는 것을 밝히기도 했다.

황명제자皇明諸子는 한번 작기作氣를 고동하여 천고千古를 당겨 매우 힘썼으나 이몽양은 거칠고 이반룡은 어리석고 왕

세정은 공교롭고 왕도곤은 사납다. 각각 초월해 올라가고
자 하여 삼대三代에 머물렀으나 끝내 당송唐宋의 궁실에 누
워 진한秦漢의 의관을 빌린 꼴이니 우맹優孟이 손숙오孫叔敖
가 된 것이다. 나는 그들이 진眞에 미치지 못한 듯싶다.[18]

우맹은 전국시대 초楚나라의 유명한 악사다. 정승 손숙오와 각
별한 우정을 나누었는데, 손숙오가 죽은 뒤 그의 아들이 가난에
시달리는 것을 알고는 손숙오의 의관을 착용하고 임금을 설득하
여 그 자손에게 땅을 봉해주게 했다는 이야기가 남아 있다.[19] 전
후칠자가 애써 고문에 가깝고자 했으나 결국에는 외양이나 흉내
내고 그 진수에는 다가가지 못했다는 것이다.

그는 최창대의 조언대로 송문宋文으로 문폐를 보완하려고 노
력하기도 했다. 통신사행을 다녀온 이후에는 일본 문사와 함께
구양수, 소동파, 왕안석의 산문을 비평한 내용을 「삼가호백평三家
狐白評」으로 정리했다. 젊은 시절 신유한은 진한고문과 전후칠자
에 물든 자신의 태도를 수정하려는 노력을 보이기도 했다.[20]

그럼에도 신유한은 선진양한 시대의 문풍을 회복해야 한다는
전후칠자의 지향에 대해서는 평생에 걸쳐 공감했던 것으로 보인
다. 신유한 나이 70세 무렵에 지어진 작품인 「경운재 정이연 문생
에게 독서기를 주다景雲齋與鄭生履寅讀書記」를 보면, 『좌전』 『곡량전
穀梁傳』 『사기』 『한서』와 육경, 그리고 굴원, 사마상여, 순자荀子, 가
의賈誼 등의 글을 보라고 조언하면서, 당송 문장가는 한계가 있으
니 고문을 목표로 학습하는 것이 우선이라고 했다. 따라서 중간
에 내적인 갈등과 굴곡을 보인다고 하더라도 신유한의 진한고문

을 추구하는 성향은 말년까지 유지되었던 것으로 여겨진다.

그렇다면 신유한이 애써 선진양한의 문풍을 회복하고자 했던 이유는 무엇일까. 앞서 보았듯 이러한 그의 문장관은 당대 문단의 동의를 받기 어려웠다. 세상 사람들은 모두 당송을 좋아하는데도 불구하고 유독 옛 문장을 좋아하냐는 질문을 받기도 했다. 이에 대해 신유한은 소를 끌 때 코가 아니라 꼬리를 끌어당긴다면 앞으로 가지 않는다고 말하면서 사법師法은 항상 위로 잡을 것을 주장하며[21] 자신의 의견을 굽히지 않았다.

신유한의 목표는 최고의 문장이었다. 제자를 향해서 "천하제일의 글을 읽고 천하제일의 일을 하며 천하제일의 사람이 되어라"[22]라고 했던 그의 충고는 의미심장하다. 신유한은 천하제일의 글이 바로 육경과 진한고문임을 적시하고, 당송의 뛰어난 문장가라 하더라도 각기 한계가 있으니 목표를 더 높게 잡을 것을 권유했다. 안연顏淵을 꿈꾸면 안연이 될 수 있다는 그의 발언에는 최고의 글을 읽고 그것을 학습하여 최고의 문예미를 달성하겠다는 의지가 담겨 있다.

천기에 응하고 마음의 소리를 담아라

신유한은 문장의 준거로 고문과 고시를 내세웠지만 이를 그대로 따르기를 강조한 것은 아니었다. 이보다 더 중요하게 여긴 것은 바로 '천기天機' '진眞' '정情'이었다. 제자 허제許濟가 어떻게 서한의 문장을 배워야 하는지 묻자, 신유한은 아래와 같이 대답했다.

솥鼎의 쓰임은 나무로 불을 때서 날것을 익히고 질긴 것을
부드럽게 하는 것이다. 그대는 이 책을 독실하게 좋아하여
날로 익히고 달로 무젖기를 마치 음식을 먹듯 해야 한다.
여기서 미음을 끓여 먹고 죽을 끓여 먹어서 이 솥 외에는
방법이 없게 해야 한다. 심지어 소 한 마리의 힘줄을 벗겨
서 넣더라도 남산의 숯을 쌓아 불을 붙이면 어떠한 날것
이라도 익지 않겠으며, 어떠한 맛이라도 달지 않겠는가. 쌓
인 것이 두터워야 발하는 것이 크니, 이것이 서한이다. 그
대는 힘쓰도록 하라.[23]

신유한의 학습, 창작론은 '문필진한文必秦漢'을 주장한 전후칠자
의 문학론의 연장선에 있으면서도, 학습의 반복과 고문의 체화를
좀더 부각시킨다. 그는 깊이 있는 독서로 고문의 '본색本色'과 '성
용聲容'을 획득해야 한다고 논했다. 제자 임사고任師古에게는 사마
천의 『사기』를 읽을 것을 권하며 다음과 같이 이야기했다.

한 편을 읽을 때마다 반드시 본색에 당도하기를 구하라.
이와 같이 하면 사마씨의 성용을 얻을 수 있을 것이며, 성
용이 비슷해지면 기가 서로 감感하고, 기가 서로 감하면
천기가 응할 것이니, 군은 실로 절로 변하게 될 것이다.[24]

신유한은 성용을 획득하면 기가 감하여 천기가 응하게 된다고
주장했다. 그의 '천기'는 손수현孫壽玄(1693~1762)에게 준 글에서
'진眞'으로 변주되기도 한다.[25] 그는 이 글에서 『사기』의 독서를 불

가의 득도 과정에 비유하며, 『사기』를 통해 천기, '진'을 획득해야
한다고 주장했다. 결국 신유한이 고문의 학습을 통해 궁극적으
로 도달하고자 했던 것은 진정성 있으면서도 자유로운 옛 문인의
창작 정신이라 할 수 있다.

　이러한 입장은 시론에도 반영된다.

> 시는 마음의 소리다. 지금 저 사물이 내 마음에 부딪혀 닿
> 으면 소리가 된다. 아득히 돌이켜 마음에 들어와서 기쁘면
> 발을 구르며 춤추고 슬프면 눈물을 흘리니, 이것은 새소리
> 와 달라 흥기할 수 있으며 무리 짓거나 원망할 수 있게 된
> 다. 슬프도다. 천하의 시인들은 붓과 먹을 잡고 장구章句를
> 노래하여 빛나는 봄의 화려함, 쓸쓸한 가을의 소리를 짓
> 는다. 경망스럽게 나는 거문고를 잡을 테니 너는 생황을
> 연주하라 하고는, 동정洞庭의 뜰에서 함지咸池의 음악을 연
> 주하여, 원망하는 자 원망하게 하고 그리워하는 자 그리
> 워하게 하여, 상수湘水의 혼령과 바다 신이 너울너울 춤추
> 며 날갯짓하게 만드는 자라고 스스로 견주지만, 모두 능하
> 지 않으니 무슨 이유인가? 정감의 근원이 통하지 않아서
> 이다. 저들이 잡은 것은 허기虛器이기 때문이다.[26]

　그는 "시는 마음의 소리心聲"라고 정의했다. 외부의 경물이 작
자의 내면에 부딪히면 자연스럽게 소리로 발현되고 이것이 또 다
른 이의 내면을 자극한다고 했다. 오늘날 대부분의 시인은 진실
한 감정을 노래하지 않는다. 경물과 내면은 따로 놀고 시인의 내

면은 타인에게 공감을 일으키기 힘들다. 이는 천기가 아닌 허기를 잡은 것이다.

신유한이 인간의 진정한 내면을 노래한 시라고 지목한 것은 바로 굴원의 『초사楚辭』이다. 어린 시절부터 신유한은 『초사』를 몹시 좋아해, 그 그림자가 컸다. 그의 초기 시는 의고성이 농후하여 고루하다는 비판도 받았다. 그의 시 세계에 변화를 준 이는 평생의 지기, 최성대였다. 법칙이나 격률에 얽매이지 않고 천기에 따라 시를 짓는다는 최성대의 말은 신유한에게 큰 깨우침을 주었다. 그리하여 신유한은 조선의 것으로 중국의 시문을 바꿀 가능성을 생각하기도 했다用夷變夏. 『두기시선』에 붙이는 서문에서 신유한은 어릴 적 서당 선생의 말을 떠올렸다.

"아무리 애써 시를 지어도 조선인의 시는 중국 시의 아류밖에 되지 못한다. 왜냐면 풍속과 말이 다르기 때문이다."

하지만 최성대는 우리나라의 평범한 남녀 이야기, 풍속, 풍경을 말하면서도 중국 고시의 풍격에 자연히 다가갔다. 이는 '진'을 담아냈기 때문이다. 신유한은 최성대의 시를 '채진지유采眞之遊(참을 얻는 놀이)'라고 규정하기도 했다. 채진지유는 『장자』에서 유래한 것으로 신유한이 생각하는 최성대 시의 특징이자 시가 나아가야 할 방향이었다. 추상적인 이념에 갇히는 게 아니라 천지, 만물, 거리의 민요 등에 담겨 있는 '진'을 따다 시에 얹어내야 한다. 최성대와의 만남 이후 신유한은 시 세계를 점차 바꿔나갔다. 세월이 갈수록 신유한의 시는 의고성이 옅어졌다. 대신 자신의 진솔한 감정, 주변 사물, 인간에 대한 세심한 관심이 그의 시에 더해졌다. 이는 그가 애초에 『초사』에서 발견한 '마음의 소리'이기도 했다.

신유한에게 고문, 고시는 어디까지나 도달해야 할 경지이고, 그대로 따라야 하는 규범은 아니었다. 점차 그는 고문, 고시를 그대로 모방하는 것을 넘어 그 안에 담긴 '진', 곧 천기와 마음의 소리를 획득하는 방식에 관심을 기울이며 자신의 문학에 실현하기에 이른다.

글은 글일 뿐

신유한이 당대 문사들에게 논란을 불러일으켰던 또 다른 이유는 도와 문이 별개의 것이라는 그의 입장 때문이었다. 지금 우리에게는 당연한 것이지만, 옛 문사들은 문학을 도와 따로 떼놓고 이야기할 수 없으며 문학은 도를 반영해야 한다고 생각했다. 조선 후기에는 많은 문인이 이러한 경향에서 일탈하는 흐름을 보였고, 신유한은 그중 한 사람이었다.

더구나 신유한이 성장한 영남의 보수적인 분위기를 생각해본다면 그의 문풍은 그야말로 파격적인 것으로 이해할 수 있다. 주지하다시피 영남은 퇴계 이후 강한 도학적 전통을 지닌 지역이다. 퇴계는 주희의 문학관을 계승하여 도와 문을 일원론적으로 파악했다. 시는 말기末技에 불과하지만 성정性情에 근본한다는 점에서 그 가치를 인정했으며,[27] 문학을 공부하는 것은 곧 마음을 바로잡기正心 위한 효용성을 가져야 한다며 문학을 제한적으로 긍정했다.[28] 이러한 목적 없이 문예에만 치중하거나 기이한 문장을 일삼는 것[29]은 지양해야 할 행위로 규정했다.

18세기 퇴계 학단의 중추적 인물이었던 이상정李象靖(1711~1781) 역시 문학의 폐해는 불가 못지않다고 지적하며 평탄한 주희의 문장을 익힐 것을 주장했다.[30] 이 발언은 당시 영남 문단 일반을 대표하는 견해로 봐도 좋을 것이다. 신유한의 등장은 이러한 문단에 균열을 가했다.

> 유자儒者들이 점잖게 말하기를, 장자가 글을 지어 공자를 모욕했다고 한다. 이 「도척」한 편에 이르러서는 이것을 통째로 들어서 물과 불 속에 던지며 말하기를, "장주란 놈이 감히 하늘을 훼손시키고 해를 헐뜯는구나"라고 한다. 그중에 한두 사람이 장자를 위하는 자가 있어 말하기를, "「도척」을 지은 자는 장자가 아니요, 장자의 의도는 공자를 받드는 데 있소"라고 한다. 나는 모욕하는 것이나 받드는 것이나 모두 어떤 의도에서 나왔다고 보는데, 장자에게는 이러한 것이 없다고 생각한다. (…) 가령 장자가 이 편을 지었다 해도 문자환文字幻에 지나지 않는 것이다. 후인으로서 장자를 본뜨려는 자는 마땅히 다시 환중사幻中事를 만들어야 할 것이다. 장주인가, 나비인가. 내가 그대와 함께 고무鼓舞하며 보는 것은 모두 환幻이다.[31]

18세기를 전후하여 다양한 사상이 중국을 통해서 들어왔지만 공공연하게 『장자』를 문학에서 인용하는 것에 대해 불편해하는 사대부가 여전히 많았다. 신유한은 『장자』를 일정한 의도가 담긴,

즉 사상적인 성격이 강한 텍스트로 보는 것 자체를 거부했다. 이 글에서 다루고 있는 「도척」은 도척이 공자를 위선적인 도둑으로 비판하는 부분인데, 내용이나 구조 면에서 소설과 흡사하다는 평가를 받아왔다. 신유한은 여기서 더 나아가 「도척」 편을 포함한 『장자』 전체를 문자환, 즉 상상력이 발휘된 문자 유희에 불과한 것이라고 여겼다. 따라서 『장자』에 대해서 이단이라고 공격하거나, 공자의 도에 합당하다고 논하는 일 자체가 의미 없다는 것이다. 그는 공자의 도를 영원히 빛나는 태양으로, 장자는 비, 눈, 구름, 무지개 등 온갖 기후의 변화로 비유했다. 도는 도, 문은 문, 각각의 자리가 있기에 서로 문제 될 것이 없다는 주장이다.

이러한 견해를 따르면, 『장자』가 이단이기에 문장에 쓰지 말 것을 주장하는 논의나 유가의 도를 보완해주기에 문장에 쓸 수 있다는 논의 모두 의미가 없어진다. '문학'을 단지 '문학'으로 볼 것을 주장하는 신유한의 입장은 「이소」에 대한 논의에서도 반복된다. 그는 「이소」를 도리道理의 관점으로만 이해하려는 주희의 『초사집주』 주석에 아쉬움을 표하고, 「이소」의 언어가 함축성이 깊고 비유가 많다는 점에서 지극히 문학적인 텍스트임을 환기시켰다.[32]

한편 유가적 이데올로기를 평이한 언어로 전하는 텍스트를 문학으로 분류하는 것에 대해서는 거북함을 느꼈다.

천하에 이것 이외에 문文이라고 칭하는 것 중 하나가 유가의 훈고학이니 이 또한 근원이 있는 것입니다. 공자가 「계사전繫辭傳」과 『효경孝經』을 지으신 이래, 증자·자사의 『대

학』『중용』에 이르기까지 이치를 궁구하고 천성을 다하도
록 사람을 가르치셨습니다. 이 때문에 차근차근 명을 내
릴 적에 반드시 '之' '乎' '者' '也' 등의 글자로 도움받아, 온
천하로 하여금 집집마다 행하고 실천하게 하기를 마치 곡
식이 물이나 불과 같이 많게 하셨으니, 이것은 성인의 설
교의 말씀이지 내가 말하는 문文은 아닙니다.[33]

송대 어록체 문장을 문학의 범주에서 제외시켜야 한다는 논
의는 진한고문을 전범으로 추구하는 여타 문인들에 의해 빈번
히 제기된다. 그러나 신유한은 여기서 더 나아가 선진고문인 「계
사전」을 비롯해『효경』『대학』『중용』까지를 문학의 범주에서 제
외시켰다. 이상의 글들은 조사를 많이 동원해 최대한 알기 쉽게
교리를 설명한 것으로, 문학이라고 말하기 부적절하다는 것이
다. 반면『논어』는 공자의 일거수일투족을 잘 기록하여 사가史家
의 체를 얻었기에 문장의 전범으로 인정했다.[34] 이처럼 그에게 있
어 문학의 언어와 설교의 언어는 다른 차원의 것으로 인식되었
다. 그의 문학론은 재도론載道論에서 이탈해 문을 도에서 분리하
고 각자의 존재를 인정하는 데로 향하고 있었다.

문을 도에서 분리하려는 움직임은 비단 신유한에게서만 발견
되는 것은 아니다. 18세기 문학은 정주학적 이념 밖으로 한 걸음
내디뎠다. 이전 시대 문학은 '도문일치道文一致'라는 관점에 입각하
여, '유가-성리학적 가치'에 부합하는 '치세 이념'과 '심성 수양'을
드러낼 때에만 비로소 가치 있는 것으로 인정받았다. 18세기를
전후하여 문학은 문학 그 자체로 추구할 만한 가치가 있다는 논

의가 곧잘 제기되기 시작했다. 신유한도 이러한 경향을 나타내는 문인 중 한 명으로 우리 문학사에서 주목을 받아왔다.

그런데 신유한은 문학의 가치를 인정하는 것에서 한 발 더 나아가 문학을 추구해야 하는 당위에 대해 다음과 같이 설명한다.

> 부귀와 공업은 남에게 달려 있는 것이지 나에게 달려 있지 않으며, 오로지 문장만이 남에게 달려 있지 않고 나에게 달려 있음을 알겠도다. 나에게 달려 있는 것은 본분이 아니겠는가.[35]

그는 문장이야말로 내가 온전히 성취할 수 있는 유일한 것이라고 정의하기에 이른다. 조선시대 일반적인 사대부라면 존심存心, 진덕進德 등 심성 수양을 본분으로 삼았을 것이다. 신유한의 사유는 이미 성리학적 사유의 궤도 밖에 놓여 있었다. 그가 주목하는 문학의 가치는 문학이 세상에 어떠한 역할을 하는지의 효용성과는 이미 상관없다. 문학은 '나'라는 존재를 증명해줄 수 있는 것으로 그 자체로 막중한 가치를 지니며, 따라서 문장을 최고의 경지에 이르게 하는 것은 중요한 과업으로 인식된다. 이러한 신유한의 발언은 18세기 변화하는 문학의 장을 배경으로 한 것이면서 동시에 좌절한 그의 삶에서 비롯한 것이다. 그의 말대로 문장만이 신유한의 삶 속에서 성취할 수 있는 유일한 것이었으니 말이다.

2

『산해경』을 펼치며 세상 밖을 신유하네

선진양한의 산문에 관심이 높았던 만큼 신유한은 기존에 이단으로 치부되었던 도가, 불가와 같은 서적에 깊이 경도되었다. 이 때문이었을까. 주위에서 이단을 숭상한다고 비판을 받기도 했다.[36] 젊은 시기부터 신유한의 문학에서는 『장자』의 흔적이 농후하게 감지된다. 보잘것없는 자신을 「소요유」에 나오는 뱁새로 묘사하면서, 어떻게 하면 붕새를 만나 멀리 날아보겠냐며 경화 문사들의 인정을 에둘러 요구하는 문법은 그의 글에서 흔히 발견된다.

　『장자』의 광달한 세계관, 상상력에 대한 신유한의 경도는 한생韓生이란 자에게 준 「비추당기比鰍堂記」에서 살펴볼 수 있다. 한생은 신유한의 외숙 창연蒼淵 김중겸이 성환 찰방으로 부임했을 때 그와 종유한 바 있다. 그는 처음에 자신의 당을 피라미의 즐거움이라는 뜻으로 '낙호당樂濠堂'이라 이름했다. 『장자』의 이야기를 인용하여, 조그마한 당이지만 유유자적하게 지내겠다는 뜻을 표했다. 그런데 한생은 김중겸의 기문을 받고는 포부가 커져 추鰍, 큰 고래로 바꿔 당 이름을 짓고자 했다. 신유한은 다음과 같이 말한다.

이제 그대가 바닷가에 당堂을 짓고 안개 노을과 더불어 살고 섬 사이서 노닌다면 집의 처마 사이에서 삼신산을 얻고 잃을 수 있을 것입니다. 그대가 장차 바다를 따라가보면 시야는 확 트이고 마음은 아득하지만, 서쪽으로는 청제靑齊에 이르지 못하고 동쪽으로는 이주夷州, 단주亶州에 이르지 못하는 것은 공간에 한계가 있기 때문입니다. 그대가 당에 이름을 붙이고 거처에 집을 지어서 멍하니 궤안에 기대앉아 고요히 글을 쓰면서도 바다를 육지와 같게 보고 사람을 하늘과 같게 여기며 지금을 옛날과 같이 본다면 문을 나서지 않아도 구주九州를 알게 될 것입니다. 이는 바로 경지에 한계가 없기 때문이지요.[37]

한생에게 전달하는 「비추당기」는 건물 소유주의 덕성을 찬미하거나 건물의 명칭에 대해서 의론하는 기문의 전통에서 벗어나고 있다. 작은 당堂에 무한의 공간을 뜻하는 '추鰍'로 이름을 짓는다는 것이 적절할까. 이 당이 바닷가에 위치한다 하더라도, 바다의 양 끝을 두루 다 가볼 수 없다. 현실의 공간은 늘 한계가 있는 법이다. 신유한은 인식의 경계를 확장한다면 좁은 당 안에 앉아서도 천하를 다 파악할 수 있다고 답을 내놓았다. 즉 피라미같이 작은 공간이라고 하더라도 경계에 얽매이지 않는 사유를 통해 고래가 될 수 있다는 것이다. 『장자』의 광달한 세계관을 끌어들여 신유한은 인식의 경계를 넘어설 것을 당부했다. 이는 한생에게 주는 조언이자 자신의 지향을 드러낸 말이기도 하다.

신유한은 자신의 삶과 문학적 지향을 드러낸 「추회부」 서문에서 스스로를 '방외方外에서 노니는 자'로, 즉 방외인으로 규정하기도 했다. 일반적으로 방외인은 김시습金時習(1435~1493), 남효온南孝溫(1454~1492), 김병연金炳淵(1807~1863)처럼 세상의 윤리, 사회 규범을 비판하고 현실 체제에서의 초탈을 시도하는 이들로 이해되어왔다. 신유한의 '방외'는 이들처럼 삶에서 직접 실현하는 것은 아니었다. 그는 '방내'에 머물면서 '방외'로의 확장을 시도했다. 그렇기에 그의 '신유神遊'는 세상의 상식, 고정관념을 넘어서는 인식의 전환으로서의 의미가 크다.

물론 그의 방외 개념 또한 현실에 대한 부정적 인식을 내포하고 있다.

내 생각건대 전국시대에는 지혜, 능력, 학술, 기개가 비상한 인재가 잇달아 나왔다. 책사, 변사로 공명이 있어 역사에 실린 자들은 모두 부유함으로 멸족의 화를 당하고, 지체가 높았지만 다섯 수레로 찢어지는 형벌을 당하고, 천호의 제후가 되더라도 다섯 솥에 삶아지는 경우가 천하에 가득하였다. 공명, 부귀가 수재나 화재보다 참혹하다는 것을 알면서도 그 사람들은 일찍 알아차리지 못하였으니, 황금을 움켜쥘 때는 주변에 사람이 보이지 않는 것과 같다.

이에 비로소 열자와 장자 두 군자의 흉중이 진실로 물에
빠지지 않고 불에 태워지지 않는다는 것을 알게 되었다.
그 삶이 천지와 함께하고 그 모습이 만물과 함께하며 그
정신이 조화와 더불어 노닐며 그 발자취가 풍운과 더불어
가며 그 말이 금석처럼 두드리면 울리고 그 글은 초목처럼
피어났다. 이와 같다면 세상의 물과 불이 이를 수가 없으
니 어지러운 나라에 살면서 문을 나서지 않은 채 육합의
밖에 소요하였다. 아아! 또한 진짜 선인이 아니겠는가.**38**

신유한은 열자와 장자의 글을 읽고는 그들의 말이 육경과 다
르고 사방이 아득한 것이 그 유래가 어디에 있는지 질문을 던졌
다. 예컨대 열자가 바람을 몰고 다녔다는 것이나, 장자가 말하는
'홍수가 나 하늘까지 물이 차도 빠지지 않고, 금석이 녹아내리고
산이 탈 정도의 뜨거움에도 고통을 느끼지 않는' 신인이 현실에
서 가능한 것일까. 생각해보니 장자와 열자가 살았던 전국시대는
비상한 인재들이 부귀영화에 현혹되어 화를 자초하는 일이 비일
비재했다. 열자와 장자의 정신은 천지조화에 노닐며 현실의 소소
한 것들에 연연하지 않았으므로 세상의 화가 미칠 수 없었다. 신
유한은 이들의 광달한 정신세계와 상상력을 혼란한 세상에 대한
일종의 대응으로 이해했다. 그러므로 이들이 노닌 신선세계란 실
제 존재하는 것이 아니고, 좁은 방 안에서도 신유를 통해 도달할
수 있는 상상의 공간이다. 그는 열자와 장자의 글을 초록하고, 각
각의 출신 지역을 따서 『정몽선서鄭蒙仙書』라는 책을 엮었다.

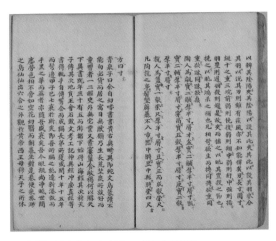

『동화잡록』, 양아자, 35.4×24.2cm, 일본 동양문고.

　이처럼 장자나 열자를 학문적으로 이해하거나 종교적으로 믿기보다는 자신의 불우를 위로하고 자유로운 상상력을 옹호하는 맥락에서 신유한은 그들의 사유에 공감했다. 인식의 한계를 넘어서려는 시도는 신이한 세계에 대한 관심으로 이어졌다. 양아자陽阿子라는 이가 편찬한 『동화잡록東華雜錄』[39] 말미에는 신유한의 글이 실려 있다. 이 글에 따르면 신유한은 35세에 서울에서 노닐다가 처음으로 『산해경』과 『목천자전穆天子傳』, 그다음으로 『관자管子』「지원地員」, 『일주서逸周書』「왕회王會」, 석고문, 『주례周禮』의 「동관고공기冬官考工記」, 『신이경神異經』과 『충허진경沖虛眞經』(『열자列子』) 등의 책을 차례로 얻어 보아 필사하여 읽었다고 한다. 명청대의 서적을 통해 이들 책을 접했을 가능성이 있다.

　물론 신유한은 애초에 문예의 차원에서 이들 서적에 접근했을 것이다. 『산해경』『목천자전』『신이경』『열자』는 모두 이계의 신이

한 동물, 신선과의 만남을 다룬 서적이지만, 「지원」은 각 지역의 토양의 성질과 물산을 다룬 것이며 「동관고공기」는 각종 기물 제작에 관한 내용을 담고 있다. 임박에게 주는 서신에서 신유한은 「동관고공기」『산해경』『주서』『목천자전』 등을 기물記物의 글이라 칭하며, 이 서적들의 글이 옥벽玉璧같이 빛나고 음율은 옥소리와 같으며 천지, 고금을 두루 다루고 있다고 평가한 바 있다. 그는 기물 및 동식물, 이역의 명칭을 익히고 고문의 독특한 문풍을 학습하는 데 이들 서적을 활용했으리라 생각된다.

그럼에도 신유한은 『산해경』『열자』『목천자전』『신이경』 등의 서적을 읽어가며 차츰 현실 세계에 대한 초월과 신이한 세계에의 유람을 자연스레 꿈꾸게 되었으리라. 만년에도 그의 안광眼光은 여전하여 아침저녁으로 이들 책을 읽었다고 한다.

> 산남 땅 열 마지기 전원에다가
> 됫박만큼 조그만 집을 지으리
> 손으로 『산해경』을 펼쳐 읽으며
> 정신은 온 세상 밖 노닐어보리
> 山南十畝田, 築室如斗大.
> 手展山海經, 神遊八荒外.
> _「동음 임사군에게 5언 10절을 주다崟洞陰任使君 五言十絶」

연천에서 신유한은 임용任瑢에게 시를 주며 가야산으로 돌아가 그곳에서 『산해경』을 읽으며 여생을 보내겠다는 뜻을 전했다. 몸은 조그마한 집에 의지할 뿐이지만, 신유한은 옛글을 읽으며 저 너머의 세계로 멀리 날아오르는 꿈을 꾸었다.

모든 것은 물거품이다

성섭成涉(1718~1788)의 『필원산어筆苑散語』에 따르면 신유한은 전생에 청도淸道 운문사雲門寺의 승려였는데 도를 닦아 환생해서 큰 지혜를 얻어 문장을 짓고 과거에 급제했다고 한다. 만년에는 집에 있으면서 바리때를 들고 승려처럼 먹었으며 자기 집을 사찰로 꾸몄다고 한다.[40] 성섭이 전한 신유한의 이야기가 어디까지 진실인지는 알 수 없다. 하지만 불교에 대한 신유한의 경도는 조선 사대부들 중에서도 남달랐음이 분명하다.

그는 불경에 박식했고 승려와의 교유도 꺼리지 않았다. 이는 그의 성장 배경과 무관하지 않다. 밀양은 영정사靈井寺(이후 표충사表忠寺로 불림), 영원사瑩源寺, 만어사萬魚寺 등을 중심으로 일찍부터 불교가 융성하여, 사명대사를 비롯해 여러 고승을 배출했다. 이런 환경 속에서 성장한 신유한은 어린 시절부터 자연히 불교에 무젖었던 것으로 보인다. 더구나 해인사의 백련암에서 1년간 과거시험에 대비하면서 고승들과 교류할 기회를 가질 수 있었다.

> 금빛 모래 참으로 빼어난 풍경
> 걸음걸음 우담화 날리우네
> 천축의 달에 마음 귀의하고저
> 가사를 받는 꿈을 꾸었었지

金沙信奇絶, 步步曇花飛.

歸心天竺月, 夢納迦梨衣.

위의 시는 「금사곡 기초상
인金沙曲 寄初上人」이라는 제목으
로 남아 있는데 연초상인演初上
人을 처음 만나 증여한 것으로
추측된다. 연초演初(1676~1750)
는 1676년(숙종 2년) 5월 1일
경상도 자인현慈仁縣, 지금의
경상북도 경산군에서 태어났
으며 성은 백씨白氏이고 호는
설송雪松이다. 사명 유정의 법
손인 명암銘巖 석제釋霽에게 수
학했고, 조선 후기 불교계를
주도한 환성喚醒 지안志安의 법

「설송당 연초 진영」, 123.9×81.8cm, 1854, 국가
문화유산포털.

통을 이었다. 그는 경학經學에 조예가 깊어 칭송을 받았다. 사명
유정의 출생지 밀양에 세워진 표충사가 1738년 국가로부터 정식
사액賜額 사우로 지정되었을 때 초대 원장으로 제수되었다. 대제
학 이덕수李德壽, 좌의정 조태억과의 교분이 있었고 입적한 뒤에
이천보가 그의 비문을 찬했다.[41]

신유한은 연초를 자신의 '방외우方外友'라고 칭할 정도로 그와
의 교분이 두터웠다. 신유한의 문집에는 그에게 증여한 시 5수,
서신 하나가 남아 있다. 이들이 처음 만난 것은 신유한이 20대

중반 해인사 백련암에서 과거시험을 준비할 무렵으로 거슬러 올라간다. 이때 연초는 전남 고흥의 능가사楞伽寺에서 청도 운문사雲門寺로 출발하던 길에 신유한을 만났던 것으로 추측된다. 이들은 시를 주고받으며 반가움을 표했다. 이후 이들은 각각 18세기 조선을 대표하는 시인과 고승으로 성장하게 되었다.

> 청산은 끝없는데 한 줄기 물 흘러가
> 강성에서 송별하니 풀빛에 근심 서려
> 속세 떠나는 그대 붙들 수 없어
> 달밤이면 청도의 누대 서로 그리우리
> 靑山無盡一溪流, 送別江城草色愁.
> 君去煙霞停不得, 月中相憶道州樓.
> _도주의 성루에서 연초 상인과 작별하다道州城樓別演初上人」

신유한은 나이 32세 때 청도에서 다시 연초와 만나게 되었다. 반가움도 잠시, 곧 이별을 맞이하게 되자 신유한은 그에게 위의 시를 주었다. 정지상鄭知常의 「송인送人」을 연상하게 하는 작품이다. 이후 연초는 신유한에게 암자의 기문을 청탁하거나 그의 제자 남붕南鵬을 통해 『분충서난록奮忠紓難錄』 편집을 의뢰하면서 그와의 인연을 이어나갔다.[42]

불교에 대한 신유한의 생각은 담장로 겟신 쇼탄과 주고받은 서신에서 구체적으로 확인할 수 있다.[43]

'유학과 불교는 자취이고 근원이 되는 도는 하나다'라고 하신 말씀은 더욱 마음을 상쾌하게 합니다. 저는 비록 노둔하지만 일찍이 선가의 정혜定慧는 절로 동정과 근엽根葉이 있어 유가의 충서忠恕에 응한다고 들었습니다. 그 요지는 다만 거짓된 마귀를 제거하고 망상을 막아 마치 고양이가 쥐를 잡듯 닭이 알을 품듯 본원의 자리가 늘 한 조각의 허명虛明을 보전하여 조금도 가릴 수 없게 하는 데 있습니다. 이른바 본원의 자리란 곧 나와 남이 함께 가지고 있는 하늘인 것입니다.

하늘이 참된 마음을 낸 이래로 해와 달이 비추고 이슬과 서리가 내리며 배와 수레가 통행하는 것이니 무엇이 나의 하늘이 아니겠습니까? 본원이라는 것은 내가 남과 함께 하늘에게서 얻는 것입니다. 하늘이 본성을 내린 이후로 일월이 비추고, 서리 이슬이 내리고, 배와 수레가 통하여 어디를 가든 나의 하늘이 아닌 것이 없습니다. 본원이 이미 밝아지면 만물이 모두 빛나 이로써 집에 거처하고 이로써 나라를 받들고 이로써 다른 이와 어울리는 것이 모두 활발한 근원에서 나옵니다. 일체 끊임없는 잡념과 자질구레한 뜻은 애초에 그 사이에 머물지 못하게 됩니다. 유학과 불교가 힘쓰는 것은 이와 같을 뿐입니다.[44]

신유한은 일본 사행에서 담장로와 국경을 넘는 깊은 교유를 하며 유학과 불교가 자취는 다르지만 도는 하나라는 논리에 공감했다. 본원의 마음을 지켜 망상과 잡념을 제거하는 것이 바로 유가와 불가의 공통된 목표라는 것이다. 쇼탄은 신유한이 불교에 박식한 것에 놀라며 그와 불교에 관한 문답을 이어나갔다. 그는 불교의 도는 괴이하고 요망한 술법이나 현모하거나 기이한 일이 아니라 신유한이 말한 대로 마음을 지키는 것뿐인데 오늘날 도가 점차 낮아지고 쇠퇴하게 되었다고 답했다. 신유한은 쇼탄의 논의를 이어받아 화두에만 매달리는 선종의 수행 방식이 잘못된 깨달음을 유도할 수 있다고 비판했다. 이는 유학의 박문약례博文約禮, 즉 널리 배우고 실천하는 것을 경시하고 존양存養만 강조하는 양명학의 폐해와 같다는 것이다. 그는 유학이나 불교 모두 시대에 따라 폐해가 발생하기 마련이며 원래의 도가 그릇된 것은 아니라는 관점을 보였다.

불교에 대한 신유한의 선호가 널리 알려졌던 모양인지 여기저기서 승려들이 찾아와 그에게 글을 청탁했다. 「고운사사적비孤雲寺事蹟碑」 「법광사석가불사리탑중수비法廣寺釋迦佛舍利塔重修碑」 「낙암대사비명洛巖大師碑銘」 「반룡사내원암누각창건기문盤龍寺內院菴樓閣創建記文」 「염불계서念佛契序」 등의 작품을 저술했고 『분충서난록』에 주를 달고 직접 고증하는 작업도 수행했다. 조선 사대부로서는 불교와 관련된 글을 상당히 많이 저술했다고 하겠다.[45]

이 중 『분충서난록』은 임진왜란 때 승장으로 활동한 사명四溟대사 유정惟政(1544~1610)의 일기, 상소문 등의 기록이다. 1739년, 승려 남붕이 표충사를 사액하고 부역을 면제해달라며 청원을 올리면서 이와 함께 『분충서난록』 간행을 주도했다. 남붕은 사명의 5대 법손이자 연초의 직통 제자이기도 하다. 영의정 김재로金在魯는 남붕의 요청을 받고 신유한에게 교정과 산삭 작업을 맡겼다. 통신사행으로 일본에 대해서 익히 알고 있고 불교에 대한 조예

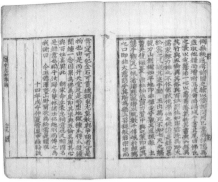

『송운대사 분충서난록』, 29.8×20.5cm, 국립중앙박물관.

가 깊어 누구보다 적임자라고 생각했기 때문이다.

신유한은 순서 없이 뒤섞여 있는 문서들을 여러 도서를 통해 상고하고 정리하여 체재를 갖추고 평석을 달았다. 사서史書를 참조했을 뿐 아니라 일본 사행에서 직접 보고 들은 경험을 반영했다. 또 일기 뒷부분에는 『지봉유설』『어우야담』『순오지』 등 사명당의 사적을 덧붙였다. 열흘 만에 편찬을 마쳐 표충사에서 간행했다.

부처의 가르침은 정혜定慧로 마음을 다스리고 자비로 만물을 구제한다. 그 글은 육경과 다르고 그 행실은 오륜과 다르며 그 습속은 백성과 다르다. 사는 것은 산 위의 구름과 같고 죽는 것은 들불과 같아서 유가에서 극력 배척하기를 마지않는다.

『분충서난록』의 서발문을 쓴 다른 문사들은 어디까지나 유자와 치자로서의 입장으로 사명당을 바라보았다. 김재로는 불가를 배척해야 마땅하지만 사명대사의 충심은 기릴 만하다고 언급했다. 이조참판 윤봉조尹鳳朝는 사명당이 수염을 깎지 않은 것은 바로 마음으로 신체발부를 훼손하지 않으려는 유자의 도리를 따른 것이라 했다. 이들은 어디까지나 불가의 도를 부정하면서 사명대사의 충심은 예외적으로 인정해야 한다는 데 초점이 맞춰져 있었다. 신유한의 글도 이들과 비슷한 논조로 시작하고 있다. 하지만 뒤이어 전개된 논의는 여타의 문인들과 그 방향이 다르다.

> 그러나 불교를 배우는 무리에게 이 기록을 읽어 송운의 기풍을 사모하게 한다면, 맨손으로 임금에게 충성을 바치며 만 번 죽음에 나아가면서도 칠 척 자기 몸을 아랑곳하지 않고 가혹한 형벌을 편안하게 여겼던 것을 본다면 곧 선정禪定이 아니겠는가? 그 지성으로 임금께 보답하고 하늘에 맹세하여 원수를 갚고 종묘사직을 근심하고 생령을 구하며 힘껏 중흥의 계책을 도왔던 것을 본다면 곧 진정한 지혜가 아니겠는가? 돛단배 한 척으로 푸른 바다를 건너 여러 번 오랑캐 왕을 힐난하여 수천의 포로가 된 백성을 고래와 악어의 입에서 구출함을 본다면 곧 대자비大慈悲가 아니겠는가?

사명대사의 행동 하나하나는 선정, 진혜, 대자비를 실현한 것이다. 신유한은 불도들이 『분충서난록』을 읽는다면 진정한 불도를 깨달을 것이라고 표면적으로 이야기하고 있지만, 그의 언술은 불교의 가르침이 허황된 것이 아니라 세상에 기여하는 바가 있음을 유자들을 상대로 설득하는 것으로 이해되기도 한다.

> 이야말로 무상보리無上菩提에 이르는 반야의 종법이라, 우뢰도 범할 수 있고 금석도 뚫을 수 있으며 무쇠 이마의 치우蚩尤도 감히 강함을 다투지 못할 것은 바로 이 물건이다. 이대로 따르면 천당에 오를 것이고 이를 어기면 지옥에 떨어질 것이다. 오이를 심으면 오이를 얻고 종을 치면 종소리를 울리듯이 한 생각의 인과로 인해 부처도 되고 중생도 되는 것이다. 곧 그 법이 오륜과 무엇이 다르며 그 마음이 백성과 어떻게 다르다고 하리오. 이것이 조정에서 명하여 표충사를 세우게 한 뜻이며 또한 상국께서 책 제목을 붙인 뜻이다.[46]

뒤이어 다소 과장된 어조로 사명대사의 행적을 칭송했다. 사명대사는 최고의 깨달음의 경지인 무상보리에 도달할 수 있는 반야, 곧 지혜를 얻은 자다. 그는 반야의 종법을 따르는 불가의 수행이 오륜을 따르는 유가와 별반 다르지 않다고 말했다. 여타 문인들이 예외적으로 사명대사의 행적이 유가의 도에 합쳐진다는 것을 인정해주었다면, 신유한은 사명대사의 행적이 어디까지나 불교의 교리를 실천한 것이라 하면서, 나아가 불교와 유학의 도가 크게 다르지 않다는 견해를 제시했다. 표면상으로 보자면 신유한의 언술 역시 유자의 입장을 벗어나지 못한 듯하지만, 그 이면에는 불교에 대한 깊이 있는 이해와 존중이 깔려 있다.

『사명당 유정 진영』, 비단, 99.3×77.7cm, 동국대
박물관.

이러한 신유한의 태도는 연천 현감 시절 작성한 염불계念佛契에 대한 서문에서도 발견된다. 염불계는 '염불을 통해 극락왕생하고자 하는 사람들의 결사結社'로 조선 후기에 널리 유행했다. 염불계에 대해 사대부가 서문을 붙이는 예는 극히 드물다. 신유한은 이 글에서 반복해서 염불하는 것을 통해 득도하는 방법이 유가의 학문 방법과 다르지 않다고 주장했다. 아울러 중생을 개과천선으로 인도하는 불가의 정신도 유가와 크게 다르지 않다며 포용하는 태도를 보였다. 다만 말미에 부처의 신령에 힘입어 복을 구하는 행위는 불가의 원래 정신에 어긋나는 것이라며 비판적인 시선을 덧붙였다. 염불계의 모임이 단순한 구복을 넘어 석가의 원래 가르침을 실현하기를 격려한 것이다.

승려에게 증여한 신유한의 글은 평소 불경에 대한 그의 연찬이 어느 정도였는지를 짐작하게 한다. 신유한은 스스로도 불교에 크게 심취해 있었다. 서울에서 관직을 하며 셋방살이할 적에는 『금강경』『원각경』『유마경』 등 불경을 가득 쌓아놓고 읽곤 했다.[47] 55세 때 최성대에게 보낸 서신에서는 자신의 신세를 한탄하며 아래와 같이 말했다.

병들어 누워 있는 여가에 다만 『금강경』 한 부만을 읽고 있습니다. 이는 제일의 공부이니, 과果를 가지고 인因을 돌리며, 공空을 가지고 멸滅을 드러내니 조금 위로가 됩니다. 석가의 말에 "이 세상의 모든 현상은 꿈과 같고 허깨비와 같고 물거품과 같고 그림자와 같고, 또한 아침 이슬이나 번갯불과 같으니, 응당 이렇게 살펴보아야 할 것이다" 하였으니, 절로 이 말에 복종하게 됩니다.[48]

세상의 만물은 인과로 엮여 있다. 그러면서 동시에 세상은 모두 허상이다. 허상에 대한 집착을 버리라는 『금강경』의 가르침은 신유한의 마음을 다스리고 불우한 삶을 위로하는 데 유용했을 것이다.

사실 신유한이 활약했던 18세기에는 불교를 대하는 분위기가 엄격하지 않았다. 영조는 유교 국가로서의 위상을 정립시키면서도 불교에 대해서 온건한 태도를 보였다. 유도가 융성해지면 이단은 자연히 종식된다고 믿었고 승려들의 도성 출입을 허용했다. 신유한이 보인 불교에 대한 호감은 이러한 사회 분위기와 맞물려 있다 할 수 있다. 그렇다 하더라도 주위 문인들의 시선에서 불교에 대한 신유한의 심취는 유별나 보이는 것이 사실이었다. 신유한은 당시 사대부들에게 이단에 빠졌다는 비판을 받기도 했다.

대구의 선비 최흥원崔興遠(1705~1786)은 자신의 일기에서, 아들이 백일장에 갔다가 신유한이 시험관인 것을 보고는 응시하지 않고 돌아온 일화를 기록하고 있다. 그 이유인즉슨, 신유한이 불교를 숭상하는 자이기에 그 밑에서 시험을 치를 수 없다는 것이었다.[49] 신유한이 불교에 빠졌다는 것은 공공연히 알려진 이야기이고 유생들의 반발도 컸다는 것을 알 수 있다.

안동의 유학자 이상진李象辰(1710~1772)은 좀더 구체적인 이야기를 기록하고 있다.

> 연일 현감으로 재직한 것이 모두 4년이었는데 신유한은
> 왕왕 불전 앞에 나아가 꿇어앉아 스스로를 노화상이라
> 칭하고, 아전과 백성 또한 대선사大禪師라고 불렀다. 이는
> 그가 재주를 믿고 자만하다가 스스로 명성과 지위가 미천
> 한 것을 한탄하여, 짐짓 가소로운 방외인의 자태를 하며
> 자신의 불만을 해소하려는 것이 아니겠는가.[50]

이상진은 1749년에 경주에 갔다가 그곳 사람들이 신유한의 문장이 고고高古하다고 칭송하는 것을 듣고는 신유한의 문장과 기이한 행적을 비판하는 글을 썼다. 당시 신유한은 연일 현감으로 재직하고 있었으므로 신유한이 불교에 귀의했다는 이상진의 증언은 근거 없는 말이 아닐 것이다. 그는 신유한이 유도儒道를 외면하며 해괴한 짓을 벌이는 것에 대해 상당히 비판적인 뉘앙스를 취했다. 그럼에도 방외인을 자처하는 그의 행적이 불우함에서 비롯된 것임을 제대로 파악한 발언이라고 할 수 있다.

뛰어난 재주를 품었다고 자부했지만 세상에 용납되지 못했던 신유한, 최종적으로 그의 마음을 위로해주었던 것은 바로 '모든 것은 물거품이다'라는 불가의 가르침이 아니었을까.

노승과의 이야기

불교에 경도되었기 때문일까. 신유한에게는 유독 노승과 얽힌 일화가 많이 남아 있다.

신유한이 영남의 대구에 살았는데, 하루는 문 앞 소나무 아래에서 더위를 피하고 있었다. 어떤 나이 많은 승려가 지나다가 신유한의 집이 어디인지 물었다. 신유한이 말했다.

"스님은 무엇 때문에 그를 만나려 합니까?"

"글을 잘하기 때문이오."

신유한이 말했다.

"스님도 글을 잘합니까?"

"그렇소."

신유한이 말했다.

"요새 듣기로 신군은 집에 없다고 하니 가실 것 없고, 여기 계시면서 이야기나 하시지요."

"좋소."

신유한이 말했다.

"저도 조금 문자를 압니다. 문장의 높고 낮음은 모르지만 스님의 시를 한번 듣고 싶습니다."

"만약 제목을 정하고 운을 부른다면 지어보리다."

신유한이 자리 옆에 있는 바위를 보고 마침내 바위를 제목으로 삼고는 칠언율시를 짓게 하였다. 먼저 중中자를 부르니, 즉시 대답하였다.

"자라가 삼신산을 지고 바다에서 변하니鰲負三山變海中"

다음으로 동東자를 부르니 대답하였다.

"구름 뿌리 한 조각이 우리 동방에 떨어졌네雲根一片落吾東"

신유한이 강운強韻으로 곤란하게 하려고 궁弓, 융戎, 충虫

세 자를 불렀다. 그 승려가 부르는 대로 대답하였다.

용처럼 구불구불 서려 진시황의 채찍질 받지 않고

범처럼 걸터앉아 한나라 장수 활을 당기게 했지

구리 기둥은 하늘 북극을 지탱할 만하니

칼을 갈아 사막 남쪽 오랑캐 베기에 알맞구나

내 장차 여기에 앉아 고래를 낚으려나

임공의 오백 마리 미끼는 필요 없다네

龍蟠不受秦皇策, 虎踞會彎漢將弓.

鍊柱可支天北極, 磨刀宜斬漠南戎.

吾將坐此鯨鯢鈞, 不待任公五百虫.

신유한이 몹시 놀라 탄복하고는 끝내 제 입으로 성명을

말하지 않았다고 한다.⁵¹

이극성李克誠의 『형설기문螢雪記聞』 속 이야기다. 이극성은 이수
광의 6대손으로 성호 이익의 사위이기도 한 인물이다. 이 책은 신
유한 사후 20년 정도 지난 1773년에 저술되었다. 신유한에 관한
글 세 편이 실려 있는데, 한 편은 촉석루 시를 인용하며 신유한의
문명이 뛰어나다는 간단한 평을 담고 있다. 나머지 두 편이 승려

와 신유한의 만남을 다루고 있다. 인용문은 그중 한 편으로 다른 한 편의 이야기 구조도 거의 동일하다. 신유한은 자신의 문명을 듣고 찾아온 승려에게 자신이 신유한이라는 사실을 드러내지 않고 시를 겨룬다. 그리고 뛰어난 승려의 시를 보고 탄복하여 자신의 정체를 끝내 감춘다는 것이다.

이 이야기를 어디까지 진실로 믿어야 할지 모르겠지만, 신유한 생애의 특징적인 면을 어느 정도 반영하고 있다. 멀리서 시인들이 찾아와 그와 겨룰 정도로 신유한의 문명이 뛰어났고, 평소 승려와의 교분이 깊었다는 사실 말이다.

천하제일의 문장

3

홀로 가는 나그네

이제 신유한이 어떤 점 때문에 조선 문단에서 기억될 수 있었는지 그의 문장을 찬찬히 감상해보도록 하겠다. 신유한은 자의식이 무척 강한 문인이었다. 영남 서얼 출신으로 장원급제를 할 만큼 뛰어난 문재를 가졌지만 세상은 그를 알아주지 않았고 불우한 마음은 세월이 갈수록 커져 울화병이 생길 정도였다. 신유한은 지나온 삶을 종종 돌아보는 글쓰기를 하며 자신의 마음을 다잡으려 했다.

신유한은 강한 자의식, 복잡한 내면을 숨기지 않고 문학 속에 쏟아냈다. 자신의 문학세계를 해명하는 글쓰기를 반복했고[52] 지인에게 보내는 서신에서 자신의 지나온 삶과 일상, 불평한 심사를 빈번하게 노출했다. 또 지나온 삶을 관조하고 앞으로의 방향을 성찰하는 장편시를 다수 창작했다.[53] 이들 작품에서 신유한은 특정 이미지를 반복하며 자신의 내면을 형상화하거나 일정한 명

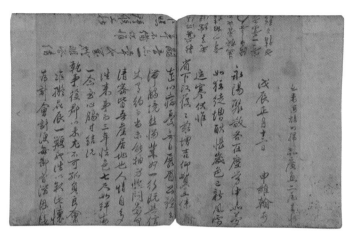

『신유한 간찰』, 31.5×50.6cm, 1748, 부산광역시립박물관.

명을 통해 삶과 문학적 지향을 드러냈다. 신유한의 문학에서 '나'
는 중요한 주제였다.

신유한은 "시는 마음의 소리心聲"라고 정의했는데 이러한 '심성'
은 인위적으로 제어하기 힘든 것이었다. 그는 30대 중반 서울에
서 고령으로 돌아와 조용히 삶을 보내려고 해도 배 속의 시서詩書
가 자신을 가만히 두지 않는다고 고백했다.[54] 이러한 "고질병痼"은
과거를 돌아보고 자기 내면을 토로하는 자술 문학 창작을 이끌
어냈다.

그의 자술 문학, 특히 술회시에서 반복적으로 확인되는 이미지
는 바로 '객'이다. 술회시 중 많은 작품이 길을 가면서, 혹은 객지
에 머물며 지어진 것으로 설정되어 있다. 이는 실제 그의 삶을 반
영하는 것이기도 하다. 출세의 꿈을 안고 그는 밀양, 고령의 집에
서 수차례 서울을 향해 떠났으며, 또 일본 사행을 가거나 지방관

에 제수되면서 길을 걸었다. 그는 길 위에서 자신의 내밀한 감정, 복잡한 내면을 담은 시구를 읊조렸다.

그중 「금일행今日行」(『청천집』 권1)은 총 9수의 연작시로 젊은 시절 신유한의 여정과 귀환의 과정을 형상화한 작품이다. 시간의 흐름에 따라 "객"이라는 인물이 경험하는 생활, 내면의 변화를 노래하는 서사 구조를 지녔다. "3년간 서울 생활을 했다三歲客長安"는 시구를 볼 때, 이 작품은 신유한이 성균관 생활을 정리하고 낙향했던 29세 이후에 지어졌을 것으로 추정된다.

오늘 말을 타고 지나가는 객

사무친 근심 이루 말할 수 없지

집 떠나 만여 리를 가고 가니

한 번 이별에 고향 길 아득하구나

하늘 위 구름 훌쩍 지나가는데

한강에는 돌아가는 나루터 없네

새들은 소매 스쳐 날아가는데

물고기는 구덩이에 갇혀 있구나

今日馬行客, 愁思難具陳.

棄家萬餘里, 一別胡與秦.

浮雲忽已徂, 江漢無歸津.

交交袂上禽, 沾沾窖中鱗.

1수는 고향을 떠나 상경하는 나그네의 모습을 조망하며 시작하고 있다. 청운의 꿈을 안고 오른 상경길이지만 수심만 가득할

「대도도待渡圖」, 전 김득신, 11.5×65cm, 조선 후기.

뿐이었다. 긴 여정으로 인한 육체적 고통보다 더 견디기 힘든 것
은 바로 고향에 대한 그리움이었다.

오늘 멋진 수레를 채찍질하여

장안 큰 거리로 올라가네

장안은 어찌 그리 화려한지

의관이 성대하게 늘어섰구나

금옥 같은 용모에 귀태 흐르고

문식이 층층 전각에 입혀졌도다

높은 누대 날마다 가무 벌이고

화려한 말은 콩, 조 싫증 났네

흔들흔들 명리를 쫓아가는 객

몸을 굽혀 급급히 지나가네

명함 품고 대갓집 앞에 서서는

해 지도록 밥 먹을 여가가 없네

전분, 두영 번갈아 권력 차지하니

이들도 성쇠가 번갈아 드네

부귀영화는 오래 머물지 않으니

귀신이 대갓집을 엿보는구나

今日策高駕, 去上長安陌.

長安一何麗, 衣冠盛簇簇.

金玉貌生貴, 文飾被重閣.

高臺日歌舞, 珂馬厭菽粟.

搖搖名利客, 俯身行遽速.

懷刺立君門, 日昃不遑食.

田竇有相奪, 此輩以榮落.

繁華杳不留, 鬼瞰高明屋.

2수에서는 서울의 풍경을 노래했다. 객은 도성에 들어서자마
자 지방과 서울의 격차를 실감하게 된다. 문물이 풍부하고 사치

가 넘치는 곳, 신유한은 그곳에서 자신을 알리기 위해 고군분투하는 그의 모습을 자조自嘲했다.[55] 하지만 경화의 사족들에게서 인정을 받을 전망은 어둡다. 객의 좌절감은 곧 현실을 비판하는 목소리로 전환된다. 전한前漢 때 권세가였던 전분과 두영의 전고를 통해, 경화사족들이 무분별한 당쟁을 벌이고 있으며 그들의 영화가 영원하지 않을 것이라고 조소했다.

이후 객은 북망산에 올라가 인간의 삶이 유한하다는 것을 깨닫고 출세에 집착하지 말고 고향에 돌아갈 것을 결심한다.(3수) 이후 비로소 귀향하여 빈객들과 함께 연회를 즐기지만(4수) 출세에 대한 꿈은 쉽사리 정리되지 않는다.

> 노래가 끝나니 서글퍼져
> 자리한 이 저마다 술잔 멈추네
> "객은 이인 일로 원망을 하고
> 객은 어인 일로 맘을 상했소"
> "저는 원망하는 것 본디 없고
> 저는 맘 상한 것 또한 없소
> 3년 동안 서울서 객으로 지내며
> 거문고를 헛되이 가져왔을 뿐"
>
> 樂極哀卽至, 四坐各停觴.
> 問客何所怨, 問客何所傷.
> 客本無所怨, 客亦無所傷.
> 三歲客長安, 一琴空作裝.
>
> _이상 「금일행」 중

5수는 객이 연회에서 청상곡淸商曲을 연주하는 장면을 그려내고 있다. 고향에 돌아왔지만 그는 여전히 객으로 존재하며 즐거운 연회 자리에 쉽게 어울리지 못한다. 강개한 그의 연주에 좌중은 함께 슬퍼하며 그 까닭을 묻는다. 객은 그의 원망, 상처는 본래부터 있었던 것이 아니라 3년간의 서울 생활을 통해 얻은 것이라고 답한다. 기회의 땅으로 생각했던 서울은 도리어 그에게 절망만을 안겨줬을 뿐이다.

객의 마음을 달래며 명리를 좇지 말라고 주인이 경계하자(6수) 객은 자신이 좋아하는 것을 좇기를 다짐하며(7수) 세월의 흐름을 담담히 수용하고자 결심했다.(8수) 그리고 멀리 떨어져 있는 이를 그리워하며 그의 편지를 읽는 장면(9수)으로 「금일행」은 마무리된다. 「금일행」은 자신을 객으로 타자화하고 전고를 과다하게 사용하는 방식으로 신유한이 경험한 현실을 구체적으로 반영하지 않았다는 인상을 준다. 그럼에도 그가 여정과 귀환에서 겪었을 감정의 굴곡을 세밀하게 보여주는 작품이다.

실제로 신유한은 청운의 꿈을 안고 소론, 노론, 소북 할 것 없이 자신을 알리고 인정을 받고자 노력했지만 원하는 성과를 거두지는 못했다. 그는 좁은 한양에서만 관료를 배출하는 현실, 심지어 특정 당파에 속한 인재만 등용하는 현실에 대해서 분노를 표출하기도 했다.(「목멱산기木覓山記」) 젊은 시절 주변의 기대를 한 몸에 받았던 신유한은 고향에서도 마음을 붙이기가 힘들었다. 그의 지기인 최성대에게 보내는 시에서 "친척이 와서 비웃고 처자식 또한 상심하여 바라본다親戚來相笑, 妻兒視亦恫"라고 하며 가족들의 기대에 부합하지 못해 괴로울 따름임을 고백했다.[56] 서울에서나 고향에서나 그는 나그네 신세와 마찬가지였다. 이러한 삶의 경험, 좌절감이 「금일행」에 반영되어 있다.

신유한은 이와 같은 장편 술회시를 평생에 걸쳐 쓰는데, 점차 자신의 삶을 구체화하는 양상을 보인다. 「야성에서 객이 되었는데 울적한 마음이 맺혀 평생을 스스로 서술하였다野城作客, 牢愁欝結, 自叙平生, 六十韻」(권1, 이하 「야성작객」)는 그가 문과 급제한 이듬해인 1714년에 지금의 영덕을 지나며 지은 것이다.

> 사방 돌아보자니 천지 넓은데
> 동쪽 바다 나 홀로 가는 나그네
> 거친 파도는 악어 기세를 띠고
> 뇌우에 이무기의 혼이 느껴지네
> 동네 아이들 유복儒服을 이상히 보고
> 속객들은 시낭詩囊을 흉보는구나
> 뼛속까지 곤궁함을 익히 잘 알아
> 입 벌려 웃는 일이 드물다네
> 지난날 어리석은 뜻 멋대로 펴
> 당시 엉뚱한 소리 자주도 했지
> 열셋에는 고서에 통달하였고
> 열여섯에 태평성대 노래하였지
> 문장은 선진 고문 추구하고
> 사辭는 굴원의 수준 기약하였지
> 갑 속 거문고 백설곡 연주했었고
> 자루 속 칼은 하늘에 휘둘렀었지[57]

四顧乾坤大, 東濱獨旅人.

波濤鰐魚氣, 雷雨蟄龍神.

儒服街童怤, 詩囊俗客嗔.

細諳窮到骨, 稀得笑開脣.

憶昨癡腸肆, 當時澠語頻.

十三通竹簡, 二八詠苓榛.

文許秦灰上, 辭期楚水濱.

匣琴調白雪, 縱劍逗蒼旻.

　시는 객이 동해의 어느 길 위에 서 있는 장면으로 시작된다. 유복에 시 주머니를 찬 그의 모습은 야성 시골 동네에서 더욱 오활하게 보인다. 여기서도 그는 현실에 어울리지 못하는 객일 뿐이다. 마음 가득한 수심에 그는 웃을 일이 없다고 했다. 그는 지금까지의 자기 삶을 반추해본다. 어릴 적부터 총명하여 문장은 선진 시대를 기약하고 사辭는 굴원에 필적할 정도였다고 하며 자신의 문재에 자부심을 표했다.

　태평성대 덕분에 장원급제하는 영광을 얻었지만 조정은 그가 있을 곳이 아니었다. 권세가의 비위를 맞추는 것도 힘들었다. 그는 결국 자의 반 타의 반으로 고향으로 돌아가지만 그곳에서도 마음의 위안을 받지 못했다. 아름다운 경물은 자괴감을 가중시킬 뿐이었다. 그는 "이내 생 유배객도 아니건만 어디를 간들 유랑민이 아니랴此生非謫客 何往不流民"라며 울분을 토했다. 그의 삶은 왜 이렇게 괴롭기만 한 것일까.

기운은 강산 풍경 무색하게

정신은 해와 달빛 놀라게 하니

큰 신령은 점점 노여워하고

여러 귀신은 더욱 눈 부라리네

곤궁함과 근심만 쌓일 뿐이니

어느 누가 내 뜻을 펼치게 하리

관문 닫던 양자는 곤궁하고

기둥에 글 적던 사마상여 가난했다네

氣奪江山秀, 精驚日月淪.

巨靈心轉怒, 羣鬼目逾瞋.

但使窮愁積, 誰教志意伸.

閉關楊子困, 題柱長卿貧.

그는 불행의 원인이 무엇인지 궁구한 끝에 "문장은 액운을 이르게 하는 법文章厄運臻"이라고 결론 내린다. 뛰어난 문재는 자연의 아름다움을 무색하게 만들어 신령과 귀신의 분노를 유발시킨다는 것이다. 문학에 대한 자신의 열정이 현실에 부딪혀 결실을 내지 못하고 그의 좌절감을 발생시키는 근본 원인으로 변모하게 되었다고 그는 진단했다. 성공하지 않는 한 다시 이 다리를 밟고 돌아오지 않겠다고 결심했던 사마상여처럼 출세에 목말라했지만 그의 신세가 나아질 전망은 보이지 않는다.

가자꾸나! 고향말로 끙끙 앓네

돌아가자! 타향서 한탄하누나

언덕에다 밤나무 미리 심고

연못에서 순채 캐자 약속하여

비 내리는 밭에서 비옷에 삿갓 쓰고

안개 낀 물가에서 낚시질하네

인생 백 년이 오직 임금님 덕분

등짝 비추는 햇살 궁궐에 바치리

去矣吟成越, 歸歟歎在陳.

預令栽岸栗, 相約采溪蒪.

雨畎簑兼笠, 烟磯釣有緡.

百年唯帝力, 炙背獻楓宸.

_이상 「야성잡객」 중

이러한 불행에 그는 출세에 대한 기대를 버리고 결국 고향에 돌아가 은거를 선택하게 된다. 작품의 후반부는 은거생활의 즐거움을 그린 다음, 태평성대를 칭송하고 임금에 대한 충성을 다짐하면서 마무리된다. 이러한 종결은 갑작스럽게 느껴지며 전반부에 노출된 울분의 목소리와 불협을 이룬다.

이 시기 신유한의 행적을 고려할 때 은거에 대한 의지를 액면 그대로 받아들이는 것은 곤란할 듯싶다. 그는 문과 급제한 후 분관되기를 초조하게 기다리며, 홍치중, 원명귀 등 당시의 유력자들을 만나며 그들이 자신의 뛰어난 문재를 알아주기를 간절히 바랐다. 이 작품이 창작되었던 1714년 신유한은 영덕에서 영주로 가 원명귀의 아들 원경하를 데리고 상경하는 길이었다. 결국 「야성잡객」은 좌절과 울분, 은거에 대한 의지를 과장하며 자신의 문재를 홍보하는 데 목적이 있었을 가능성이 높다. 하지만 과장된 이미지일지라도 좌절감과 기대 심리가 뒤섞여 어디에도 정착하지 못하는 분열된 자화상은 바로 신유한 그 자신을 반영한다. 여전히 전고와 상징을 과다하게 사용하지만 이 작품은 앞선 「금일행」에 비해 자신의 지나온 삶을 더 구체적으로 보여주고 있다.

신유한의 나그네 의식은 세월이 흘러도, 관직에 있을 때에도 변하지 않는다. 노년으로 향할수록 좌절감은 현실에 대한 비판과 좀더 조응한다. 59세에서 63세 사이에 연천 현감으로 머물며 지은 「찬취암에 노닐다 근심을 달래며 술회하다遊攢翠巖, 遣悶述懷, 五十韻」(권2)가 대표적인 사례다.

봄이 와 꽃망울이 곧 피려는데
서리 내리자 다시 비단 펼쳐졌네
이곳은 은거하기 딱 알맞은데
어느 누가 초가집 지으려나
나태한 마음에 울분이 생겨
가는 곳곳마다 탄식을 하네
정처 없이 멀리 떠도는 인형
재주 우활해 버려진 나무 되었네
春來花定綻, 霜落錦還舒.
此境宜棲遯, 何人擬結廬.
懶心生懟怫, 因地得欷歔.
跡遠今漂梗, 材迂是棄樗.

이 시는 찬취암을 마주하는 장면으로 시작된다. 찬취암은 연천의 동쪽 보개산寶蓋山 남쪽 기슭에 위치한 암벽이다. 아름다운 풍경을 맞이해도 은거할 수도 울결을 해소할 수도 없다. 신유한은 자신을 돌아보며 스스로를 표류하는 나무 인형, 버려진 나무로 형상화했다. 최근 몇 년 동안 봉상시 첨정, 연천 현감에 제수되었지만, 그의 성에 차지 않는 자리였다. 임금의 은혜를 거부할 수 없어 연천에 부임했는데 이곳의 상황은 참담할 지경이었다.

> 가난한 아전 몸에 이가 생기고
> 지친 군졸 등에는 구더기 있네
> 분주하게 오가며 격문檄文 옮기고
> 부엌을 긁어서 사신 대접하지
> 백성을 살펴보니 눈물 날 지경
> 눈에 가득한 것은 병폐로구나
> 곳집 탈탈 털어도 꾸려가기 힘들어
> 장부 텅 비었는데 어이 헤쳐가리
> 吏窶形作虱, 軍竭背生蛆.
> 織路趍公檄, 爬廚餉使車.
> 察眉堪涕淚, 滿目見瘡疽.
> 虜盡愁調度, 籌空奈拮据.
> _이상 「찬취암에 노닐다 근심을 달래며 술회하다」 중

신유한은 지방 수령으로 나가면서 목도한 지방 관아의 열악한 환경, 가렴주구의 현실을 「송김약려부임장사서送金若礪赴任長沙序」

「여최사집서與崔士集書」 등의 글에서 상세히 보고한 바 있다. 위의 시는 자신의 삶을 노래하며 이러한 현실의 문제를 함께 다루고 있는 것이 특징이다. 현실의 병폐는 그의 번뇌를 무겁게 하는 중요한 요인이 된다. 「금일행」이나 「야성작객」에서 전고를 통해 에둘러 현실을 비판했던 것과는 달리 이 작품은 구체적인 현장을 보여주면서 비판의 목소리를 높이고 있다.

하지만 이 시 역시 앞선 작품과 마찬가지로 개인적인 세계로 도피하는 것으로 마무리된다. 아름다운 풍경과 현실의 궁핍함이 모순을 만들어내는 상황에서 신유한은 가야산에 은거하고자 했던 지난 결심을 떠올린다.[58] 이처럼 신유한의 술회시는 현실의 모순을 고발하는 시선을 내장하고 있으나 결국 개인적인 차원으로 해소시키고 있다는 점에서 한계를 드러낸다.

신유한은 서얼이라는 신분상의 경계, 그리고 지방과 서울의 경계에 위치한 자였다. 서얼 문사들이 불우한 심사를 토로하는 것은 특별할 게 없겠지만, 영남 서얼 출신 장원급제자라는 모순된 정체성을 안고 기대와 좌절에 부대끼며 평생을 보내야 했던 신유한은 장편 술회시로 자신의 삶을 반복적으로 형상화했다. 이들 작품에서 자주 발견되는 '객'은 이상과 현실이 서로 위배되는 상황에서 표류하며 삶의 주체로 정립하지 못한 신유한의 내면을 보여준다.

신유한의 시에서는 과거의 영화와 현재의 절망이 교차한다. 분노와 서글픔, 자위가 공존한다. 그의 시는 점점 길어졌다. 악부, 가행에 자신의 이야기, 감정을 늘어놓고 또 늘어놓았다. 당시 사대부들은 절구와 율시처럼 정제된 시형을 선호했다. 하지만 그로

서는 짧은 편폭에 자기 진심을 압축히는 것이 불가능하게 여겨졌
는지 모를 일이다. 다른 한편으로 그 또한 괜찮다고 생각했을 것
이다. 시의 본연은 마음의 소리를 드러내는 것이므로.

한계 없는 용문

신유한 문학의 특징적인 지점은 자신의 불우함을 토로하는 것을
넘어 삶과 문학적 지향을 뚜렷하게 드러내는 목소리가 확인된다
는 것이다. 이들 작품에서 신유한은 일정하게 스스로를 명명하며
자신의 지향을 구체화하고 흔들리는 내면을 다잡아나갔다.

　신유한은 문학에의 욕망과 자부심이 남다른 인물이었다. 자신
의 삶을 회고할 때 문학에 대한 열정, 재능을 빠뜨리지 않고 언급
했으며, 또 자신의 독특한 문학세계를 해명하는 글쓰기를 남기기
도 했다.(「자서自敍」) 특히 젊은 시절 자술 작품에서는 문학에 대한
자부와 포부가 강하게 나타난다.

　「죽림풍우가竹林風雨歌」(『청천집』 권1)는 내용을 고려했을 때
30대 초반 밀양에 거주했을 시기의 작품으로 추정된다. 밀양 대
나무골에서 태어난 신유한은 대나무를 무척 좋아하여 자기 거
처에 100여 그루를 손수 심어 대숲을 더욱 무성하게 만들었다.[59]
이 시의 화자는 대숲을 거니는 야부野夫, 즉 신유한이다. 겨울바
람에 대나무는 전장에서 울리는 철갑 소리인 듯 웅장하기도 하
고, 상비湘妃가 연주하는 거문고 소리인 듯 애잔한 소리를 낸다.
야부는 이처럼 큰 울림을 가진 대나무로 붓을 만들어 자신의 흥

「유덕장 필 묵죽도」, 종이, 178×77.4cm, 국립중앙박물관.

중을 표현해내는 상상을 해본다.

원컨대 백 길 대를 베어 큰 붓 만들어

흉중의 넓디넓은 운몽호 쏟아내리

글월이 완성되면 명산대천에 주어서

만고토록 조금도 스러지지 않게 하리니

비바람과 귀신도 어이 뺏을 수 있으랴

願斬百竿爲巨筆, 直寫胷中雲夢濶.

辭成付與名山川, 萬古不磨秋毫末, 風雨鬼神何能奪.

_「죽림풍우가」 중

사마천 초상, 『고성현상전략古聖賢像傳略』.

그는 자신의 내면을 광대한 '운몽호'라고 칭했다. 자기표현의 욕구, 문학을 향한 열망이 젊은 신유한을 사로잡았다. 그는 자신의 문장을 영원히 세상에 전하겠다며 웅장한 포부를 노래했다. 문장을 명산대천에 주겠다는 표현은 사마천의 「태사공자서太史公自序」의 "명산에 보관하고 경사에 부본을 보관하여 후세의 성인군자를 기다리겠다藏之名山, 副在京師, 俟後世聖人君子"를 인용한 것이다.[60] 사마천의 일화는 단순한 인용이 아니다. 신유한에게 사마천은 그의 삶과 문학에 있어 주요한 전범이기 때문이다.

사마천이 어떠한 의미였는지는 비슷한 시기에 지어진 「추회부」의 서문에서 좀더 구체적으로 나타난다. 이 작품에서 신유한은 사마천의 고향이었던 '용문龍門'으로 자신을 명명하며 지나온 인생을 반추하고 삶과 문학적 지향을 피력했다.

용문생은 어릴 적 향인과 함께 예학에 노닐었다籩豆之游. 그가 칭하는 것은 공자와 육경이요, 그가 저술하는 것은 옛 성왕들에 관한 것이었다. 그가 입을 놀릴 때에는 고인을 거론하여 반드시 최고의 경지에 비견되려고 하였다. 향선생이 그와 함께 앉으며 "이 아이는 박식하면서도 우직하니 세상에 한번 쓰이지 않겠는가" 하였다.

자라서 진사에 합격해서는 서울에서 서울 사람과 명성에 노닐었다名聲之游. 그가 말하는 것은 국가의 옛 제도요, 그가 따르는 것은 예악형정이었다. 그가 그물을 펼치면 이익을 거두었다. 세금과 군사를 담당하는 일과 문서를 처리하는 일을 점점 눈과 귀에 익혔다.

이때 한 경대부가 그를 특별히 대우하며 말하기를, "자네는 엄숙하고도 사리분별을 잘한다. 그러나 몰골이 파리한 것을 보니 고향을 그리워하는 마음이 있구나. 부질없이 달리는 말을 묶어두었고, 바닷새를 모시고 잔치를 베풀었도다. 자네여, 돌아가 쉬게나. 깨끗하고도 편안하게 거처한다면 자네의 이름이 빛나게 될 걸세. 자네에게 좋은 재주가 있다고 한들 그걸 사줄 사람이 있겠는가" 하니, 용문생은 깜짝 놀라 마침내 저자에서 신발을 신고 들에서 고삐를 잡으며 열흘 만에 고향으로 돌아왔다.[61]

신유한은 25세에 진사시에 급제하여 성균관에 입학했으나 원하는 성과를 거두지 못했고, 29세에 생부상을 당해 밀양으로 돌아가게 되었다. 「추회부」 서문이 바로 이러한 신유한의 삶을 바탕으로 한 것임을 전제한다면 이 작품은 29세 이후, 늦어도 그가 문과 급제한 32세 이전에 지어졌을 것으로 추정된다.

용문생이라는 가공인물의 설정은 자신에 대한 자부를 거리낌 없이 드러내는 데 더욱 유용했다. 신유한은 향선생과 경대부의 말을 인용하면서 그들에게서 높은 인정을 받을 만큼 자신이 뛰어난 인물이며, 다른 한편으로는 세상이 자신을 구속할 수 없다는 것을 드러냈다. 여기서도 그의 재능을 "사줄 사람이 있겠는가"라는 경대부의 발언을 통해, 자신의 한양살이가 결코 녹록지 않았음을, 그리고 앞으로의 관로에 대한 전망도 그리 밝지만은 않음을 보였다.

> 형제 처자는 길쌈하여 옷을 입었고 나물밥도 배불리 먹지 못하였다. 그러나 그는 스스로 고인의 서적을 좋아하는 것이 날로 심해져 책을 끼고 옛 역사가를 스승 삼아 집 뒷산을 '용문'이라 이름하고 자신의 호를 산인山人이라 하였다. 남들이 산인이라고 부르면 웃으며 대답하면서 그때마다 말하기를, '글이 여기에 있다' 하였다. 이윽고 멀리 있는 자들은 듣다가 짜증을 냈고 가까이 있는 자는 입으로는 네네 하고는 문을 닫고 욕을 하였다. 하루에 그런 말이 세 번이나 이르렀지만, 당시에 산인은 대꾸하지 않았다.

낙향한 뒤 신유한은 집안 형편에 아랑곳하지 않고 고문, 그중에서도 『사기』 독서에 전념했다. 그리하여 사마천의 고향을 따서 용문산인이라고 자호하며 자신의 문학적 지향을 밝혔지만 주변 사람에게서 조롱만 받을 뿐이었다.

> 마을에 손중자가 있었는데, 홀로 산인의 풍모에 기뻐해서 폐백을 가지고 문인의 예를 청하였다.
> "지난번 제가 산인이 도읍에서 일을 할 때 도읍의 인사들이 모두 입을 모아 뛰어나다고 하였지만 더 애쓰지 않았다

고 들었고, 지금 제가 온 마을 사람들이 모여서 비웃는데
도 산인께서는 실망하지 않는 것을 보았습니다. 남들이 거
하면 같이 거하고 남들이 취하면 같이 취해야 하니, 거만
한 자는 결국 부응하는 자를 이기지 못합니다. 저는 산인
밑에서 공부하고 싶지만 용문에서 무엇을 취할 수 있겠습
니까.

옛날 사마씨는 남쪽으로 우혈禹穴을 찾고 북쪽으로는 진
성秦城을 다 둘러보았습니다. 자기가 경험한 천하의 아름
다움을 표현하여 문장으로 만들었으니 그 문장이 지금 천
하에 있게 되었습니다. 지금 산인께서는 여기에 견해가 국
한되어 이름을 흉내 내는 것도 부족해서 그 말을 스승 삼
고, 그 말을 스승 삼는 것도 부족해서 야트막한 언덕 하나
에 살면서도 그 거처를 모방하였습니다. 가령 용문이 저
사마천에 있어서도 저가 의지하는 바가 있는 것인데, 산인
도 저 사마천을 의지하고자 하는 것입니까?"[62]

이후 자신을 찾아온 손중자와의 문답이 이어진다. 문답을 통
해 세상과 부합하지 못하는 자신의 삶을 변호하는 방식은 동방
삭東方朔의 「답객난答客難」, 양웅楊雄의 「해조解嘲」, 한유韓愈의 「진
학해進學解」 등 설론說論 양식에서 유래한 것이면서[63] 실제 자신의
경험에 근거한 것으로 보인다. 손중자는 신유한의 문도 손수현으
로 실존 인물이기 때문이다. 신유한이 『사기』를 초선해서 그에게
준 글 「서손중심사기초書孫仲深史記抄」가 『청천집』에 남아 있다.

손중자는 애써 세상과 불화하는 것은 현명하지 못한 일임을

4장
경계 밖을
노닐다

299

먼저 말하고, '용문산인'이라는 자호가 가진 모순점을 지적했다. 신유한의 뒷산은 나지막하고, 천하를 유람한 적도 없기 때문에 사마천의 거처와 경험에 비할 수 없다는 것이다. 이에 대한 신유한의 해명은 다음과 같다.

말이 끝나자 산인이 기뻐하지 않으며 말하기를, "속담에 있지 않은가? 구멍에 사는 벌레는 둥지에 사는 새를 보고 저보다 큰 것이 없다고 생각한다. 이 말이 그대와 같다. 내 일찍이 논하길, 사해 안이 중국이 되는데 하후씨夏后氏가 공법貢法을 쓰고 장해章亥가 걸을 수 있는 곳이니 탄환처럼 작다. 발해의 바닷가에 새가 있는데 그 등이 몇천 리인지 모르고 그 날개는 천하의 반이 된다고 한다. 또 어떤 물고기는 7일이면 그 머리를 만나고 10일이면 꼬리를 만난다니, 그 길이가 비슷하지만 일찍이(새와 비교하면) 그 사이에 좁쌀도 되지 못한다. 중니仲尼가 박식한데도 남겨두고 의논하지 않은 것은 이 때문이다.

나는 날마다 동해에 거처하며 무하지유無何之游를 일삼는다. 나의 집에 내가 거처하고 나의 거처에 내가 노닐며 아무도 없는 곳에서 소요한다. 이때 방이馮夷가 노를 맡고 해약海若이 밧줄을 맡아 봉래蓬萊에 올라 부상夫桑을 둘러보았다. 경쇠를 치는 아름다움과 마고麻姑의 집과 황제의 옛 뜰을 보았다. 이에 내 하늘이 날로 넓어지고 내 용모가 날로 펴지며, 정신이 날로 방대해졌다. 돌아와 사마씨에게 비교하니 사마씨는 방내方內에 노니는 자이고 나는 방외方

外에 노니는 자다. 사마천은 한계가 있고 나는 한계가 없다. 이제 좁은 우혈과 작은 읍인 진성을 가지고 사마씨를 따르는 것은 지금 자네에게나 어울린다. 들은 것은 많지만 생각은 좁으니 문제로다. 이에 대해서 믿지 못하겠거든 나를 따라 노닐어보도록 하라" 하였다.[64]

용문생은 사마천이 넓은 곳을 유람했다 하더라도 그 유람은 한계가 있고, 자신은 좁은 공간 안에 거처할지라도 상상의 유람을 할 수 있기에 한계가 없다고 답했다. 사마천은 인식의 경계 안에서, 자신은 인식의 경계 밖에서 노니는 자라고 정리했다. "나의 집에 내가 거처하고 나의 거처에 내가 노닌다"라는 표현은 자신의 독자적인 삶, 문학을 확립하려는 의지의 표명이라 할 수 있다.

그렇다면 왜 용문이라는 호를 굳이 써야 하는지에 대한 의문이 여전히 남는다. 사마천을 따르되 그대로 따르지 않겠다는 일견 모순적인 답변은 어쩌면 신유한의 문학을 이해할 수 있는 하나의 단서가 된다. 손중자에게 주는 글에서 그는 불가에서 부처만을 유념하여 득도하는 과정과 마찬가지로, 사마천의 문장에 대해서 집중하여 그의 천기와 감응하여 진眞을 획득할 것을 주문했다.[65] 고古에 근거하면서도 진과 아我를 향하는 시선이 「추회부」서문에 담겨 있다. 이처럼 「추회부」서문은 '용문'이라는 자호를 통해 자신의 문학세계를 해명하는 글이다. 이 작품은 자신의 삶 중에서 중요한 가치를 지닌 것으로 문학을 부각시키고 이에 대한 해명에 집중한다는 점에서 주목을 요한다.

신유한은 이 글에서 지나온 삶의 여정을 변두지유籩豆之游-명성지유名聲之游-무하지유亡何之游로 술회했다. 각각은 유교적 이데올로기를 준수하는 삶, 세속적 명리를 좇는 삶, 아무것에도 구애받지 않는 삶으로 정리할 수 있다. 무하亡何는 장자의 무하유無何有와 동일한 의미다. 세상이 요구하는 이데올로기, 명성에 구애되었던 삶에서 벗어나 아무것도 없는 텅 빈 공간에서 정신적인 유희를 하겠다는 의지를 드러낸 것이다. 이는 자신이 처한 공간적 한계를 극복하고 자신의 가능성을 무한으로 확장시킬 수 있는 유희다. 자신을 용납하지 않는 사회를 벗어나 상상의 세계에서 정신적인 위안을 구하려는 젊은 신유한의 의지를 엿볼 수 있다.

'용문'이라는 자기 명명은 기존의 사회적, 문학적 관념의 틀로는 자신과 문학을 설명할 수 없다는 진지한 고민을 보여준다. 그의 명명은 주변의 비난을 초래하기도 했는데, 이는 그가 인식하는 자아와 지향이 사회적 인식과 충돌했다는 것을 시사한다. '용문'이라는 명명을 통해 좌절과 기대 사이에서 끊임없이 흔들렸던 신유한, 그 속에서 자신의 내면을 단단히 잡아가고 자신만의 문학적 세계를 구축하고자 했던 그의 모습을 발견할 수 있다.

정신까지 모사하다

신유한은 시만큼이나 산문으로도 유명한 작가다. 손명래는 문장과 시 두 가지를 모두 잘하는 것은 드문 일인데, 신유한은 둘 모두 겸하였다고 했다. 오히려 시보다 산문이 더 높게 평가받기도 했다. 계미사행 때 영조가 제술관 남옥南玉의 문장에 대해 묻자,

조엄은 "신유한은 시가 홍세태에 못 미치고 홍세태는 문文이 신유한에 미치지 못하지만, 남옥은 시와 문 모두 홍세태와 신유한에 견줄 만합니다"라고 답했다.

신유한은 산문 작가로서 자기만의 논리를 갖추고 문장이란 무엇이며 어떠해야 하는지를 구체적으로 논했다. 그의 문학론은 임박에게서 준 글에서 상세히 확인된다. 신유한은 문文이란 문자가 만들어진 뒤 기사, 기언, 기물 중 찬란하게 빛나는 것을 취한 것이라 생각했다. 기사는 일을 기록한 것으로 『서경』의 「요전堯典」「순전舜典」「주관周官」과 『춘추』를, 기언은 말을 기록한 것으로 『서경』의 「고요모皐陶謨」「대우모大禹謨」「익직益稷」과 『예기禮記』의 「단궁檀弓」「악기樂記」 그리고 『논어論語』 등을, 기물은 여러 사물과 지리를 기록한 것으로 「우공禹貢」「동관고공기」『산해경』『급총서』 등을 들었다. 태초에 문학의 본질은 구체적인 일과 말, 사물을 기록하는 것에 있다고 본 것이다.

이상의 문장은 이후 사가史家의 종법宗法이 되었다. 신유한은 좌구명, 사마천, 반고 등이 이 종법을 계승하여 빛나는 문장으로 천고의 일들을 망라했다고 평가했다. 신유한은 한유 이후에 문장은 서序, 기記, 서독書牘, 지명誌銘, 전傳, 찬贊, 논論, 변辨 등으로 복잡하게 분화되었지만, 그 본질도 결국 기사, 기언, 기물의 법에서 벗어나지 않고, 모두 사체史體로 규정할 수 있다고 논했다.[66]

이처럼 신유한의 사史는 모든 문체를 포괄할 만큼 폭넓은 개념으로 이해된다. 주의할 점은 사의 본연인 기紀가 사건, 말, 사물의 외연을 단순히 재현하고 기록해내는 것에 그치지 않는다는 것이다. 형색을 잘 재현해내는 것은 기본이고 조물주가 만물을 창조하듯이 대상의 참된 기백을 얻어야 뛰어난 문장을 이룰 수 있다고 신유한은 강조했다. 이러한 그의 '기'는 송대의 의론문에 몰두한 당시 문단을 경계할 수 있는 개념이면서도,[67] 대상의 외연과 내연을 모두 재현할 것을 요청한다는 점에서 그 특이성을 지닌다.

신유한은 실제로 자신의 문장에서 사체의 표현과 기상을 내재화하여 높은 문예미를 구축하려고 했다. 정신까지 모사하는 '모사입신模寫入神'을 문장이 추구해야 할 목표로 삼았던[68] 그는 사건, 인물, 풍경 등을 묘사할 때 진부한 표현을 자제하고 생동감 있게 묘사하는 데 큰 공력을 들였다.

> 산의 형상이 깎아지른 듯 서 있었는데 높이가 몇천 길이 되는지 알 수가 없었다. 큰 돌이 모여 있어 마치 처마 같고 바퀴 같고 가마솥과 같으며, 서린 용, 화난 사자, 엎드려 있는 호랑이 같은 것이 차례로 사람의 발에 밟혔다. 얼음이 웅크려 있고 눈이 엎드려 있어 얼마 되지 않은 길도 미끄럽고 넘어질 것 같았다. 걸음걸음마다 흙을 밟지 못하여, 끈을 잡아당기는 자는 힘을 낼 수가 없고 가마 드는 자들은 발이 미끄러져, 목숨이 터럭 한 올 같다고 생각하였다. 그러자 사람마다 스스로 용기를 내어 땀이 비 오는 듯하였다.
>
> 정상에 이르니, 사옥의 봉위판이 있었다. 사옥 아래 설치한 단장壇場에 향부자가 꼈는데 넓이가 10여 척이 되었다. 4경에 향례를 행하였다. 매서운 바람이 불고 비가 와서 옷소매가 축축이 젖었지만 잠시도 정체할 수 없었다. 횃불과

등불은 비바람에 명멸하여 사방이 온통 어두웠다. 감히 내 눈을 피할 수 없었을 산 밖 수백천 리에 있는 바다, 산림, 강물을 모두 현허玄虛에 맡겨두었다.[69]

「감악산기紺岳山記」는 1742년 2월, 당시 연천 현감이었던 신유한이 대축大祝으로서 제향을 올리기 위해 감악산에 간 경험을 담은 작품이다. 그가 논한 '기사'의 정신이 절묘하게 구현된 작품으로 꼽을 만하다. 여기서 산은 단순한 심미의 대상을 넘어 거대한 생명체로 형상화되고 있다. 온갖 사물로 열거되고 있는 비유와, 산이 차례로 밟힌다는 주객을 전도시키는 식의 표현은 고정된 물상을 역동적으로 표현하는 데 기여했다. 특히 얼음과 눈을 의인화하여 웅크려 있고 엎드려 있다고 한 표현을 통해, 마치 잠든 산을 깨우지 않기 위해 숨을 죽이고 지나가는 것처럼 산행의 분위기를 조성하고 있다. 더 절묘한 부분은 바로, 산에 올라가 제향을 올리는 장면이라 할 수 있다. 매서운 바람과 비에 사방이 온통 어둠에 묻힌 모습을, '현허'에 맡겨두었다는 표현으로 압축적으로 묘사했다. 이상의 모든 표현은 인간을 압도하는 거대한 산의 생명력을 형상화하는 데 기여하고 있다.

기문이나 인물전 외에도 추상적인 개념을 설명하거나 자신의 이념을 피력해야 하는 의론문에서까지 기사, 기언, 기물의 방식이 발휘된다는 점에 신유한 산문의 특이점이 있다. 신유한은 증서문에서 당송 고문이 규정한 장르적 특징에 부응하기보다는, 자기 제자와의 문답 및 장면을 그대로 기록하는 방식으로 글을 전개하는 것을 선호했다. 특정 서책에 대한 제발문에서도 제자들과

대상 서책을 둘러싸고 주고받았던 문답을 싣는 방식이 반복적으로 활용된다.[70]

사체의 추구로 높은 형상성을 획득하고 있는 신유한의 산문은 『해유록』에 반영되어 기존의 통신사 문학과 변별되는 성과를 거두었다. 『해유록』에서 신유한은 일본을 지나면서 만나는 풍경, 인물, 사건에 대해 소상한 기록을 남겼다. 그의 세밀한 관찰력과 감정의 노출은 이전의 통신사 문학에서는 살펴볼 수 없는 것이다. 기존의 통신사 문학은 대개 여정에서 만난 일본 문화, 풍경, 풍습에 대해 간략하게 정보를 전달하는 식으로 기록했다. 반면 신유한은 여정에서 왜인과의 만남, 소소한 대화, 마주하는 풍경을 하나하나 섬세한 필치로 그려내면서 구체화시키고 있다. 예컨대 하코네 고개箱根嶺를 넘어가는 기사에서는 아메노모리 호슈가 가마꾼을 염려하여 남여를 타지 않고 헐떡이며 산을 오르는 모습, 겟신 쇼탄을 우연히 마주하고 반가운 마음이 들었지만 서로 말이 통하지 않아 손바닥에 글자를 써서 대신하는 장면이 구체화되어 있다.[71] 통신사행 기록에서 꼭 필요한 부분은 아니지만, 이러한 장면을 통해 자신의 여정을 더욱 입체적이고 흥미롭게 재현할 수 있었다. 『해유록』은 신유한이 평소 추구했던 기사, 기언, 기물의 법이 훌륭히 구현된 결과물이라 할 수 있다.

> 소나무, 삼나무, 단풍, 대나무가 울창하게 푸르렀고, 떨어지는 노을과 날아가는 새는 가을 물결과 함께 아름다움을 다투었으며, 고깃배는 아득하게 하늘 끝을 왔다 갔다 하는 것 같았다.[72]

『해유록』은 여정을 기록하며 이국에 대한 정보를 전달하는 목적을 수행하고 있기에 신유한의 다른 산문에 비하면 크게 까다롭지 않고 다소 평이하다는 느낌을 준다. 그럼에도 인용문에서처럼 자구를 치밀하게 선택하고 배치하여 문예적 미감을 돋우는 양상을 살펴볼 수 있다. 하코네 호수의 아름다움을 표현하기 위해 신유한은 4자구의 단구를 중심으로 나열하는 방식을 선택했는데, 이로 인하여 표현은 극도로 절제되면서 담박한 시적 정취를 이루고 있다. 하코네 호수를 둘러싼 울창한 나무들을 나열하고, 시선을 상하로 두어 가을 호수 위에 떨어지는 노을과 날아오르는 새의 모습을 포착했다. 끝으로 시야 밖으로 아스라이 움직이는 고깃배의 모습들을 묘사하면서, 하코네 호수의 아름다운 풍경을 지극하게 표현했다. 세밀한 관찰력으로 실경을 묘사하고 있기에 진부한 느낌을 벗어나고 있다.

일본의 풍습을 기록한 부분에서도 생동감 넘치는 필치가 돋보인다.

가을이 한창이었는데 아직 추수를 하기 전이어서 벼가 들어차 있었고 색깔은 모두 희었다. 목화가 가장 아름다워 구름처럼 화사했다. 벼를 베는 사람들이 각기 논 가운데에다 큰 장대를 쌍으로 세우고, 장대 하나를 그 위에다 가로질렀는데 높이가 1길 남짓이었다. 벼를 두 갈래로 나누어 묶어 빗긴 장대에다 거꾸로 달았는데 그 이삭은 모두 패어 있었으며 쪼이고 말리었다. 목화를 따는 사람은 목화를 대바구니에 담아서 나누어 싣고 돌아갔다. 남여籃輿에

앉아서 농사짓는 광경을 보고 탄식하며 마소유馬少游의 말
을 떠올릴 뿐이었다.[73]

　문장은 대개 3, 4자의 단구를 위주로 형성되어 있는데 이는 연
속적으로 움직이는 물상을 포착하는 데 유리하다. 벼를 베고 목
화를 따는 동작이 단구의 사용으로 인해 생동감을 더 획득하게
되었다. 운율감을 조성하기 위해 '폭건曝乾'을 '이폭이건以曝以乾'으
로 늘려서 표현하기도 했다.

　신유한은 농가의 풍경을 관찰하다가 갑작스럽게 자신의 감회
를 드러내는데, 접속사를 사용하거나 주어를 명시하지 않고 돌연
'남여중藍輿中'이라는 단구를 배치했다. 이러한 수사는 문세를 강
하게 하고 독자의 주의를 환기시키는 데 효율적이다. 그는 풍경을
묘사하는 가운데 자신의 감정이나 의론을 늘어놓기보다는 '탄식
하며 마소유의 말을 떠올렸다慨然憶馬少游言'라는 구로 감정을 압
축적으로 드러내는 방식을 썼다. 마소유의 말은 바로 "선비로서
한세상을 사는 데는 의식衣食이 충족되고 조그마한 수레를 타고
느린 말을 몰고 마을의 관리가 되어 선영의 무덤이나 수호하고
지내면서 향리에서 선인善人이라 칭하면 족하다"[74]라고 했던 발언
을 뜻한다. 통신사 제술관으로 고된 여정을 수행하다가 평화로운
농가의 풍경을 마주하고는 자신의 고향에 대한 그리움이 자연히
떠올랐음을 전고를 통해 함축적으로 드러내고 있다.

　이같이 『해유록』은 형상성이 높은 문체로 길 위에서 마주한 이
국의 풍물, 인물, 사건을 생동감 있게 재현해냄으로써 독자들로
하여금 사행에 동참하는 느낌을 받게 한다. 이와 함께 중간중간

천하제일의
문장

제시되고 있는 솔직한 감회, 깨달음은 글을 보는 묘미를 더욱 돋우어준다. 이로 인해 신유한의 『해유록』은 이전 시기 정보 전달 위주의 통신사 문학을 극복하고 새로운 기행 문학의 전범을 제시했다고 평가할 만하다.

허와 실이 공존하는 문장

신유한 문학의 특징적인 지점 중 하나는 현실의 경계를 넘어서는 초월적 상상력이다. 앞서 「비추당기」나 「추회부」 서문에서 살펴보았듯 신유한은 현실의 공간 속에서 인식의 경계를 확장할 것을 강조했다. 이러한 상상력은 그의 문학세계를 풍부하고도 이색적으로 만드는 데 기여했다.

「임서하집발林西河集跋」[75]은 임춘의 『서하집』에 대한 발문으로, 신유한의 상상력이 돋보이는 글이다. 신유한은 『서하집』을 얻게 된 경이로운 일화를 소상히 기록했다. 운문사의 승려인 인담의 꿈에서 한 도사가 바위를 가리키며 그것을 들어내면 보물을 얻게 된다고 고했고, 인담이 깨어나 시키는 대로 했더니, 과연 동탑銅塔 안에서 『서하집』을 발견하게 되었다는 것이다. 이후 이하구가 이 문집을 얻게 되었고, 신유한의 주선으로 임춘의 후손인 임재무가 간행했다.

이 글은 발문이지만 서사의 진술 형태가 돋보인다. 최석정과 조태억의 서문이 임춘의 문학과 그 품격에 관하여 논할 뿐 이적異蹟에 관해서는 의도적으로 언급을 제한하고 있는 데 반해, 신유한은 많은 지면을 할애하여 문집의 발견과 간행 경위에 대하여 시간 순서에 따라 상당히 자세하게 서술하고 있다. 반면 임춘의 삶에 대해서 직접적으로 논하는 부분은 전혀 나오지 않으며, 문장에 대해서도 "그 광채가 장엄하고 그 붓끝이 늠름하며 곡조가 아름다웠다. 이것이 혜강嵇康이 연주했다는 광릉의 악보 같고 상망罔得이 찾았다는 구슬 같다其光栗然, 其鋒凜然, 節族璘然, 其斯爲廣陵譜, 其斯爲象罔得也"라고 비유적인 수사만 열거할 뿐이었다. 대신 신유한은 이 글의 마지막에 이 같은 이적異蹟을 어떻게 이해할 것인가 하는 문제에 대한 답을 첨부하여, 임춘 문학의 경지를 간접적으로 부각하는 방식을 선택했다.

　　내가 태사공의 글을 읽어보니 그자는 자신의 뛰어난 재주 때문에 낙백하고 재앙에 걸려서 헛된 말을 지어 명산대천에 글을 묻어두고자 하여 기필할 수 없는 경지를 바랐으니 그 글을 쓴 것이 얼마나 마음 아프고 뜻이 오활한가. 사람을 믿을 수 없었던 것이 이와 같았다. 내 미처 직접 보지도 못하고 말하길, '사마천은 어찌하여 돌 틈 사이에 빛을 남겨 죽은 뒤에 명성을 사려 하였는가' 하였다.

　　이 글의 화두는 「태사공자서太史公自序」의 "정본은 명산名山에 보관하고 부본은 서울에 두어 후세의 성인군자를 기다린다"[76]라는 문장에서 비롯되었다. 신유한은 사마천이 품었던 세상에 대한 절망과 욕망을 읽어낸 다음, 『서하집』의 발간 경위를 사마천의 일화에 견주어 논한다. 이러한 과정에서 임춘의 문학적 경지에 대한 높은 평가를 자연스럽게 이끌어내고 있다.

이 글은 전반적으로 장구의 비중이 높음에도, 자구를 불규칙하게 배치하는 데다가 대상을 적시하거나 의미를 보완해줄 수 있는 자구를 많이 생략하기에 독자들에게 결코 친절한 문장이 아니다. 설의법을 연달아 써서 의론을 시작하는 초반에 문세를 강하게 진작시켰다.

> 그러나 곰곰이 사색한 끝에 신묘한 경지로 들어가 은근하게 조물주와 그 권한을 함께해보았다. 조물주는 "밝고도 화려하니, 그대와 능함을 다툴 자 없고 그대와 더불어 전할 것이 없네" 하고는 홀연 『서하집』을 거두어 보관하였다. 혹 화가 생기더라도 물에도 적시지 못하게 불에도 태우지 못하게 도적들도 살피지 못하게 하였다. 이는 모두 그 조화로 할 것일 뿐, 여느 사람들이 알 수 있는 것이 아니다.

다음 부분은 더욱 불친절하다. 사마천의 이야기에서 『서하집』에 관한 이야기로 전환되고 있는데, 임춘 혹은 『서하집』을 명시하는 자구를 전혀 노출시키지 않고 있다. 더구나 의론을 진행하다가 갑자기 대화로 전환시키는 부분은 더 당혹스럽다. 이 문장은 실상 『서경』의 문체[77]를 끌어다 쓴 것으로, 조물주가 임춘, 혹은 『서하집』에 명하는 장면을 형상화한 것으로 보아야 한다.

그리고는 곧 빈산, 깨끗한 시냇가에 깊은 잠든 선사의 꿈에 나타나 구구히 수척의 동을 주어 홀로 인간에게 전하지 않는 보물을 가지게 하였으니, 비바람을 무릅쓰고 긴 세월이 지나도 혹 망가지지 않은 것은 실로 저 선생에게 기댄 것이 아니며, 또한 선생의 뜻도 아니다. 그렇다면 이 문집의 발행은 선생이 태사공에 견주어도 더 나은 점이 있으니, 풍성豐城 땅에서 발굴되어 중간에 사라졌다가 연평진延平津에서 서로 합한 용천검龍泉劍·태아검太阿劍과, 공자의 옛집 벽 속에서 찾아 중간에 잃어버렸다가 뱃머리에서 볼 수 있었던 고문상서古文尙書가 모두 이러한 물건이다. 만약 내 말을 믿지 못한다면 천지 귀신이 증명해줄 것이다.[78]

위의 인용문에서도 실사로만 구를 구성하거나(空山淨溪黑甜禪夢), 풍성이 보검을 발견하고 고문상서가 우연히 발굴된 전고들을 나열하여 『서하집』의 가치를 부각시키는 방식 역시 가독성을 떨어트린다.

하지만 이 글에서는 신유한의 작가적 역량이 분명하게 드러난다. 신유한은 상상력을 발휘하여, 조물주가 왜 동탑에다가 『서하집』을 남겨두었는지에 대한 해답을 이끌어내고 있다. 그러면서도 '장藏'을 문안文眼으로 삼아 사마천과 임춘을 함께 거론할 수 있는 맥락을 확보한 다음 양자 간의 차이를 조명하여 임춘 문학의 경지를 평가하고 있기에, 의론문으로서 갖추어야 하는 유기성 역시 간과하지 않았다. 즉, 사마천의 '장'은 스스로가 의도한 것이지만 임춘의 '장'은 조물주가 관여한 것이라고 논하여, 후자의 문학적 경지를 상대적으로 부각시키고 있다.

신유한의 글은 서발문의 일반적이고 의례적인 수사에서 벗어난다. 격정과 상상력, 잦은 전고의 활용, 난해한 문장으로 이 작품은 독특한 분위기를 자아낸다. 이상진李象辰은 「서하집서」를 비롯한 신유한의 산문을 읽고는, 변화가 내달리고 기이한 데에 주력하여 전후칠자의 기미가 보인다고 비판하기도 했다.[79]

신유한의 상상력은 사실의 기록에 충실해야 하는 전傳, 묘지명 등의 산문에서도 확인된다. 인물전에는 대상 인물의 언행과 사적을 생생하게 재현하기 위해, 구체적인 장면을 구성하되 허구에 가까운 대화와 독백까지 실어낸다.[80] 제문과 묘지명에서도 망자의 언행을 소상히 기록하고, 그의 삶에 철저히 개입하여 교감하려는 태도가 돋보인다.

사체를 지향하면서도 자유로운 상상력을 담아내고 있는 신유한의 문장을 어떻게 이해할 수 있을까.

대저『시경』300편의 뜻은 실實 중에 허虛가 있는 것은 달이 물에 비친 것과 같으며, 허 중에 실이 있는 것은 거울이 사물을 비추는 것과 같다. 『장자』의 「소요유逍遙遊」「추수秋水」 등 여러 편은 모두 이러한 뜻을 얻었기 때문에 문장이 제일 좋다.[81]

신유한은 허와 실이 공존한다는 점에서『장자』의 문장을 최고로 꼽았다. 그가 문장의 본질로 내세운 '기' 역시 허와 실을 모두 포괄할 수 있는 개념일 것이다. 애초에 그가 기물의 글로 꼽았던 『산해경』『급총서』의 글도 무한한 상상력의 소산이 아니었던가.

이처럼 신유한의 문장은 구체적인 대상을 기록하는 것이면서도 경계를 넘어서는 상상력까지 아우른다. 현실 속에서 무하의 공간을 노닐던 그의 사유는 문장으로 빚어져 오늘날 우리에게도 이채로운 분위기를 전달한다.

참을 얻는 놀이

젊은 시절 신유한의 시에서는 「이소」를 비롯한 『초사』와 한대 악부의 강한 영향이 감지된다. 대여섯 살부터 글을 배웠는데 당송의 시문은 싫어했고, 「이소」를 늘 입에 달고 살았다. 또 불우한 삶을 살았지만 끝내 굽히지 않았던 굴원의 지조, 넓은 세상을 유람하고자 했던 그 뜻에도 깊이 매료되었다. 그는 세상에 나보다 「이소」를 좋아하는 자는 없고, 나보다 「이소」를 이해할 수 있는 자도 없다고 자부했다. 「이소」를 끊임없이 읽은 덕분인지, 처음 신유한은 사부辭賦로 이름을 날렸다.

20대에 지은 「추황대秋篁對」는 「이소」의 흔적이 강하게 남아 있는 작품이다. 처음에 출사할 때 최창대에게 보여주자, 우리나라에 이러한 작품이 없어진 지 오래되었는데 『초사』와 나란히 둘 만하다고 칭찬했다. 통신사로 일본에 갔을 때 그곳 문사들에게 소개할 만큼 젊은 시절의 대표작으로 자부하는 작품이었다.

선생의 의복은 깨끗하고 향기로워
아름다운 가을꽃을 모아놓은 듯

선생은 밥도 배불리 먹지 않고

옥돌의 정영을 먹네

이미 세상과 부딪힘이여

비웃음당하는 것 부당하네

꽃들이 저기 있는데

갑자기 나하고만 광란한 마음 먹어

아침에 맑은 이슬 마시고

저녁에는 나의 마디를 만지며 서리를 날리네

문장이 아롱지게 나를 영화롭게 하고

해 달 별을 짝하며 훌쩍 나아가네

문창성을 부르며 영원히 복을 누리고

또 부지런히 저 서방의 천신에게 말하네

내 이미 사방을 널리 봄이여

누가 부자가 맛본 것처럼 할 수 있을까

先生之服潔而芳兮, 集秋華之章章.

先生之食不苟飽兮, 飡琅玕之精英.

夫旣與世而枝梧兮, 宜擯笑而不當.

羣芳兮在彼, 忽獨與余兮神狂.

黿而噏余淸露兮, 夕抈余節兮飛霜.

文章爛以華予兮, 媲三光而飛敭.

麾文昌使永綏兮, 又勤詔彼西皇.

余旣博觀於四極兮, 孰能幾於夫子之所嘗.

_「추황대」 중

이 시는 '선생'과 '대나무'의 만남과 대화로 전개된다. '선생'은 신유한 그 자신이요, '대나무'는 그의 문하를 찾아온 박수재를 의미한다. 신유한은 세상의 비난을 무릅쓰고 자신을 찾아온 박수재에게 감사를 표하면서, 자신이 추구하는 문학을 포기하지 않을 것을 다짐했다. 이 작품은 구절구절마다 「이소」의 문법과 정서를 그대로 따랐기에 의고성이 두드러진다.

그는 「이소」 역시 허와 실이 교차하는 작품이라 평가했다. 임금에 대한 충심을 말하면서 난초를 친다느니 국화를 먹는다느니 하는 비유와 상징을 활용하는 것을 실중유허實中有虛라 했고, 굴원이 신이한 세계를 유람하는 것은 자신의 불우함을 달래려는 의도가 담긴 우언寓言으로 허중유실虛中有實에 해당된다고 했다.

「추황대」 역시 허와 실을 교차시켜, 진심을 직접 드러내기보다는 대나무와의 대화를 통해 자신의 마음을 에둘러 표현하는 방식을 추구했다. 각종 비유와 상징, 전고를 통해 자신의 고결한 경지를 강조하는 것과 함께 무위의 세계로의 초월을 상상하며 자신의 불우를 달래고자 했다.

그가 초사와 함께 시의 정종正宗으로 내세운 것은 한나라 고시, 즉 악부였다. 그는 젊은 시절부터 악부시를 의고하기를 즐겨했다. 서울에서 처음 최성대를 만나 준 「군마황곡」 역시 한대 악부를 그대로 의고한 것이다. 신유한은 최성대에게 전하면서 아래의 글을 남겼다.

옛날 이반룡이 의고악부를 지었는데, 왕세정이 비웃기를, "우맹이 손숙오 흉내를 내느니, 스스로 우맹이 되는 것이

낫겠다"고 하였다. 아, 내 우맹도 보지 못하는 것이 괴로우니 손숙오에 대해 뭐라 할 수 있겠는가. 이 말로 모두 최성대에게 질정하면 그 반드시 구자왕이 한나라 제도를 즐긴 것을 가지고 나를 지목하며 비웃을 것이니, 나 또한 달게 받겠다.[82]

우맹은 앞서 언급했듯, 벗 손숙오가 사망한 뒤 손숙오의 의복을 입고 그의 흉내를 낸 자다. 전후칠자 왕세정이 이반룡에게 한 말은, 남을 어설프게 흉내 내지 말고 자신의 문학을 하기를 당부한 것이다. 인용문은 신유한 스스로 우맹의 경지, 즉 이반룡의 의고악부의 경지에도 이르지 못한다고 겸사로 표한 것이다. 한나라 악부는 어디까지나 노래다. 그 노래를 어떻게 연주했는지 알 수 없는 상황에서 이를 제대로 모방하는 것은 서역 구자국의 왕이 한나라 제도를 사모하는 것과 같다. 새롭게 창작하지 못하는 데다가 제대로 모방하지도 못하는 부끄러움을 고백한 것이다.

서울에 올라온 이후 신유한의 시에 대한 찬사가 많았지만, 한편 고루하다는 비판을 받기도 했다. 신유한은 스스로의 한계를 자각한 것으로 보인다. 최성대와 교유하면서 신유한의 시 세계는 새롭게 거듭났다. 옛 시를 직접 모방하지 않아도 그 경지에 가까이 갈 수 있는 길은 무엇인가. 신유한은 점차 '채진지유采眞之遊(참을 얻는 놀이)'로 자신의 시 세계를 전환했다.

고향 산 구름까지 뻗어 있었고
높다란 누각 백 척 남짓 솟았네

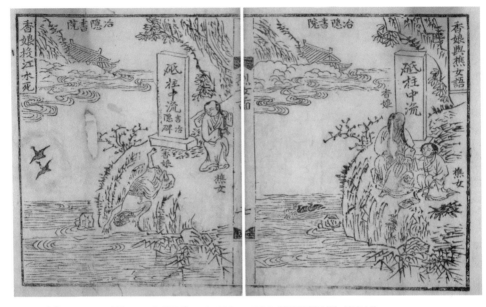

『의열도義烈圖』, 조귀상趙龜祥 편, 목판화, 29.0×25.0cm, 1703, 국립중앙도서관. 선산부사 조귀상이 열녀 향랑의 열행을 기리기 위해 만든 책이다. 향랑의 모습 뒤로 길재의 야은서원 冶隱書院, 지주중류비砥柱中流碑를 함께 그려 그녀의 열행이 길재의 유풍에 근거하였음을 드러내었다.

부모님 소녀를 기르실 적에

향초 난초 방석에 앉히셨었지

시집간 딸 소박맞아 친정 오는 건

남편과 사별하는 것보다 나쁘지

새벽바람 대숲을 울리는데

외로운 고니 짝 없어 슬프네

친척들은 몹시도 비웃어대고

다른 집 사람들은 나를 멀리하네

내 손을 잡아줄 이 누구인가

내 말을 이해하지 못하는구나

천지 사방 얼마나 넓은데도

돌아봐도 어디로 가야 할지?

마음 가는 대로 복사, 오얏꽃 보니

화려한 집 옆에 자리 잡았네

복사꽃 한창 곱게 피어 올랐고

오얏은 양 길가에 세워졌도다

나무도 제 있을 곳에 자리하건만

이내 몸 어이하여 옛집 없는고

故山屬浮雲, 高閣百餘尺.

父母養少女, 坐用荃蘭席.

嫁女中道歸, 不如死別惡.

晨風鳴竹林, 獨鵠愁無色.

親戚至其笑, 他人逝莫屬.

執手者何人, 所言不可讀.

天地一何廣, 眄睞將安適.

馳情視桃李, 乃在華堂側.

桃花正煌煌, 李樹來路植.

樹木且安所, 人生無故宅.

　_「산유화곡山有花曲」 중

「산유화곡」 총 9수 중 6번째 시다. 남편한테 버림받고 돌아와
재가를 거부하고 물에 몸을 던져 자결한 향랑의 마지막을 그려
낸 작품이다. 최성대가 먼저 향랑의 죽음을 기리는 「산유화곡」을

지어 신유한에게 주었고 신유한은 그의 시에 감발되어 이 연작시를 지었다. 서문에서 신유한은 이 시가 한 악부 '미무지원蘼蕪之怨'에서 비롯된 것임을 밝혔다. '미무지원'은 「산상채미무山上采蘼蕪」로, 버림받은 여성이 산에서 궁궁이를 캐다가 옛 남편을 만나 그의 새 신부에 대해 대화하는 장면을 읊은 것이다. 남편이 새 신부를 만나 아내를 버렸다는 상황이 유사하지만, 「산유화곡」에 직접 악부시를 의고한 흔적은 보이지 않는다. 옛 목소리를 흉내 내거나 전고로 점철하는 대신, 신유한은 남편에게 쫓겨나 친정에도 돌아가지 못하고 번민하는 향랑의 말을 그대로 옮겼다. 그럼으로써 드넓은 천지에 어느 누구에게도 의지하지 못하고 어디에도 머물지 못하는 향랑의 깊은 절망을 읽어낼 수 있게 됐다.

향랑은 죽고 나서 열녀가 되었다. 조선 문인들은 재가를 거부한 향랑의 뜻을 고귀하게 보아 다투어 그의 '절개'를 부각시켰다. 조귀상趙龜祥, 이광정李光庭, 이옥李鈺 등이 저술한 『향랑전』에서는 향랑이 고려 충신 길재吉再의 고을인 선산 출신임을 상기시키며 향랑의 절의가 내력이 있는 것임을 강조했다. 이덕무는 박정한 남편과 시가의 행실을 비판하면서도 현숙한 향랑의 삶을 부녀자의 경계로 삼기를 권했다.

신유한의 생각에는 향랑의 삶에서 절개를 주목하는 것은 그녀의 진정한 목소리를 재현하는 것이 아니었다. 정감의 근원이 통하지 않는 빈껍데기 문장일 뿐이었다. 신유한은 향랑의 일화에서 변심한 님을 원망하고 어디에도 머물지 못하는 절망감을 보았다. 신유한이 그려낸 향랑은 이념에 충실한 열녀가 아닌, 자신의 감정에 충실한 한 인간의 모습이었다. 돌아갈 곳이 없는 향랑의 최종 선택지는 죽음밖에 없었던 것이다.

현실을 향한 날카로운 시선

신유한의 삶은 경계 밖에 머물러 있었다. 그는 경계 밖의 시선으로 경계 안을 바라보았다. 그의 문학에는 특유의 날카로운 목소리가 담겨 있다. 시골 출신이었던 그는 상경한 후 만난 사대부들의 사치, 무식, 위선을 남다른 시선으로 관찰했다.

> 내가 젊을 적 재능이 없는데 잘못 벼슬하여 서울살이한
> 지가 이미 30여 년이 되었다. 각지에서 과거를 통해 진출
> 한 자들과 사귀어보니, 경학에 대해서는 앵무새처럼 부질
> 없이 말만 따라하는 수준이고 문예는 속 빈 강정인데도
> 좋은 값을 요구하였다. 저들은 모두 이리저리 뛰어다니며
> 잘난 척하였고 권력과 부귀를 얻고 나면 온 세상을 상대
> 로 교만히 굴었다. 내 그들을 따르지 않고자 하면서 세상
> 의 운세가 변화하는 흐름으로 여겼다. 그러나 과거에 응시
> 하는 자들이라면 모두 그러하였다.[83]

날마다 도시에 나가 보니 붉은 수레 타고 인끈을 찬 사람은 재물로 사람을 사귀고 유자의 옷을 입고 이야기하는 사람은 명성으로 사람을 사귀고 또 그 아래로는 세력을 좇으며 사람을 사귄다. 저들은 기교를 부려 뇌물 꾸러

미를 잡고 몸치장을 하여 중매인을 만난다. 그렇지 않으면
오만하게 귀한 척 굴고 몹시도 바쁘게 오합집산하는 것이
저들의 상도다.[84]

경학도 문장도 제대로 하지 못하면서 잘난 척하고, 이익과 명
성, 권세를 따라 서로 사귀는 모양이 영 마뜩잖다. 스스로 귀한
척 구는 이들도 끼리끼리 모이기는 마찬가지다. 뛰어난 인재, 진정
한 우정이라는 것이 서울에 존재하는가. 신유한은 자신의 불편한
감정을 숨기지 않고 글에다 담아냈다.

신유한은 남산에 올라 좁은 서울 땅을 조망하며 인재를 고르
게 등용하지 못하는 조선의 현실에 답답함을 느꼈고(「목멱산기」),
뛰어난 인재가 출신 성분 때문에 의원, 아전, 역관 등의 자리에만
머무는 현실에 대해서도 비판의 목소리를 높였다(「제의한록題宜閑
錄」).

이러한 시각은 가짜 학 소동을 기록한 글(「서위학사書僞鶴事」)에
서도 드러난다. 웬 낯선 새 한 쌍이 양주의 학소대鶴巢臺에 둥지
를 틀었다. 지나가는 승려가 선학이라 하며 예를 올렸다. 몸가짐
을 바로 하면 이 학이 나타나고 그렇지 않으면 숨는다는 소문까
지 퍼져 멀리서까지 학 구경을 하러 사람들이 몰려들어 장사진
을 이루었다. 나중에 동네 애들과 노파들이 몰려드는 사람들을
상대로 술, 떡, 짚신을 팔 정도였다.

그런데 얼마 되지 않아 새가 모래밭으로 내려와 뒤뚱뒤뚱 걷는
모습이 영락없는 오리였다. 분노한 사람들이 돌을 던지며 오리를
쫓아냈다. 한 객이 신유한에게 이 이야기를 해주며, 헛된 명성을

얻는 것을 경계해야 한다는 가르침을 던졌다. 이에 신유한은 답했다.

이 새가 자기가 학이라고 여겨서 학소대 위에 앉아 명성을 노리기야 했겠습니까? 쳐다본 사람들이 망령된 짓을 한 것이지요. 학의 모습은 옛날 성현의 책에서 많이 나타납니다. 정수리는 붉고 모가지는 둥글며, 흰 상의에 검은 치마를 입었습니다. 다리는 길이가 석 자입니다. 우는 소리는 하늘에까지 퍼집니다. 화표주華表柱와 구지산緱氏山에 학이 없다고 한다면 그만이지만, 있다면 반드시 이런 모양으로 생겼을 것입니다. 지금 저 새를 본 사람들은 학을 몰랐던 것입니다. 새는 본디 명예를 얻으려는 뜻이 없었습니다. 몰랐기에 위태롭지 않았고, 명예를 얻으려는 뜻이 없었기에 화가 될 것이 없습니다.

세상에서 시서詩書를 말하고 경륜을 펼치는 것을 업으로 삼는 사람들은 장사치를 잘 꾸며서 이윤伊尹과 부열傅說 같은 정승으로 만들고, 아첨꾼을 잘 꾸며 관중管仲과 제갈량 같은 자라고 선전하지요. 결국에 거섭居攝 시절에 왕망王莽이 주공周公의 자리에 올라앉고, 희녕熙寧 시절에 왕안석王安石이 공자 노릇을 한 것처럼, 천하와 국가에 재앙을 입히는 자가 많습니다. 그러니 학이 진짜가 아닌 것쯤이야 굳이 병이라고 할 것이 있겠습니까?[85]

새한테 무슨 죄가 있었겠는가. 오리는 오리였고, 애초에 선학이 되려고 하지 않았다. 우리를 선학으로 민든 사람들이 망령된 짓을 한 것이다. 하지만 사람들은 애초에 선학이 어떤 모습인지 몰랐고, 오리도 애초에 의도가 없었기에 크게 재앙이라고 할 것도 없다. 신유한은 오늘날의 정치 현실로 눈을 돌렸다. 사욕을 충족시키기 위해 허위와 야합이 만연한 세상이다. 인재가 못 되는 것을 애초에 알면서 장사치나 아첨하는 자를 멋지게 포장해서 천거하는 일이 비일비재하다. 정작 인재는 설 자리가 없어진다.

신유한이 더욱 분개한 것은 지방 백성의 피폐한 삶이었다. 「장사현에 부임하는 김약려를 전송하며送金若礪赴任長沙序」에서는 무장 현감에 부임했을 때 직접 목도했던 병폐를 상세히 기록했다. 창고는 텅 비어 있는데 해마다 수천 석의 곡식을 거두어야 한다. 군역을 담당할 자는 부족하고, 호족들이 진전을 다 차지해 세금을 거두기도 어렵다. 「처음 연천현에 부임한 기록新莅漣川縣記」에서는 아무리 풍년이라고 하더라도 정기적으로 거둬들이는 세금의 반도 못 채우고, 중국 사신 접대 비용까지 거두고 있는 상황을 고발했다. 중앙 정부의 무관심과 무능은 지방 백성의 삶을 구렁으로 몰아넣고 있었다. 신유한의 시에는 이러한 현실에 대한 분노감이 더 증폭되어 나타난다.

어느 풀인들 시들지 않으며
어느 나무인들 마르지 않으랴
어느 때인들 가물지 않으며
어느 누군들 탄식하지 않으랴
그대들 우선 탄식하지 말게나

가물면 물고기를 먹을 수 있지만

물고기를 먹을 수 있다 한들

생선 오른 밥상에는 밥 없으면 안 되네

해마다 앙상한 시체 가을 풀숲에 누우니

까마귀 날아와 창자 쪼고 높은 나무 맴도네

나무 사이 행인 보며 훌쩍거려도

죽은 이 제 입으로 고통 말 못 하네

고개 들어 하늘 보니 하늘 더욱 높아져

운사雲師는 풍륭豊隆(바람신)의 노여움 피해 있네

何草不黃, 何木不枯.

何日不陽, 何人不吁.

諸君且勿吁, 水涸魚可食.

魚可食, 食魚不可無稻粟.

年年餓骨臥秋草, 烏飛啄腸繞高樹.

樹間行人見而泣, 死者亦不自言苦.

擧頭望天天更高, 雲師辟易豐隆怒.

「하초불황행」은 신유한이 관직에 나아가기 전에 지은 작품으로 『시경』의 「소아小雅」에 수록된 시를 의작한 것이다. 주나라가 망할 무렵 오래된 전란으로 부역에 시달리는 백성의 고통을 읊은 이 시에 신유한은 오랜 가뭄으로 고통받는 민생의 삶을 덧씌웠다. 가뭄에는 물고기를 먹으면 되지 않느냐는 위정자의 공허한 발언에, 길가에 누운 시신을 보며 현실을 자각하라고 답한다. 구제할 수 없는 이 비극에 시적 화자는 하늘로 시선을 돌린다.

풍륭이여 풍륭이여

어이하여 빗자루 쥐고 태미원에 들어가

요사한 기운 씻어내 궁궐 소제하지 않는고

천제 곁에 옥녀는 어여쁜 눈썹으로

금빛 궁궐에서 웃으며 춤추고 노래하네

황금은 산처럼 백옥은 흙처럼 쌓였고

높은 누대 푸른 하늘에 솟았네

크나큰 수레로 봄바람 맞이하여

대모금과 유리잔 늘어져 있네

마구간엔 천리마 있어

기장으로 꼴을 먹이네

수고한 농부 못 먹어도 개의치 않으나

말이 못 먹으면 사람 죽이네

첩첩 구중궁궐에 어이하면 들어갈까

우부愚夫가 하소연하려면 맹수가 으르렁거리고

그 신하에게 혹 말하려 해도

귀신 같은 얼굴에 교묘한 혀 놀리네

豐隆豐隆.

何不擁篲入太微, 灑掃妖氛淸帝宇.

帝旁玉女淸蛾眉, 調笑金宮獻歌舞.

黃金如山白璧如土, 高樓入靑天.

太車迎春風, 玳瑁琴琉璃鍾.

槽間有千里駿, 食之以黍稷.

農人功農不食尙可, 馬不食殺人.

閶闔九重那得通, 愚夫欲訴虎豹嗔.

或言其人, 面如藍舌如簧.

_「하초불황행何草不黃行」 중

태미궁은 천제의 궁이지만, 조정을 의미하는 것이나 다름없다. 이곳은 여색과 재물을 쌓아놓고 풍요를 누리며 민생의 아픔을 외면하고 있다. 궁궐에 있는 말은 농민이 먹지 못하는 기장을 실컷 먹고 있다. 백성의 상황을 말하려 하나 궁궐의 문은 첩첩으로 막혀 있고, 노여움을 사거나 간신의 방해로 제대로 전해지기 어렵다.

이후 신유한은 비가 시원하게 내려 더러운 기운을 모두 씻어버리길, 그리하여 태평성대가 펼쳐지기를 기원하며 시를 맺었다. 가뭄의 해소를 기원하는 글이지만 붓끝은 정확히 어지러운 조정을 향해 있다. 백성의 고통을 느끼지 못하고 자신의 안락만을 추구하는 왕실, 그리고 왕의 귀를 막는 간신들에 대한 분노를 참지 않고 토로했다.

「하초불황행」은 상상의 공간을 통해 분노를 에둘러 발산하는 형태를 취하고 있는데 이후 관직생활 중에 지어진 작품에서는 백성의 고통이 좀더 구체화되어 있다. 「임우탄霖雨歎」에서는 연이은 장마에 밭이 잠기는데 아무 대책 없이 울부짖는 백성의 모습을 그려나갔고 「조강행祖江行」에서는 번성했던 조강 마을 사람들이 장마와 가뭄을 연이어 겪은 뒤 삶이 피폐해진 모습을 노인의 입을 통해 고발했다. 관직생활을 하며 목도한 백성의 비극이 시 세계 안으로 들어오게 된 것이다.

안타까운 것은 이들 시에서 신유한이 무기력한 모습으로 일괄한다는 점이다. 「임우탄」은 빈주먹을 쥐며 한탄만 하다가 뛰어난 자가 자기 자리를 대신해야 한다는 언급으로, 「조강행」은 갑자기 가야산으로의 은거를 꿈꾸는 장면[86]으로 마무리되고 있다. 이처럼 신유한의 문학에서 자주 포착되는 개인적인 세계로의 도피는, 자기 의지로 현실의 병폐를 극복할 수 없다는 깊은 무력감에 기인한다.

이처럼 신유한의 문학은 상상의 세계, 거리의 노래, 현실에 대한 좌절과 분노가 공존해 있어 조선 사대부들의 점잖은 목소리와는 다르다. 솔직하고도 정제되지 않은 거친 감정들과 목소리가 그의 문학에 오롯이 담겨 있다.

제
5
장

일대의
문호

천하제일의 책을 읽고 천하제일의 일을 하고
천하제일의 사람이 되라.

1

신유한의 특이한 교수법

신유한은 교육자로도 명성이 높았다. 진사시에 합격하기 전 밀양에 머물 때, 박씨 성을 가진 14세의 어린 유생(박수재)이 그의 집에 찾아와 문장 배우기를 청했다. 이때 신유한은 겨우 20대 초반이었다. 신유한은 그가 시문을 배우는 것을 기특하게 여겨 자신의 집에 들여서 『좌전』 『장자』 『사기』를 가르쳤다. 어린 유생은 신유한의 가르침에 수긍하면서 문장이 바로 여기 있다고 생각했다.

하지만 신유한을 따라 공부한 지 3년이 되자 유생은 세상 사람과 잘 어울리지 못했다. 집안 어른들이 억지로 그의 손을 끌고 집으로 돌아갔다. 하지만 하루도 못 되어 다시 신유한을 찾아왔다. 허물어져가는 집에서 거적을 덮고 젊은 스승과 어린 학생은 함께 손뼉을 치며 글을 읽었다. 당시 사람들이 이 모습을 괴이하게 여겼다. 신유한의 말을 들으면 신세를 망친다는 말까지 퍼졌다. 하지만 어린 유생은 "내가 아니면 스승의 말을 누가 듣겠는가" 하고는 끝내 응하지 않았다고 한다.[1]

「추황대」라는 부賦에 기록된 일화다. 이 작품에서 신유한은 자신의 문장과 뜻이 세상과 불화한다는 것을, 그럼에도 자신의 가르침을 따라주는 박수재에게 감사한 마음을 노래했다.

이를테면 신유한에게 있어서는 교육도 세상의 편견과 맞서는 일종의 투쟁이었다.

그대의 손자가 멀리서 찾아와 한 달가량 강마하였습니다. 살펴보니 배움을 좋아하는 정성이 금고의 어느 누구보다 월등히 뛰어났습니다. 선진先秦을 사모하고 말류를 업신여기는 것도 특별한 기운이 그렇게 만든 것입니다. 앞으로 진보가 끝이 없을 것입니다만 그대가 과문의 격식을 따르지 않는 것을 고원하다고 걱정하리라 생각합니다. 감히 묻건대, 그대는 요즈음 과문 격식의 문체가 어떠하다고 보십니까? 고등으로 뽑힌 것이 예전의 부책賦策과 같이 찾을 만한 규모가 있습니까? 만일 그대의 손자로 하여금 아직 공부가 성숙하지 못한데도 불구하고 억지로 지금 사람들의 터무니없는 말을 배우게 한다면, 한유가 이른바 억지로 가게 하면 반드시 미친병이 발작할 것과 같습니다. 나는 지름길로 가다가 낭패를 당할까 걱정입니다. 그러므로 일찍이 경계하기를, 험난한 곳을 다니며 요행을 바라느니 차라리 곧은길을 가며 명命을 기다리라고 합니다. 명은 곧 하늘이니, 지금 선발을 담당한 자가 통제할 바가 아닙니

다. 바른 도를 따라서 가는 자가 어찌 한번 날개를 떨치는 일이 없겠습니까.[2]

정진서鄭震瑞라는 자가 과거시험을 준비하라며 그의 손자를 한 달가량 신유한에게 맡겼다. 맡기고 나니 신유한의 교육법이 영 이상하다. 지금 과체를 배우지 않고 선진先秦의 글을 배우라고 한다. 너무 오활하지 않은가. 하지만 신유한에게는 지금 과장의 문풍이 이상하다. 수준 낮은 과체를 배우는 것은 요행을 바라는 것뿐이다. 그는 근본에 충실해야 한다는 자신의 신념을 결코 굽히지 않았다.

신유한의 교수법은 이미 그 목적과 방법에서 큰 모순을 안고 있었다. 그를 찾아오는 이들의 목적은 바로 과거 급제였다. 젊은 시절부터 신유한은 과체시로 인구에 널리 회자되었다. 그의 명성을 좇아 멀리서부터 많은 문인이 찾아왔다. 신유한의 문하를 출입한 이들은 대체로 20세 이하의 젊은 나이였다. 실제로 그에게서 수학한 문인들은 과거시험에서 꽤 좋은 성적을 거두었다. 진사가 되거나 나아가 문과에 급제하는 문인이 늘어나면서 그를 찾아오는 이들도 점차 많아졌다.

신유한 교수법에서 더 특이한 것은 그가 강조한 근본이라는 것에 일정한 절차와 단계가 없다는 점이었다. 신유한은 학생 중심의 맞춤식 교육을 추구했다.

문하에서 배우는 자는 각각 그 재능에 따라 책을 주어 읽게 하였다. 서한西漢의 글을 초록해서 '용문龍門'이라 이름을 붙여 임사고任師古(임박)에게, 한유漢儒의 장주章奏를 초록해서 '분음고정汾陰古鼎'이라 이름하여 허여즙許汝楫(허제)에게, 『남화경南華經』과 전모典謨 등을 초록해서 '보벌寶筏'이라 이름하여 이백심李伯深(이사유)에게, 『초사楚辭』를 초록해서 김사측金思則에게 주셨다. 『사기영선史記英選』에는 '서경일불西京一佛'이라고 제목을 써서 손중심孫仲深(손수현)에게, 한유와 유종원의 글에는 '학산계석鶴山桂石'이라 제목을 써서 장한사張漢師에게, 팔대가八大家는 박성광朴聖光(박이곤)에게, 『좌전』은 정유관鄭幼觀(정란)과 손수성孫壽聲에게, 『삼가호백三家狐白』은 최천익崔天翼에게, 『중용』과 『대학』은 최대崔岱와 김경중金敬中에게, 『역학도설易學圖說』은 강주화姜柱華와 원화백元華伯(원경하)에게, 『맹자』는 나 정원시鄭元始에게 주셨다. 재능에 따라 학업을 성취시킨 것을 이루 다 기록할 수 없다.[3]

목록을 보면 선진양한 시대의 글이 대부분이지만, 당송 고문도 더러 보인다. 신유한의 수업은 자신의 기준에 맞춰 정해진 커리큘럼에 따라 문도를 가르치는 것이 아니었다. 그는 제자들의 부족한 점, 보완해야 할 점이 무엇인지 세심하게 살폈다. 때로는 직접 책을 편집, 필사하여 그들에게 증여했다. 제자들에 대한 깊은 관심과 관찰이 있지 않다면 실현되기 어려운 교수법이었다. 신유한은 제자들이 각자 받은 책을 반복해서 읽어 그 문장의 천기와 깊이 감응하게 했다.

이러한 교수법이 과거시험을 목표로 한 것인지는 의문이다. 과

문科文의 문체와는 상관없이 지극히 근본에 충실한 방식이었기 때문이다. 신유한의 교육 목표는 점점 다른 데로 향하고 있었다.

천하제일의 책을 읽고 천하제일의 일을 하고 천하제일의
사람이 되라.
讀天下第一等書, 做天下第一等事, 爲天下第一等人.[4]

신유한의 교육 철학은 위의 말로 정리된다. 많은 세월 관로에서 방황하면서, 그는 경서와 문장이 부귀를 얻기 위한 수단으로 전락한 현실에 염증을 가득 느꼈다. 그가 소망했던 것은 그를 따르는 문도와 함께 문장을 천하제일의 수준으로 고양시키는 것이었다.

신유한과 그의 문도

신유한의 문집에는 「연보」(박이곤朴履坤 찬), 「행장」(최중순崔重純 찬), 「세가」(최성대 찬), 「유사」(정창유鄭昌兪 찬), 「언행실록」(정원시鄭元始 찬), 「묘지명」(이미 찬)이 실려 있다. 또 곽만한郭萬翰을 비롯한 54인의 만사輓詞와 뇌문誄文 2편, 최성대 등 5인의 제문이 실려 있다. 이중 박이곤(1730~1783), 정원시(1735~1782)를 비롯해 문인門人, 문열門列 혹은 열문列門으로 자칭하는 이가 20인이다.

신유한은 평생 자신을 알아주지 않는 세상을 원망했으나, 『청천집』을 보면 그의 삶이 결코 외롭지 않았음을 알 수 있다. 그의

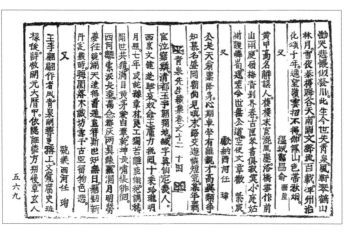

『청천집』속집 권12, 한국고전종합DB. 신유한에게 만사를 써준 문인들.

문집은 문장가의 문집보다는 존경을 한 몸에 받은 도학자 문집의 형태에 가깝다. 그의 삶, 문학이 문인과 후대에 드리운 그림자가 크다.

많은 문인이 그의 문하에서 배출되었다.[5] 실로 신유한은 유능한 교육자였다. 이는 그의 외손자 김수증金壽增의 일화에서 확인할 수 있다. 김수증은 재주가 무딘 데다 말을 더듬었다. 신유한에게서 처음 글을 배울 때는 글 읽는 소리가 꽤나 어설펐다. 길거리의 농사일하는 아이들이 책 읽는 소리를 듣고는 흉을 보면서 키득거릴 정도였다. 반년이 되자 글 읽는 소리가 크고도 밝아 마치 하늘에서 학이 우는 것 같았다. 이전에 비웃던 아이들이 그 소리를 듣고는 놀라 멍하니 발걸음을 멈추었다고 한다.[6]

신유한의 밀양 시절 제자로는 밀성 손씨 손기양의 후손들이 있다. 손기양은 영천 군수를 지냈으며 성리학자로 명망이 높았다. 그의 집안은 밀양에서 명문가로 손꼽힌다. 손수현은 손기양의 4대손으로 신유한에게 문장을 배웠다. 신유한은 그와의 문답을 「추회부」 서문으로 남겼으며 직접 『사기』를 초하여 그에게 전달했다. 손수현의 재종형제인 손수성 역시 어린 시절부터 신유한에게 수학했다. 신유한이 세상을 떠나자 왕세정이 이반룡을 애도하며 지은 120운을 차운하면서 지극한 슬픔을 표하기도 했다.

장원급제 후 문명이 높아지자 원경하, 이미 등 서울 양반가 자제들도 그에게서 문장을 배우고자 했다. 관로에 나가기 전 신유한은 원경하, 이미 집안에서 일종의 숙사 역할을 한 것으로 보인다. 문장이 뛰어난 서얼 문사들이 양반가 자제에게 문장을 가르치는 것은 당시 흔한 일이었다.

1745년 20세 청년 이미는 신유한에게 자신의 시권을 보내 평을 청했다. 신유한은 우선 그의 작품이 흥미진진하고 농염하여 무척 기이하다고 했다. 하지만 곧 그의 곱고 자잘한 병폐를 극복하지 않으면 진보가 없을 것이라고 경고했다. 그가 보기에는 이미가 억지로 농염한 소리를 짜내고 있는 듯 보였다. 『시경』과 「이소」, 한위의 작품, 진송晉宋의 작품을 익혀야 자연히 소리가 쟁쟁하고 뜻이 넓어질 수 있다. 당시를 흉내 내거나 염조艷調 가득한 시를 창작하는 것은 그다음 일이다. 밭이 좋아야 편안하게 좋은 곡식을 거둘 수 있는 법이다. 신유한은 젊은 시인을 매섭게 다그쳤다. 이미가 신유한의 가르침을 어느 정도 받들었는지 모르겠지만, 나이가 들면서 그의 시는 고화경발高華警拔한 경지로 진일보했다고 한다.(『병세제언록』)

신유한이 가르친 것은 서울 양반가 자제뿐만이 아니었다. 여러 고을 수령을 역임하면서 바쁜 와중에도 현재縣齋에 많은 젊은이를 모아서 가르치는 시간을 가졌다. 연천에서는 마을 청년 박하유朴夏儒, 강기환姜箕煥, 강지환姜趾煥, 이명복李命復 등과 「이소」『좌전』『사기』『장자』 등 하루에 3편씩을 읽었다.[7]

하지만 그가 본격적으로 문도를 양성한 것은 아무래도 관직에서 물러나 가야산 경운재에 머물고 난 이후였다. 고령 현감 정창유(1713~1758)는 공무의 여가를 이용하여 신유한에게 경사經史와 정사의 도리에 대한 가르침을 받았다. 아울러 아들 정원시를 신유한에게 보내 수학하도록 했다. 정원시는 이후 이조참판에까지 오른 인물이다. 신유한 사후, 정창유는 「유사遺事」를, 정원시는 「언행실록言行實錄」을 작성했다. 또 고령의 문인 이사유李思游(1701~1759), 이회근李晦根(1728~1809), 박이곤도 신유한에게서 학문과 문장을 배웠다.

인근뿐 아니라 멀리에서까지 식량을 싸들고 그에게서 문학을 배우기 위해 경운재를 찾아왔다. 신유한의 가르침은 독특하고도 오활했지만, 이에게 매료된 문인들이 끊이지 않고 그를 찾아왔다. 이 시기 신유한의 문인 중 특기할 만한 자로 정란鄭瀾(1725~1791)을 들 수 있다. 정란은 백두산에서 한라산까지, 대동강에서 금강산까지 노새를 타고 조선의 산천을 누빈 여행가로 유명하다. 그의 여행에 대한 다양한 에피소드가 여러 문인의 기록에 남아 있다. 약관의 나이 정란은 문장에 대한 열의로 선산善山에서 말을 빌려 경운재로 신유한을 찾아갔다. 그는 신유한에게서 문장의 대지大旨를 듣고서는 크게 탄식하며 "대장부가 해동에서 태어나 비록 사마천과 같이 천하를 유람할 수 없더라도 우리나라 명산대천을 모두 찾아본다면 충분하다 할 것이다" 하고는[8] 한 필의 나귀를 타고 전국을 유람했다고 한다. 정란이 신유한에게서 배운 것은 문장이 아니라 바로 그 기개라 할 수 있다. 어떠한 구속도 받지 않고 온 천지를 누리고자 했던 신유한의 문학적 상상력이 어쩌면 정란에게서 현실화된 것일지도 모르겠다.

이처럼 신유한의 문학은 많은 문인을 감발시켰다. 그의 문학뿐 아니라 그의 문인들의 문학 또한 18세기 문단을 바꾸는 데 일조했으리라 생각한다. 이에 대한 연구가 앞으로 더 요청된다.

2

30년 동안 도성의 문단을 주도하다

신유한 개인의 삶은 불우했지만, 그의 문장만은 불우하지 않았
다. 당대에 이미 그의 문명이 천하에 가득하고 그의 문장은 사람
들 사이에서 회자되었다. 사후 그의 문집 서문을 쓴 이미는 신유
한이 뛰어난 문장으로 조선과 시대라는 한계를 극복했다고 높게
평가했다. 속집의 서문을 쓴 권연하權璉夏 역시 신유한을 몇 세대
를 거쳐서 한 번 나오는 영재이며, 몇 안 되는 걸연한 대가라고 정
의했다. 이들 글은 어디까지나 문집의 서문이므로 해당 문인에
대한 의례적 찬사가 빠질 수 없다. 하지만 다른 문인들의 기록을
참조해본다면 결코 과장만이 아니었음을 알 수 있다. 신유한이
연일 현감이었을 때 영덕 현령 심사주沈師周가 선비들과 삼강三江
을 노닌 뒤『강유시첩江遊詩帖』을 만들어 그의 시를 요청했다.

천하제일의
문장

340

요즘 문장 하는 선비들이 헤아릴 만큼 많지만, 웅혼하고 드넓어 일세의 거장이 될 수 있는 것은 족하 한 사람뿐입니다. 족하의 성대한 명성이 날마다 사방에서 들립니다. 족하가 과거에 급제한 문장을 보니 용이 오르는 듯 호랑이가 뛰는 듯 황홀하게 기괴하여 읽으면 이목을 현란하게 합니다. (…) 그 후 또 「의적벽부」와 「임학사와 문장을 논한 글與任正言論文書」을 보니 족하의 생각이 과연 웅혼하고 드넓어 근세에 으쓱거리며 스스로 기뻐하는 자들과 비교할 바가 아닙니다. 족하의 쪽글이나 척독을 얻는 자들이 보물처럼 아껴 손에서 내려놓지 못하는 것이 당연합니다.

저는 지난번 마을 선비들과 삼강의 유람을 하였습니다. 장로들이 말하기를, "100년 만에 처음 있는 일이니, 기록해서 후세에 전해야 한다" 하기에 그 일을 대략 서술하였고, 배 안에서 얻은 시편을 기록하여 책자로 만들었습니다. 만약 또 족하의 한마디를 얻는다면 마을 사람들이 보고는 태수의 문장과 시라고 하지 않고 족하의 문장이라 할 것입니다. 그리하여 집집마다 베끼고 보관하여 무궁하게 전해질 것이니, 삼강의 유람이 족하를 통해 알려질 뿐 아니라 제 이름도 영광스럽게 될 것입니다.[9]

심사주는 영의정 심지원沈之源의 증손이자 효종의 외종손으로 노론 명문가 출신이다. 당시에 신유한과는 일면식도 없었던 듯하다. 인근 고을 현감인 신유한에게 시문을 요청하며 심사주는 그를 일세의 거장으로 추켜세웠다. 신유한의 글 덕분에 자신의 유람과 이름이 전해지면 영광이라는 것이다. 심사주의 발언은 다소 과장이 섞인 것이라 하더라도 당시에 이미 신유한의 명성이 자자했다는 것을 짐작할 수 있다.

사후에도 신유한의 명성은 사라지지 않았다. 성대중은 『청성잡기』에서 신유한의 문학을 소상히 소개한 바 있다. 『해유록』의 문장이 아주 뛰어나다며 "무릇 남쪽 땅의 일개 선비로 30년 동안이나 도성의 문단을 주도하였다"라고 평가했다. 30년이라고 함은 신유한이 문과 급제한 이후부터 연일 현감으로 내려가기 이전까지의 시기를 말한다. 성대중의 말처럼 조선 후기에 영남 출신으로 신유한만큼 강렬한 인상을 남긴 문인은 없었다.

물론 앞서 보았듯 그의 문장이 호평만을 받은 것은 아니었다. 그는 최창대, 윤순에게 자신의 문장을 변론해야 했고, 문장을 고치라는 조언을 받기도 했다. 영남 유생 이상진은 신유한의 문장에 담겨 있는 불순함을 거북해했다. 이러한 논란은 신유한의 문학이 조선 후기 문단에서 큰 이질성을 띠었음을 보여준다. 하지만 이상진 역시 "주백이 남쪽 지방에 분기하여 개연히 문장으로 일시를 호령하여 사인 묵객이 다투어 하풍下風을 도우니 요컨대 일대의 문호文豪가 되기 족하다"라고 하며 그가 문단에서 차지한 위치를 인정할 수밖에 없었다.

신유한의 문집 『청천집』은 그의 사후 18년인 1770년에 문생에 의해 간행되었다. 당시 너무 많이 인출하는 바람에 얼마 안 되어 목판이 닳아 훼손되었다고 한다.[10] 목판본뿐 아니라 현재 그의 문집을 초선한 필사본이 다수 남아 있는 것으로 볼 때, 그의 문장 중 수작을 직접 베껴 향유하고자 했던, 좀더 적극적인 성향의

『청천집』, 30.0×18.3cm, 국립중앙박물관.

독자층이 존재했던 것을 알 수 있다.[11] 특히 『해유록』은 그의 문장 중에서도 백미로 꼽히는 데다가 집집마다 소장하고 애송할 정도였다.

그렇다면 신유한의 명성만큼 그의 문장은 18세기 문단의 문풍을 선도하고 혁신했을까. 안타깝게도 그의 문도 중 신유한의 문학을 계승하여 문단에 명성을 떨친 이가 나오지 않았다. 또 신유한의 문학은 주류 문맥으로 공유되지 못했다. 이를 그의 문학 자체가 가지고 있는 한계 때문만으로 이해해서는 안 될 것이다. 신유한의 한미한 가문과 약한 정치적 입지가 그의 문학이 길이 높은 평가를 받는 데 방해 요소로 작용했다. 여항인 임광택林光澤은 신유한이 문병文柄을 잡았다면 분명 문풍을 크게 변화시켰을 텐데 국가에서 그를 측간 밑씻개처럼 급한 데만 쓰고 버려두었다며 한탄을 금하지 못했다.[12] 신유한의 문학은 어쩌면 한때 불었던 바람에 불과했을지도 모른다.

하지만 후대에 이르러 신유한의 이름은 그야말로 전설로 기억되었다. 그의 삶은 제자뿐 아니라 다른 문인, 심지어 일반 백성에게까지 회자되었다. 『형설기문』『병세재언록』『청성잡기』『삼명시화三溟詩話』 등 다수의 필기, 잡저류 서적에 그의 문명이 기록되어 있다. 민간에서는 신유한의 삶과 문학을 전설과 야담으로 전했다. 출신에 얽매여서 끝내 불우하게 살았던 그의 삶에 대한 시대의 애도라고 할 수 있다.

경계 밖 새로운 경계를 열다

천하제일의 문장가가 되고자 했던 신유한의 꿈이 충분히 실현되었다고 확언할 수 없다. 그의 문장을 조선 문단에서 최고의 문장이라고 말하기는 어렵다. 하지만 신유한은 그만의 방식으로 당시 문단에 자그마한 균열을 가했다.

문학은 도道를 담아내야 하며 문장에 전념하는 것은 옳지 않다는 시대의 목소리에, 신유한은 문학은 문학만으로도 그 나름의 가치가 있는 것이며 자신이 성취할 수 있는 유일한 것이라 답했다. 그가 끌어온 근거는 바로 옛 문장이었다. 옛날에 그리했던 것처럼 천기에 응하고 진정眞情을 노래하는 것이 문학의 본 모습이라 생각했다. 따라서 그의 문학에서 중요한 주제는 바로 '나'였다. 세상에서 규정하는 나의 모습에서 벗어나 진정한 나의 이야기, 감정을 시로, 산문으로 담아냈다. 그런 점에서 신유한은 조선 후기 문학의 가치를 인정하고, 문학 내에서 '나'라는 존재와 욕망을 이야기하려는 일군의 흐름에 위치한다. 기존의 경계에서 벗어나 새로운 문학을 탐색해나가며 문단에 일으켰던 균열을 신유한에게서도 확인할 수 있다.

한편 그가 문학에서 새로운 시도를 하게 한 동력이 바로 그의 불행과 좌절이었음을 기억할 필요가 있다. 그의 문학은 견고한 조선의 현실을 향한 투쟁이기도 했다. 신유한의 삶은 경계 밖, 길 위에 놓여 있었다. 경계 안으로 시선을 향했지만 그 안으로 도무지 들어갈 수가 없었다. 현실의 경계에 좌절했던 그는 문학으로 나마 그 경계를 넘어설 것을 꿈꾸었다. 그의 문학은 인식의 한계를 극복할 것을 중요한 화두로 다루었으며 현실을 초월한 상상력을 담아내곤 했다. 불교, 도가의 사유도 그에게 있어서는 일종의 위로와 구원이었다.

따라서 그의 문학은 조선 후기 문단의 변화 속에 놓여 있으면서도 이채로운 미감을 지닌다. 신유한의 문학은 주류가 되지는 못했지만, 경계 밖에서 자신만의 새로운 경계를 열었다고 할 수 있다. 그의 삶과 문학을 따라가는 것은, 조선의 경계 밖에서 욕망하고 투쟁하고 좌절하고 극복해낸 과정을 읽는 것이나 마찬가지다. 이것이 신유한의 삶과 문학이 특별하게 기억되는 이유다.

1장

1 위의 서술은 연보의 내용을 재구성한 것이다. 朴履坤, 「年譜」(『靑泉集』 권10 附錄). "先是母夫人夢, 嘗有靑鶴遊竹林. 竹林間有泉源出石坎, 淵澄活動, 歲旱無減, 而在臨月, 七日斷流, 嶽降之夕, 復溢如故. 又有異香繞室, 經夜不歇, 擧家異之, 而後先生之稱號也盖以此."

2 급제자 명단은 다음과 같다. 안숙安璹, 유진정柳震禎, 곽세익郭世翼, 유봉명柳鳳鳴, 손만중孫萬重, 이명기李命夔, 신유한申維翰, 박정원朴鼎元, 민광로閔廣魯.

3 조선 후기의 문신. 본관은 덕수德水. 자는 중호仲浩, 호는 함광헌含光軒이다. 한성판윤 이광하李光夏의 증손으로, 할아버지는 우의정 이집李㙫이고, 아버지는 이주진李周鎭이다. 대사헌, 대사성, 부제학 등을 역임했다. 경상 감사에 있을 적에 『청천집』을 간행했다. 문집에 『함광헌집含光軒集』이 있다.

4 李瀰, 「靑泉集序」(『靑泉集』). "嶺之南, 山雄水麗, 多文獻, 肰於詩有新羅崔文昌, 於文有本朝金佔畢 上下數千秊間, 僅二三人而止."

5 고려시대 판사判事를 지낸 신득청申得淸을 시조로 한다는 설도 있으나, 『청천집』의 서문, 세가, 행장은 신현을 시조로 한다고 기록하여 이를 따른다.

6 신집申楫(1580~1639), 신후申垕(1656~?), 신용연申用淵(1759~?), 신부申溥(1764~?), 신대원申大元(1777~?).

7 신규년의 사적은 『풍림실기楓林實記』에 자세히 남아 있다.

8 배재홍, 「朝鮮後期의 庶孼許通」, 『복현사림』 10, 1987 참조.

9 『承政院日記』, 영조 27년 2월 2일. "上曰, 維翰地處何如耶? 泰齊曰, 維翰, 卽故名臣金馹孫姪子, 己卯名賢大有之外裔孫也. 大有墓誌銘, 有傍室子云, 故維翰登第之初, 故相臣李宜顯, 多識國朝故事, 以吏郎分榜時, 置之芸閣, 坐此淹

屈, 人多稱冤矣."

10 曹植,『南冥集』권2,「宣務郎戶曹佐郎金公墓碣」. "公娶縣監李樑女, 無子女, 越四年乙卯, 夫人繼逝, 祔于墓左. 夫人素不慧, 羣妾侍之, 若婢幼之事嚴主, 遇僕隷, 皆得其懽心. 內外雍穆, 以御于鄕黨者, 實自刑家始也. 傍室子有二人 焉, 曰成 曰生."

11 조동일,『인물전설의 의미와 기능』, 영남대학교 민족문화연구소, 1979, 161~177쪽.

12 김백철,『조선후기 영조의 탕평정치』, 태학사, 2010, 239~245쪽.

13 申維翰,『青泉集』續集 권2,「離騷經後敍」. "余生長山南農家, 目不見古人奇 書, 而天性有好古之癖, 五六歲時, 從人受書, 不喜讀唐宋詩文, 欲學離騷經. 先生笑曰, 是其旨深而辭晦, 長老之所聽瑩, 若何以能解, 卽對曰, 雖不曉旨, 舌 在也, 願受其音. 先生異之, 時時授章句, 旬日而竟篇, 卽又大喜, 坐臥遊戲, 口 不掇誦. 自以塗鴉之墨, 細書成卷, 置之懷袖, 出入與偕, 弊則易以新之, 紙凡數 十易而終不肯借人書一句, 年旣長而好之采篤, 前後誦讀, 殆不能窣."

14 申維翰,『青泉集』권6,「叙與尹太學士論文事」. "維翰起山南農家, 地僻而陋, 目未覩古今百家之書. 十五讀風雅, 十六讀典謨, 十七讀論語. 喜其字琢圭璋, 音如鍾磬, 遂以求古人於句節聲華之間, 而不復知有天理神解之奧. 性又局狹, 自謂刻盡古人, 可得其眉髮形貌, 而亦不知有生動氣魄之眞. 出而見左氏離騷 兩司馬班椽之言, 有合於詩書聲口者, 則錄其尤瑰瑋者, 實諸懷袖, 沾沾諷誦曰 文在是矣. 當是時, 有鄕里業擧少年持西山眞寶謝氏軌範等編 輒取而寓目 怪 其音節大不類, 以爲是六藝之異端."

15 朴履坤,「年譜」(『青泉集』권10 附錄). "春得營白壯元, 方伯巡到嶺南樓, 設白日 塲. 先生欲觀光, 而家貧無以備草紙, 母夫人以婚書紙分析之與之, 乃得呈券, 巡使見而大加稱歎曰, 紙本雖若此, 而文筆則更無居右, 優加賞格, 以供課讀之 資云."

16 朴履坤,「年譜」(『青泉集』권10 附錄). "讀書傳, 懸吐史漢. 十月, 往清道渭陽宅, 日暮未及, 望門投宿, 主人視以庸兒, 夕供甚薄. 且居處極寒, 夜久無寐, 起坐 誦貨殖傳一通. 主人亦起聽歇, 遂與聯衾 乃粬其子, 精具羹飯以進曰, 吾年老 眼肉, 不知鸞鳳之入雞羣, 秀才勿咎焉. 吾輩自少時, 亦以讀書爲名, 而自知所 讀, 無所錯誤, 今聽秀才句讀, 不覺自服. 先生還家, 乃懸吐."

17 거접은 산이나 절 등지에서 동료나 선후배들끼리 모여 함께 숙식하며 과거시 험을 대비하던 모임을 말한다. 전경목,「조선후기 지방유생들의 修學과 과거 응시」,『사학연구』88, 2007.

18 申維翰,『青泉集』권1,「奉李載允七歌 顯坤」.

19 『承政院日記』, 영조 17년 4월 13일. "上曰, 嶺南文官申維翰, 年則老矣, 而爲政 何如? 益炡曰, 年雖老, 而勤於民事, 但以嶺人之故, 多鄕暗矣."; 영조 23년 1월 29일. "上曰, 申維翰, 果善文矣. 曾有一人誦一句詩, 自謂自作, 其後聞吳光運之 言, 乃申作也, 以此知維翰之善文, 而其人也則野矣."

20 李東允,『樸素村話抄』坤. "其未達也, 以弊衣冠行過重牢之家, 直入宴席而坐, 座中人皆認以寒乞人. 維翰見會者方次席上韻, 請得華牋一幅, 主人與之. 重牢 老人曾玄方滿前, 維翰展其牋, 與一童子曰, 爲我寫之, 吾當呼之, 卽呼曰, 主人

久不死, 童子住筆仰面熟視曰, 何是言也. 維翰曰第書之, 老人命其從令, 復續呼曰, 豈曰神仙無, 可憐赤松子, 天上一鰥夫, 滿座大驚."

21 朴履坤, 「年譜」(『靑泉集』 권10 附錄). "秋登矗石樓有詩, 後宰晉陽者扁揭上頭, 藉藉一世, 而及於中國, 協於樂府正音云."

22 하강진, 「촉석루 제영시의 역사적 전개와 주제 양상」, 『남명학연구』 62, 경상대학교 경남문화연구원, 2019.

23 『承政院日記』, 영조 23년 1월 29일. "上見明履與瑃私相語, 下詢曰, 何事? 瑃曰, 善文人申維翰者, 於矗石樓有詩, 世人相傳稱道, 臣等俄爲此言矣. 上曰, 申維翰, 果善文矣. 曾有一人誦一句詩, 自謂自作, 其後聞吳光運之言, 乃申作也, 以此知維翰之善文, 而其人也則野矣. 瑃曰, 大抵詩人矣."

24 魯認, 『錦溪日記』, 6월 26일. "晴. 早食後洪秀才來, 傳示我八景絶句, 諸秀才皆稱美曰, 足下若在此堂, 做文科業, 則文章七篇, 能做而成功. 我曰, 洛東江上船舟泛, 客子停驂聞不樂, 吹笛歌聲落遠風, 蒼梧山色暮雲中, 錦溪魯先生日記天地報君三壯士, 萬古綱常三父子, 江山游客一高樓, 十州風雨一男兒."

25 申維翰, 『靑泉集』 권5, 「林西河集跋」. "昭乎爛乎. 莫與汝爭能, 莫與汝爲郵, 忽卷而藏. 或闢而發, 水不能沉, 火不能焦, 盜賊不能窺, 咸使其造化而已, 不與知焉."

26 李東允, 『樸素村話抄』 坤. "申維翰以肅廟癸巳擢定廣第魁, 於作誥釋湯愍賦以名作滿人口. 及傍出上, 其父書曰, 三十八句, 批點八句, 特書三上以示群儒, 男兒事業快哉壯哉. 話須固不當若是於父兄, 而亦可見文人氣習也."

27 『承政院日記』, 영조 9년 8월 26일. "儼曰, 若如南原掛書, 則疑其永河之潛置, 而至於祭文, 豈能知之? 上曰, 兵氣化以春雨之句, 誰人所作也? 寅明曰, 申維翰之科作也. 尙絅曰, 其時臣爲試官, 此語不見於古, 且甚不好, 故臣有相爭之事, 至今記憶, 問處雄як何人所作, 則卽對以此句矣. 寅明曰, 申維翰家在高靈, 似相知矣." 남원괘서사건은 조윤선, 「영조 9년, 남원 만복사 괘서 사건의 정치적, 법제적 고찰」, 『전북사학』 33, 전북사학회, 2008을 참조.

28 이 시에는 다음과 같은 각주가 달려 있다. "신유한은 밀양 사람이다. 어릴 적에 내가 그 시문을 읽어보고는, '반드시 세상에 이름을 날리겠구나' 하였는데, 뒤에 생원이 되었고 또 대과 회시에서 1등을 차지하였다." 권두경權斗經, 『창설재집蒼雪齋集』 권5. "申密陽人, 丱角時余賞其詩文, 謂必名世, 後選上舍, 又登大科會試第一人."

29 당시 의령 현감이었던 이정제는 홍문관 부교리로 부임하러 상경하는 길이었다. 그는 소론계 문신으로, 이후 대사헌·형조판서·호조판서 등을 역임했다.

30 申維翰, 『靑泉集』 권3, 「上李學士廷濟書」. "某拜, 寅賓閣奉誨, 何日夜敢忘. 自以楡枋間一物, 幸得佐大鳥而爲逍遙遊, 至令羽翰揚, 謂可以御冷風凌雲霄, 而轉眄蓬蒿, 不過數仞, 卒乃搶佯而集, 躑躅而悲. 其在九萬里而視下也. 亦若是乎! (…) 某陰谷之枯株, 天不與爲華, 而偶值鄒生暖律, 叨被陽和, 今之寂寞, 分所當也, 名場之計, 付之亡何. 藝苑之談, 屬之子虛, 獨有窮寠, 與七尺而終始. 若然者, 其將不可已乎. 抑未知造物者或能脫我於蓬累, 濟我於津梁, 翩焉翔武, 以從執事遊耶. 此在望外, 言未敢長, 竊途姓名, 倘不遐於几檀之間, 於願足矣."

31 서신에 나오는 "추생"은 전국시대 제齊 나라 추연鄒衍을 이르는데, 그가 연혜 왕燕惠王을 섬길 적에 혜왕이 다른 신하가 참소하는 말을 믿고 그를 하옥시 키자 때아닌 5월에 서리가 내렸고, 또 북방은 기후가 차서 오곡五穀이 자라지 못했는데, 그가 율律을 불어 기후를 다습게 하자 벼와 기장이 자랐다고 한 데 서 온 말이다.(『열자列子』 「탕문湯問」)

32 차미희, 『조선시대 문과제도연구』, 국학자료원, 1999, 187쪽.

33 申維翰, 『海游錄』 상, 5월 18일. "名豈龍頭大, 官仍鶪翼孤."

34 이덕무李德懋, 『청장관전서青莊館全書』 권16, 「族姪復初」. "夫東國之庶類者, 朝家之大禁, 宗族之大僇也, 中士恥與談討, 下流爲之嘖罵, 幾不齒於人類. 賢 者蒙辱, 黠者陷窘, 其爲蹤跡, 盖亦難矣."

35 송지원, 「영조대 국가전례정책의 제 양상」, 『공연문화연구』 17, 2008 참조.

36 『承政院日記』, 영조 13년 10월 20일. "光佐曰, 奉常僉正申維翰, 善文章, 且解 事, 特以遐鄉之人, 故不得顯用, 殊可惜, 曾爲本寺之官, 輯成謄錄三册, 而旣移 他職之後, 吏屬厭其害己, 廋之. 渠再任本寺之後, 慨然有更輯之意, 而未及爲 之, 先成謄錄一册矣. 今此所達者, 臣亦與此郎廳, 相議草出. 若使此人, 久任 本寺, 則必多有效, 待其見效, 陞遷善職, 何如? 上曰, 依爲之."

37 『承政院日記』, 영조 14년 4월 19일. "仍以僉正申維翰, 屢經此任, 曉達凡百, 久 任置簿, 專管修擧, 維翰盡心奉行, 自神室神輦以下, 一倂修改, 造酒造脯, 別爲 致精, 各庫毀傷處, 今方重新, 成效漸著, 非可誣也. 意外移拜漣川縣監, 將半 途而廢, 不得不入啓仍任矣. 此事首末, 屢經陳白, 天鑑所下燭, 今以厭避殘邑, 入於臺官論罪, 置之準期不敍云,. 大抵厭避殘邑之類, 或不無圖囑請仍之弊, 今玆臺言, 似必一例視之, 而事實誠有不然者, 苟曰厭避, 非渠自爲, 臣實使之 也. 宜命攸司重勘臣罪, 如其不然, 乞還維翰之職, 俾無一物之枉, 仍令卒責其 久任之效焉."

38 『承政院日記』, 영조 14년 7월 21일. "上又問維翰以職姓名, 次問履歷. 對曰, 癸 巳文科, 付藝館, 庚子陞典籍, 遷奉常判官, 出爲茂長縣監, 又出爲平海郡守, 准 瓜昨春拜本寺判官, 陞爲僉正矣. 次問職掌. 對曰, 所掌天字庫祭享所用酒脯果 實, 名數最多矣. 上曰, 都提調以爾置簿久任, 爾果成就何事乎? 對曰, 都提調 謂臣屢經此寺, 使之久任, 而凡干祭用之物, 親自監造之外, 有何報效之道乎?"

39 權相一, 『淸臺日記』 권3, 을축년(1745년) 4월 20일; 한국국학진흥원, 이근호 외 『한양의 중심, 육조거리』, 서울역사박물관, 2020 재인용.

40 『承政院日記』, 영조 17년 7월 1일. "上曰, 漣川縣監申維翰, 可謂奇矣. 尙今讀 書耶? 象元曰, 問之於渠, 則言言謙抑, 而民言公事酬應之暇, 果讀書云矣. 爲 政多善, 而第少不檢下矣. 上曰, 其人, 予以疎脫人看之矣. 尙今讀書可貴. 上曰, 子不在如不祭, 常時固當各別申飭, 何以必親祭而擇差乎? 近來申維翰, 亦善爲 之, 都其人矣."

41 『承政院日記』, 영조 15년 1월 28일. "淳曰, 籍田令, 奉常僉正例兼, 此卽頃日神 室圖模寫之人申維翰, 文識可取, 而此是鄉人質卑者也. 親耕禮, 雖自臣曹句管 擧行, 禮畢之後, 如蓋草等事及落種後看檢鋤治等事, 若只專委於籍田令, 則籍 民皆比近郊豪民, 號令必不能行, 而守直看護, 亦未着實. 地部卽司農之官, 令地 部別定郎官, 與籍田令凡事眼同看檢, 俾無虛疎之弊, 何如? 上曰, 戶曹似或諉

之太常, 而耕根車, 戶判旣已持來, 則戶曹卽古之大司農, 其令戶曹, 擇郎官中勤幹解事者, 與籍田令, 限秋成頻頻看檢, 可也."

42 국역『조선왕조실록』, 신미년(1751, 영조 27) 2월 3일.

43 權相一,『淸臺日記』, 정미년(1727, 영조 3) 8월. "晴. 曉進闕下待開門, 入依幕, 行肅謝四殿各四拜, 東宮再拜 合十八番. 李令仁復在政院件問, 罷後由丹鳳門, 抵申周伯舍館【時在宗廟洞】進早飯白粥, 蓋慮飢乏預待."

44 『靑泉集』권2,「上從叔書」. "侄離家遠來, 已見換歲, 而高靈消息, 一不得聞, 當此險歲. 人皆以死亡爲慮, 如我一身, 置老母兄弟妻子於四顧無親之地, 作此奔走公役, 一日如年."

45 申維翰,『靑泉集』권4,「木覓山記」. "登木覓山, 山高數千仞, 西北望白岳三角仁王諸山, 崔萃穹盤, 若拱若抱. 東得白雲枝麓, 宛延而下, 與南山合, 環山之脊而爲雉堞譙樓, 鍾皷之音相聞. 是其城中地勢, 衡可十餘里, 縱三之二. 於焉而立廟社宮闕倉廩府庫壁雍苑囿, 外爲三公六卿百官衙寮. 其餘爲萬人屋百貨肆十街市, 歷歷在指掌間. 卽亡論帝京豐鎬, 其視史傳所稱臨淄雨汗鄠郢雲夢, 吾懼其辟三舍矣, 然是土也, 材博而饒, 德業而伊傅, 智能而管葛, 文章而兩司馬, 典郡而龔黃卓魯, 咸是之自出, 而得於遇陬豐蕪之家者, 百無一焉. 又以取於斯者, 設甲可乙否齊嬴楚屬之局, 前之是甲貴甲人, 百不用一乙焉. 後之是乙貴乙人亦如之. 所以是土之材, 常患於什不用二三. 然契爲司徒, 夔典樂, 皐陶作士, 龍作納言, 無往而不諧, 九功惟叙, 庶績咸熙. 其斯爲比屋之封, 而粤無鑄秦無廬矣, 於乎, 此豈地靈之毓材, 豐於內而嗇於外哉, 抑周官世祿之制, 作成已久, 父兄之敎子弟之律, 不假鍛鍊, 習熟見聞, 家齘齘而戶經緯故也, 而區區側陋之士, 起自耒耟, 材不能效一官, 而越千里重繭而至, 進墨墨不得意, 退又皇皇如也, 悲夫!"

46 申維翰,『靑泉集』권2,「送金若礪赴任長沙序」.

47 이동희,「조선시대 전라도 부안현감의 임용실태」,『전라문화논총』6, 1993 참조.

48 『承政院日記』, 영조 21년 8월 1일. "新除授扶安縣監申維翰, 爲人詭祕, 袒臂異學, 爲世之指點者久矣. 屢典州縣, 無一善狀, 到處流毒, 民不堪命, 其不可復畀字牧之任也, 明矣. 至於新除扶安, 素稱湖南難治之邑, 而題目之下, 物情俱駭, 當此極擇守令之日, 不可付之於此等之人."

49 李瀷,『桐江遺稿』권5,「申周伯維翰 得扶安, 臺啓斥以異學, 戲贈」; 이종호,『조선의 문인이 걸어온 길』, 한길사, 2004, 329쪽 재인용.

50 申維翰,『靑泉集』권3,「與芝山李斯文書」. "今番貶課, 想已經眼矣. 太柔之目, 本自道德經做來, 亦自謂不負所學之功, 而此與前日臺斥中異學之說, 相爲表裡, 一笑. 向在漣峽時, 繡衣以吾荒年捧糴, 不用鞭扑, 至蒙筵中襃奬, 則今雖以柔得罪, 自與貪虐不法者有別, 亦何所憾."

51 『承政院日記』, 영조 8년 10월 23일. "徐命均曰, 前者朴文秀上疏中, 守令仍任事, 有所防啓矣. 追後聞之, 則平海郡守申維翰, 治績果有顯著之效, 本道方伯, 旣以遞差可惜云, 雖若顚倒, 平海郡守申維翰, 仍任, 何如? 上曰, 依爲."

52 申維翰,『靑泉集』권5,「祭厲神文」. "嗚呼傷哉, 吾不知爾姓爾族, 爾家何居, 而均之爲我聖王赤子, 則爾與我同一化育矣. 爾自不吊于天, 水旱風霜, 蕩爾田廬,

천하제일의
문장

350

去爾鄕國, 挈爾婦孺, 罹霧露觸寒暑, 跋履山川. 飢渴熬其內, 毒痛攻其外, 安能不底於死乎. 吾見爾扶携蓬累, 涉吾境而屯如遭如, 什百爲羣, 而不見其歸也. 則爾死而溝瀆爲坎, 苫土爲衣, 固其所也, 何生之苦而何命之薄也. 緊今野麥登場, 園瓜滿筥, 而爾不食新矣. 甘雨郊原, 婦子饁畂, 而爾不與饗矣. 嗚呼, 傷哉, 鬼猶求食, 爾其有知, 得亡如若敖氏之餒乎. 然吾嘗聞諸達者, 人之死也, 骨肉歸于土, 而魂氣無不之也. 若夫飢而夢餗, 凜而思襖, 羈旅而懷田園, 甚至於簞食豆羹, 喜慍辭色, 此皆生人之累, 而死則無此矣. 爾旣遺形棄骸, 脫屣於塵勞之外. 陰陽爲侶, 雲月爲徒, 與遊於鴻蒙之門, 烏有之虛, 卽莊周氏不擇於螻蟻, 而髑髏所謂南面王樂也. 尙何用怨懟之氣薜而未紓, 使吾千家之氓, 而逝者病者, 咸謂爾仇仇爲哉. 吾哀爾不食而死, 設酒飯以供一飽."

53 申維翰,『靑泉集』續集 권2,「瘞人骨文」. "縣氓相傳是土無水, 爲坡坨宛丘, 遠近之凍餒死癘疫死, 北來商客破船死, 薄葬藁葬及具棺築土而封者. 大小甚衆, 卽如佛家所謂尸陀林者, 而往在壬戌, 大浸懷襄, 陸化爲江, 是其形骸東流而達于海者半之, 敗棺朽木. 或胃於沙岸而零骸之布路者, 又不知甲脊乙膊, 誰髑何脛, 所以不收不瘞, 任其消磨云爾. 余聞而益悲."

54 朴履坤,「年譜」(『靑泉集』권10 附錄). "歎曰, 吾平生服詩書業文章, 未能仰答聖朝恩眷. 又不能生逢皇明盛際, 北遊中國, 壯觀司馬氏之墟, 是命也夫, 是命也夫. 語畢, 侍者屬纊."

55 黃胤錫,『증보 해동이적』. "申維翰, 嶺南人, 佔畢外裔也. 號靑泉, 以文詞著, 肅廟癸巳, 壯元及第, 官止守宰.學丹家探精法, 修煉有得. 壬申歿, 壽七十餘, 將化, 自知其期, 旣死三日, 四體猶溫而軟, 有聲諄醇, 若平日語, 聞于戶外人, 謂之尸解, 在世, 不督子勉學曰"文章, 天地間公物也, 雖父子至情, 安私受授! 任汝得否而已." 乾隆壬申, 丹城權佶云."

2장

1 申維翰,『海游錄』상, 戊戌年 正月. "余惟一生命途, 大被狂聲所誤, 寄人齒頰間. 造物兒, 又從以崎嶇之, 擢第以來, 備嘗百恻羞苦, 今復驅之於死生溟海之役, 此皆坐五鬼未去耳. 尙誰怨尤."

2 元景夏,『蒼霞集』권7,「靑泉子海游錄序」. "余年十七, 始從靑泉子游, 不肯言文章事曰, 是誤我也, 使我爲江南老農夫, 豈復棲遑於漢陽旅舍乎. 夫離憂患, 招謗議於一世, 困阨奇窮, 鬱鬱不得意而至於白首者, 皆文章誤我也. 往往歔欷流涕, 然其所喜讀者屈子遠游. 余怪而問之曰, 遠游獨非文章乎, 夫子何喜讀也. 靑泉子俯而不答, 屈子悲歎時俗之迫阨, 蟬蛻於汙穢沉濁, 排空御氣, 思欲與韓衆, 王喬娛戲於四海之外, 今靑泉子亦不得意於斯世矣. 其怨懟鬱悒之懷, 遠慕屈子之遠游, 其志可謂悲也. 歲戊戌余游沁州, 登摩尼山, 望見海濤渺然, 亦思屈子之遠游. 靑泉子忽以書告別曰, 吾今乘扁舟泛滄海, 東游於扶桑日出之鄕, 訪徐子求仙之跡, 亦足以娛壯懷而舒情矣. 余見其書壯其遊. 嗚呼, 使靑泉子得此遊者, 殆天所以從其願, 而超然浮游於瀛海, 見其鯨鯢出沒, 魚龍鼓盪, 靑泉子之心胸, 可以恢廓. 其所謂悲哀歡樂, 當洗濯而無復有矣. 於是靑泉子虛靜恬

愉, 除其麤穢之氣, 高揖羣仙, 眇觀宇宙, 夫屈子遠游, 特寓言耳. 豈若靑泉子今日之遊也哉. 靑泉子雖諱文章, 能不賦遠游乎."

3   崔昌大, 『昆侖集』 권12, 「答申生維翰」. "以足下高文絶藝, 畸於世阨於時久矣, 顧無所表見. 今日之行, 天使之振大雅於殊俗, 揚國家之聲明也. 毋以家私累其心, 專精於翰墨, 俾卉服之人, 永世傳誦, 服我右文之化, 則其有補於東漸之聲敎, 抑豈少哉."

4   해유록 번역은 국역 『해행총재』를 참조, 수정했다. 申維翰, 『海游錄』 상, 8월 8일. "旣登, 暮色蒼然, 延望烟渚百里外, 山形皎皎若白練帶, 又若玉連環, 與藍島作襟抱, 無尺寸罅缺, 隔浦漁帆以遠近參明滅, 皆從鏡面來往, 歷歷可辨. 山腰翠壁揷無底, 雲溶溶欲墮波浪, 松風又發, 與雲水相答. 吾未知十洲佳處有幾何, 卽令麻姑永郎輩, 携手而至, 得不小踟躕瞻望乎, 自小儸桃宿緣, 獲此一轉眄, 亦幸矣. 因嘯咏久之, 通事曰, 今日觀何如, 答云吾今爽然自失, 不知身外有何物, 若使百年三萬六千日, 長得浮生坐此間, 便足羽化登仙."

5   申維翰, 『海游錄』 상, 8월 18일. "行四五十里, 南望海門, 有奇城出波面, 倭言是小倉縣. 障海爲城, 城長可十里, 粉堞玲瓏, 中起五層譙樓, 碧瓦雕梁 照耀雲表, 引海水爲壕. 壕上設石棟長橋, 朱丹隱映, 若彩虹俯飮波, 橋傍水門, 又如明月出海, 爰有古松高杉橘柚之園, 森森挺挺, 認作琪林玉樹, 千家綺繡, 陰翳其間 不啻畫中玄圃, 我船隔水數里, 眄而過之. 令人神飛目動, 暗叫了孟婆孟婆, 乞轉我橋頭着虹橋, 好放我三兩日坐高樓."

6   申維翰, 『海游錄』 상, 9월 4일. "山川樓榭, 人群麗美, 竹木穠華, 爛爛若妬勝而爭衒者, 左眄則恐失右之觀, 右矚則左忽益奇. 舟行半日, 兩眥俱赤, 如饞人得珍羞, 腹滿而口不壓肥."

7   申維翰, 『海游錄』 중, 10월 13일. "然彼其海嶠雲霞, 亦自被倠家笆籬物, 藉令穆天子乘八駿至, 當不過一寓目而過之, 又誰與觴瑤池賦白雲哉. 第以由我京至此, 水陸五千五百餘, 目境與履迹, 莫非前生宿債, 而瞥然如春夢華胥, 盡歸於無何有之鄕, 蓋於幻中色相, 認得瞿曇氏萬法皆空處耳."

8   황호黃㦿의 『동사록東槎錄』, 김지남金指南의 『동사일록東槎日錄』, 조명채曺命釆의 『봉사일본문견록奉使日本聞見錄』, 조엄趙曮의 『해사일기海槎日記』를 대표적인 예로 들 수 있다. 물론 17세기 중엽 남용익南龍翼은 『부상일록扶桑日錄』에서 경이로운 후지산의 경치를 묘사하고 그에 대한 감회를 표출하고 있어 달라진 양상을 보여주지만 관습적인 표현을 크게 넘어서지는 못하고 있다. 南龍翼, 『扶桑日錄』, 9월 26일. "仰見富士山, 壓臨馬首, 一帶白雲, 遍藏腰下. 頂上則白雪皚皚, 上下光景, 無非活畫明鏡 令人洒然."

9   申維翰, 『海游錄』 상, 9월 4일. "他百工技巧雜貨馹倅之客, 遍國中. 又以交通海島諸蠻, 是其繁華富庶爽塏奇觀, 可謂甲天下. 卽古傳所記關賓波斯之國, 必無以過也."

10   이효원, 『조선 문인의 일본 견문록』, 돌베개, 2011, 105쪽.

11   申維翰, 『海游錄』 중, 9월 27일. "逶入一城門, 度二大板橋, 皆行錦繡中. 復出東門, 皆有重城甕城鐵關金鎖, 緣壕作橋, 赤欄交暎. 舟從橋下出水門, 可通于海. 夾路長廊, 皆貨肆. 市有町, 町有門, 街衢四通平直弦. 粉樓雕墻, 爲三層二層, 甍棟之相連如織繡. 觀光男女, 塡塞充溢, 仰看繡屋梁楣間, 衆目交攢, 無

一寸空隙. 衣裾漲花, 簾幌耀日 視大坂倭京, 又加三倍."

12 申維翰, 『海游錄』 중, 10월 1일. "規模如此, 用人如此, 儀度又如此, 而能致富
　　強長久之樂, 實未可知也."

13 申維翰, 강혜선 역, 『조선 선비의 일본견문록: 대마도에서 도쿄까지』, 이마고,
　　2008; 이효원, 『조선 문인의 일본 견문록』, 돌베개, 2011 참조.

14 『海游錄』 하, 「附聞見雜錄」. "倭地幷合諸島殆數千萬里, 佳山麗水膏壤沃野,
　　百穀豐焉. 萬寶生焉, 此豈待秦時而有人, 豈待徐福而有君耶."

15 南玉, 『日觀記』 하, 11월 초 4일.

16 申維翰, 『海游錄』 상, 8월 18일. "西山之脚, 有待變亭. 亭舍敞豁, 有帶劍郞十
　　數人列坐, 以大砲數十置架上, 砲門盡向海貯藥丸, 夾以火繩, 若將應敵發者.
　　亭下水 處, 有戰船三隻甚大, 覆以油蓋, 片片如甲衣, 左右撑櫓, 又若乘機赴
　　急者. 其陳兵俟變, 日夜無休如此."

17 申維翰, 『海游錄』 중, 11월 3일. "雨森東狠人也, 卽無所發怒, 直與首譯私鬪,
　　雜用鮮語倭語, 吼如獅奮如蝟, 張牙裂眥, 其狀幾乎劍出鞘矣. 余時從閣道而
　　下, 適見雨森而呼曰, 君非讀書人乎, 何怒之悖理如此."

18 申維翰, 『海游錄』 하, 12월 28일. "東老之失聲而號曰, 吾今老矣. 不敢復與世
　　間事, 朝暮當作島中鬼耳. 尙何所望, 只願諸公, 返國登朝, 榮聞休暢, 言訖涕淚
　　被面."

19 진승원에 대한 자료는 메이지 유신 때 소실되어 찾아보기 어렵다. 최박광, 「한
　　일간의 문학교류 – 신유한과 월심성담의 (月心性湛) 경우」, 『인문과학』 29, 성
　　균관대학교 인문학연구원, 1999, 85~103쪽.

20 이원식, 『조선통신사』, 민음사, 1991, 144쪽.

21 申維翰, 『海游錄』 상, 9월 4일.

22 申維翰, 『海游錄』 중, 10월 3일; 『海游錄』 하, 「附聞見雜錄」.

23 『芝軒吟稿』 附錄, 「謹呈三木氏梧下」. "其雅調奇思, 溢出藻刻, 片片作閬苑煙
　　霞, 當是千年名貨, 不可盡言之也. 第念此行忽忽未及一二周觀. 今當奉完而亦
　　不忍割愛, 敢私付橐中, 若使諸君子有廣布此卷之意, 因卑不佞以歸, 三韓好事
　　者當家誦而戶談, 永爲美事, 實所大幸."

24 申維翰, 「芝軒吟稿序」(『芝軒吟稿』). "乃鳥山氏之爲詩, 則必用師心而舍津筏, 不
　　作一古人面目, 又不作一今人意態, 所以外足於象, 而內足於思. 絲是而爲芝蘭
　　之色, 絲是而爲琅玕之響, 絲是而爲薑桂之味, 卽令婆娑漫汪, 白首窮途 不肯
　　北面而交一二少年賣名聲于都人士者, 皆是之爲也. 嗟夫! 猗蘭之死於谷, 而蕘
　　牧者侮罵, 集馬勃而陵之, 蕭蒿柞櫟, 幸一托蔭於華構, 而貴遊之貨日以至, 得
　　諡干霄之雄, 吾所爲鳥山氏悲者. 然陵陽之璧, 越千年而亡恙, 遇一隻眼洗了,
　　便若朝暮所可徵者, 有斯集在. 顧不佞, 乘流而至, 擊棹而往, 獲一挂名於卷中,
　　亦自偶然耳."

25 113대 천황인 히가시야마 천황東山天皇(재위 1687~1709)을 말한다.

26 『芝軒吟稿』 附錄. "今其詩卷在橐裝中, 令人日日嗅淸香, 恨未奉戶田生面瀉此
　　懷. 卽承琴山子志喜之章, 踊躍勝事遙爲和呈."

27 현재 일본 도쿄대에 소장된 『지헌음고』(총 6권)는 신유한의 서문으로 시작하
　　여 신유한과 제자들이 주고받은 6개의 서신을 실은 부록으로 끝이 난다. 『지

헌음고』에 있어 신유한이 가지는 역할과 위치를 분명히 알 수 있다.

28 동국대학교 도서관본 『일본조산씨시고日本鳥山氏詩稿』에 대한 내용은 이효원, 하지영, 「1719년 통신사행과 일본 문단에 대한 인식의 변화」, 『한국고전연구』 38, 한국고전연구학회, 2017 참조.

29 申維翰, 『海游錄』 하, 1월 6일. "時風頭漸猛, 日未半而踔數百里. 午後雨絲絲下, 忽變爲逆風, 各船憂懼, 盡以漂泊爲慮. 船將篙工輩言, 地勢與風候, 設令漂去, 遠不過熊川巨濟, 況今柔颺未竟, 可以督櫓. 逡盡力行舟, 未到絶影島八十餘里, 日已昏黑, 波濤怒涌, 舟以尺寸而進, 費了百般辛苦, 四顧沈沈, 不知行得幾里而向何方矣. 如是之間, 遙瞻一隻船, 在波上擧火, 火光所燭, 有黑衣而羽笠者 乃我國使令, 臨風疾呼曰, 開雲浦萬戶哨探船矣. 各船諸人, 欣聳若狂."

30 李象辰, 『下枝遺集』 권5, 「書申周伯贈通信副使詩後」. "寫示贈副使竹裏南公七言絶句三十四首, 有似空青水碧, 稀貴可愛, 驟而諷之, 扶桑山川, 宛在眼界, 誠詩中活畫也. 然首尾只是謾咏, 無一言及於專對事, 古人所謂贈人以言之義安在哉."

31 申維翰, 『海遊錄』 상, 6월 25일. "左瞰大海接靑天, 天下無他物障余眼 悠乎莫知其津涯, 汎乎其亡所畛域, 度九州之內百工萬物古今書籍, 司馬氏之觀而楚左史之讀且記者, 彈丸乎眇矣. 箕踞帆竿下, 讀逍遙遊秋水諸篇, 覺南華子臆間差大."

3장

1 崔成大, 『杜機詩集』 권1, 「送周伯」. "嶺南有奇客, 云是申氏子, 貧則一布褐, 富則詩萬紙, 不跡大河北, 名聲走千里, 今年忽相逢, 旅舍驚把臂, 出示爲文章, 百篇猶未止, 譬若登濬壑, 遙把羣岑翠, 盎欝生氣色, 橫媚動霞綺, 雄渾注深潭, 中央隱鮫鯉, 拍手未及竟, 謂我眞知己, 我曰子居家, 何樂復何治, 讀書欲何慕, 出身欲何試, 當今聖明朝, 賢愚皆不棄, 其如以子才, 成名立能致, 賈誼寂年少, 登在漢庭位, 終軍甘草莽, 棄繻辭關吏, 胡爲一失意, 戚戚復南someth, 申子蹵然辭, 君言非我志, 凡我再赴郡, 所遇多憔悴, 公侯富貴家, 朱門亘天起, 其人金作口, 熊虎爲之使, 浮雲蔽靑天, 榮辱隨顧指, 其門不可近, 況望履其地, 衣冠亦沉滯, 況復覊旅士, 朝望嶺雲好, 密水流淸馳, 明日與君別, 却去還故里, 世路苦縈宛, 羊腸繞曲汜, 有才不知憐, 有賢不稱美, 安得天下士, 如鴻揷高翅."

2 李奎象, 「一夢稿」 雜著(『韓山世稿』 권23). "向者, 川李秉淵丈以大家稱, 李相公天輔以名家稱, 崔杜機成大以餘響稱."

3 강준흠, 『三溟詩話』. "世於公詩, 類其萎弱, 而餘窩翁嘗言", "崔詩情思黯然處, 亦自名家"; 최성대의 한시에 관한 연구는 안대회, 「18세기 전기 한시의 변주: 최성대, 삶의 고뇌와 감상주의」, 『18세기 한국한시사 연구』, 소명출판사, 1999; 황수연, 『杜機 崔成大의 民謠風 漢詩 硏究』, 연세대학교 박사학위논문, 2000을 참조; 李壽軒, 『壽軒稿』, 「晶峰開點」 33則(『韓山世稿』 권38 장10). "崔杜機成大 恬雅疏拙 從人會集 不敢擧頭 世傳閨人轉世."

4 李壽鳳, 「杜機詩集序」. "自少時愛誦詩之國風屈左徒騷歌, 司馬長卿賦, 徧閱

漢魏唐詩, 得其精粹, 所過山川墟里, 風謠物色, 有感於心, 輒發吟哦, 情趣聲響, 泠然合於古, 盖天才高而用工深也. 性不喜與人酬唱, 深藏不以示人, 深門靜几, 自咏自娛, 每恨世有古今, 不得與王孟杜張諸子, 論其所造淺深. 自得周伯, 不復爲恨, 昔揚子雲作太玄經, 歎世無知者曰, 後世有揚子雲者, 知揚子雲, 周伯卽公之子雲也.”

5　신유한과 최성대의 교유에 관해서는 황수연, 「18세기 지식인의 交遊와 문학적 담론 검토 : 신유한과 최성대를 중심으로」, 『한국고전연구』 8, 한국고전연구학회, 2002 참조.

6　申維翰, 『青泉集』 권1, 「筆園夜話有述五十韻」. “十一月四日, 士集要與余一宿, 預令門下治書帷淨甚, 余造焉. 是夜天雨雪, 一燈熒熒, 坐卧萬卷, 興至而吟, 吟倦而睡, 睡起則沃以酒, 殆逆旅中浣心境也. 余驪而把士集裾曰, 易不云乎, 二人同心, 其利斷金, 同心之言, 其臭如蘭, 卽余二人之同心, 眎古君子奚讓, 同言論同志槩, 又同好爲詩, 敢問吾子於詩何所好. 士集笑而應曰, 子非同心者乎, 吾從子之所好, 甚於影響, 胡爲乎歧之, 雖然子非我, 請先言吾好, 以與子同好. 吾于詩, 不以規矩, 不以格律, 不以聲容色澤, 而所把翫者天機也. 天之象, 日月星辰風雨霜露, 地之象, 山川草木鳥獸魚鼈, 孰陶鑄是, 孰磨光是, 孰居而無事, 粲然而成象, 其在人而爲學士逸民任俠僧胡冶女孀姬之歌言笑泣繹如班如者, 與夫物之千紅萬碧爛熳低昂自然而舒自然而動者, 色色天生, 種種天趣, 是皆可以興可以觀可以羣且怨乎哉. 今吾所由之際, 無日而非詩, 詩何嘗有法, 亦何嘗有族有宗, 讀周南之茉莒三章, 覺自有天地萬物氣象, 由漢已下, 李唐以詩道鳴, 大氐格物沿情, 葩分蕊別, 認得人間無限臭氣無限光景, 便與自家意思一般, 卽吾師乎, 吾師乎二南, 得之爲通物觀也. 三唐得之爲采眞游也, 降此以往者, 爲物役爲事障爲亂朱紫, 適人之適而以爲己私, 殆哉岌乎, 彼之謂風波之人. 語未卒, 余遽辟席而起, 觸觸然如有神君喚余醒者. 嗟乎, 余之不幸而生乎今, 不得聞往喆之玄規, 又幸而從士集游, 反而求之斯言. 斯言也, 卽使黃陳家數子地下聞之, 與有恨矣. 抑吾何幸往在壬辰, 士集先訪余都市中, 余固得其心於眉睫之間, 而因得其詩, 今又得其所好, 士集乃人類而天游者, 余亦安能辱吾士集而實之同好爲, 自是因留士集園旬日, 以成逍遙游, 述其所聞, 得五十韻, 有待夫世之同好者, 以吾非士集, 莫可聞此言, 亦知士集非吾, 莫可發此言, 幸藏之如何云.”

7　申維翰, 『青泉集』 권6, 「題士集秋響別詩後」. “丙申秋, 余以事至京師, 與士集會, 月餘而以病歸, 衫帶如故, 僕駭囊飮如故, 蹉跎抑塞狀 視前什倍士集摻余手, 意愴恨色沮, 泣數行下, 出其近體七言一章, 命曰秋響, 爲余奏之. 其詩曰送君秋草意如何, 長苦年年此曲歌, 謾說芸香堆閣在, 誰憐荷製染塵多, 津亭月曙聽鴉發, 山館林深秣馬過, 明日登樓孤望處, 白雲黃葉滿銅河. 余又和成二律, 遂歌而遂反之, 秋林槭槭然若歌若歡, 又若哀絲苦羽佐其鳴者, 已而飀飀吹雲, 至日暮而雨集焉. 天籟調調刁刁, 與之感與之怨且怒也. 嗟乎士集, 是曲也君能使吾悲, 不能使世人悲吾, 吾所以和者, 亦當使一士集而抆淚已. 雖然宇宙狹矣, 鴨綠以東, 吾得一士集多矣. 又焉用悲.”

8　申維翰, 『青泉集』 권2, 「淸明閣詩」. “仍嗟以子才, 宜在明廷位, 胡爲驥足縶, 謾屈牛刀試, 不使煥黼黻, 但敎管塩米, 區區一樓閣, 詎足爲君事, 一賀爲江山, 更

爲君一唱."

9 申維翰, 『靑泉集』 권3, 「與崔士集書」. "不佞心事, 無可與語, 擧一世而得足下一人."

10 申維翰, 『靑泉集』 권3, 「答崔士集書 二」.

11 崔成大, 「祭文」(『靑泉集』 續集 권12). "歲在壬申之六月九日, 靑泉申先生歿于高靈之景雲齋, 其友人孤哀子完山崔成大時伏畿鄕之堊舍, 哀荒窮毒, 與死爲隣, 不得先生耗, 且歲餘矣. 聞訃之夕, 五體投地, 且奉遺札數紙, 狂號大痛, 淚枯而止. 越四日七月乙丑, 製爲朋友之服, 南望哭之. 乃以八月初三日, 始粮授僕, 齎錢百文, 使以至之日, 具隻鷄單巵而陳于靈几之前. 嗚乎, 五年之期, 八年虛待, 晦注之緣, 一朝幷絶, 千古衮洋, 無處可尋, 我復何心, 而在世間, 伏苫緡息, 朝暮就溘, 如其頑而少延, 當以文字追告, 不然隨滅, 九原之下, 可以相訴, 此外復何言哉. 嗚乎先生, 倘聽斯話."

12 崔成大, 『杜機詩集』 권4, 「題小屛」. "元尙書華伯枉訪弊居, 偶見小屛有靑泉手寫鄙詩數篇, 愴念疇昔, 爲綴小叙, 題于屛上. 余以一絶續之, 以記餘悲. 人去書存閱幾春, 破屛殘墨滿埃塵, 尙書偶見猶興感, 況此長時展對人."

13 申維翰, 『靑泉集』 권1, 「暮秋客夜, 士集以二律見贈, 自叙其落魄之思, 因念吾旅懷不平, 切切如風簷落木之響, 感而和寄」; 崔成大, 『杜機詩集』 권3, 「惆悵吟」. "雖有舊交遊, 雲泥漸不同, 所以方寸內, 惟貯靑泉翁."

14 申維翰, 『靑泉集』 續集 권1, 「雪夜集」. "夜靜官閣, 朱墨稍暇, 出閱靑翁惠投詩文錄草, 吟諷翫繹, 情境如畫, 獨滯海縣, 未同玆會, 一妬一悵."

15 첫째 아들 임정任珽(1694~1750)은 대사성, 둘째 임집任?(1696~?)은 예조참판을, 넷째 임박任璞(1703~?)은 승지, 여덟째 임준任竣은 대사간을 지냈다. 이밖에도 셋째 임용任瑢(1700~?)은 간성 군수, 다섯째 임첨任瞻(1705~)은 판관, 여섯째 임원任瑗은 정읍 현감을 역임했다.

16 『承政院日記』, 영조 18년 2월 9일, 19년 10월 8일.

17 申維翰, 『靑泉集』 권3, 「與任谷山書」.

18 안대회, 「18세기 여성화자시 창작의 활성화와 그 문학사적 의의」, 『한국고전여성문학연구』 제4권, 2002, 127~156쪽.

19 『靑泉集』 권3, 「與任谷山書」. "七袠如隔晨矣 隨緣舊窩, 杳然如夢. 自知千秋精魄, 必游於晦園注洞."

20 국역 『조선왕조실록』 병자년(1696, 숙종 22) 7월 21일. "我國用人, 專尙門地, 先京華後鄕人, 已乖立賢無方之義. 至於防塞庶流, 本非古制 仁廟朝, 以許要不許淸, 稟裁署經, 久未擧行. 天之生材, 貴賤非有殊, 而枯項黃馘, 騈死於蓬戶之下 如宋翼弼之學術, 而終於布衣, 辛喜季之文章禹敬錫·柳時蕃之才諝, 俱未能展其驥足, 可勝惜哉! 今雖未能頓革舊弊, 依定制, 授三曹各寺, 而有吏才者, 畀以州郡, 其出類拔萃者, 不在此限, 蔭武亦宜稍寬其路, 俾無遺才之歎. 至於納米許通, 初因胡變而設, 旣久弊生, 謂宜特除其法."

21 박경남, 「崔鳴吉·崔錫鼎의 庶孼許通 상소와 지식인의 역할」, 『고전문학연구』 58, 2020.

22 정만조, 「영조대의 정국추이와 탕평책」, 『영조의 국가정책과 정치이념』, 한국학중앙연구원, 2012, 50쪽; 박광용, 『영조와 정조의 나라』, 푸른역사, 1998,

178쪽; 배재홍, 「朝鮮後期의 庶孼許通」, 『복현사림』 10, 1987, 302쪽.

23 국역 『조선왕조실록』 을축년(1745, 영조 21) 7월 4일.

24 국역 『통색촬요』 제2권 영조; 국역 『조선왕조실록』 갑술년(1874, 고종 11) 2월 15일(무자).

25 김창협, 「通信使佐幕, 凡四詞客, 皆我意中人也. 巖居, 念破浪萬里, 一帆無恙, 令人神思飛越, 若與之齊橈也, 聊寄四律, 各有所屬, 只可一覽而投水矣」.

26 李睟光, 『芝峯集』 권27, 「秉燭雜記」 上; 李圭景, 『五洲衍文長箋散稿』, 「詩文篇」.

27 李秉淵, 『槎川詩選批』 하, 「寄申平海維翰」.

28 申維翰, 『青泉集』 권3, 「答李三陟書」. "病卧官齋, 目無見秋花已久, 獨聞眞珠海山, 賀得康樂爲候. 精神之思, 日往來於翠壁烟霞, 恨無羽翼以飛 不自意左墨珍重, 灑灑肝肺之言, 七字瓊琚, 復申情貺, 令人枯骨生春, 沉痾如失, 字字感結, 因審琴理中光景, 無日非水石詩書, 何等風流, 何等仙緣, 頌仰頌仰. 某九考東郡, 髮短心焦, 自夏徂秋, 重爲兩竪所困, 才脫鬼簿, 便報瓜治歸矣,. 計不能一致身於凝碧樽筵, 缺歎之餘, 適得甘棠新令, 以敝邑刑殺文一紙, 奉邀執事, 若果踐期臨枉, 可供一夕之歡, 渴望渴望. 弊邑海濱風臭, 視眞珠伯仲, 有越松望洋二名勝, 視竹樓不敢當下駟, 客舍東隅有小築曰梧月樓, 是不佞所構而居之者, 僅容一琴一几, 朝暮坐瞰田野, 挹蒼林爽氣, 亦足夜郎王自大. 至於雕篆之習, 曩以狂妄爲戒, 猛火枯草, 焚滅無餘, 自分爲儱侗一俗吏久矣. 惠韻中論文之教, 卽執事不知我已非故吾也. 所以三復面熱, 竟闕倚和, 末又謾錄一語云官樓目送北歸雲, 采采瓊華欲報君, 塵土十年棲古匣, 劍花無復動星文, 實狀然矣. 佳期載卜, 以胥面悉, 不宣."

29 이후 이 시를 보고 조귀명趙龜命은 이야기는 교묘하지만 부처가 아닌 신선으로 이병연의 생일을 축하해야 한다는 짧은 글을 남기기도 했다. 조귀명, 『東谿集』 권3, 「題槎川李公晬集唱酬詩後」.

30 홍경보는 남인 출신으로 탕평파에 참여했다. 형조참판, 한성부우윤, 대사헌, 경기감사를 거쳐 1743년 대사간이 되었다.

31 申維翰, 『青泉集』 권3, 「擬赤壁賦」. "伊年壬戌十月之望, 畿輔觀察洪相公, 肅命旬宣, 攬轡原隰, 駟車彭彭, 鼂發寧峽, 陽漣兩尉, 薄言追躡, 翩其䢴邁, 度亭坂之嶢兀, 木落山淸, 江鳴石出. 相公曰嘻, 今夕何夕, 緬坡翁之豪遊, 我誦其辭, 寤寐風流, 二客旣同, 歲月惟侔, 睠玆江壁, 曷異黃州, 時不可以再得, 盍迨今而亟謀. 於是飭津吏整蘭舟, 威儀孔燕, 帳御咸修, 翼小船以先後, 齎玉罇與華羞, 戒旌纛使遵路, 傃坡陀而委蛇, 舟容裔而出浦, 指漣州以爲期.山嶵嵬而夾峙, 水汩淢而迤長, 危碞戍削以穿雲, 古木杈枒以被霜, 澹偃蹇而儃回, 聊騁眺而相羊. 鵠瀨坌其嵒㟏, 聽石齒之雷硠. 歷橫山以左轉, 欹松側壁, 互出而低仰. 悄林洞之曛莫, 幽輿紆而央央. 爇炭爐呼酒鎗, 膾江鱖炰山獐. 櫂謳齊發, 沙鳥羣翔. 少焉柔颸翕忽, 薄雲舒卷, 氷輪聳於峀頂, 縠紋開於鏡面, 灘聲忽以夕厲, 與鳴柁而奔電. 遂息櫓於熊淵, 乘月浪而膠葛, 叢巒集而攢髻. 古渡廣而容筏, 茆茨隱於薈蔚, 漁火雜於樵聒, 仰栖鶻之危巢, 俯潛蛟之幽窟. 剔神文於巖髓, 義姒邈其靡質, 明沙鋪練, 斷霞成綺. 騎吹遠, 候火如市, 亮殊觀之已飫, 復焉往而求美, 船連蜷而不進, 命廚庖而陳饋. 傾霞酌而半酣, 間毫墨以言志, 古琴泠泠

以寫興, 洞簫嫋嫋以揚聲, 清彈水仙之操, 怨和明月之章, 繽江妃之闇欷, 悅河伯之顚狂, 夜厭厭而橫參, 霜露浥而侵裳. 相公驩焉, 擧酒屬客, 曰今日之遊, 視坡翁孰賢? 客笑而應曰, 彼以逐臣而舒憂, 公以榮塗而信天, 舒憂者其辭放, 信天者其樂全, 吾知公百世而緬仰者, 以其文辭絶倫. 若擧游觀之跡, 又何輸嬴之可論. 且夫乾坤莽曠, 八荒寥廓, 江山風月, 本無分域, 是造物者化成之妙, 而坡翁與相公之所共得, 卽吾漢北江山, 奚遜於吳江赤壁. 遂皷舷而少歌曰, 赤壁之仙兮眇雲天, 赤壁之賦兮落塵上, 不如熊江今夜月婆娑, 脚踏船尾兮滄浪歌, 歌竟, 相公引壺更酌, 陶然而喜, 盞二客之不能飮, 飮半勺亦醉, 僉曰興闌, 樂不可竆, 夜歸縣齋, 琴淸月籠."

32 이태호, 「새로 공개된 謙齋 鄭敾의 1742년작〈漣江壬戌帖〉」, 『동양미술사학』 2, 2013; 이종묵, 『조선의 문화공간』, 휴머니스트, 2006 참조.

33 朴趾源, 『燕巖集』 권7, 「觀齋所藏淸明上河圖跋」.

34 李德壽, 『西堂私載』 권4, 「尙古堂金氏傳」. "君曰, 余惡東俗之齷齪也, 東文之冗陳也, 東學之粗淺也, 思反乎古, 而三代不足徵也. 漢魏足徵而略也, 唐詳於漢魏, 宋詳於唐, 而猶不能備. 夫明以其世則近, 以其籍則備. 吾所以尙也, 夫中土之人, 不縝密則豪爽, 不如我之齷齪也. 中土之文, 不簡潔則雄邁, 不如我之冗陳也. 中土之學, 爲朱則朱, 爲陸則陸, 爲釋爲老, 隨其志尙而勇趍之. 所以深造而自得, 不如我之口程朱而志騶僧. 吾非明之尙, 尙中土耳."

35 申維翰, 『靑泉集』 권6, 「尙古堂自叙後題」. "子誠天下奇士, 仙仙乎遊矣. 然可與語, 未可與語道. 古之游於道者, 歸眞反樸, 眞則無妄, 樸則無名, 柱下漆園皆是也."

36 崔成大, 『杜機詩集』 권2, 「海山琴詩」. "斯人處斯世, 顯晦各隨辰, 縱有丘壑志, 難遽鳥獸羣."

37 申維翰, 『靑泉集』 續集 권12, 「挽(眷生星山李敏悳)」.

38 성대중 저, 홍학희 역, 『부사산 비파호를 날 듯이 건너 : 일본록』, 소명출판, 2006, 33쪽.

39 許穆, 『記言』 別集 9권, 「衡山碑記」.

40 李瀷, 『星湖全集』 권15, 「答沈道卿」. "頃得申縣監恩居堂重修記. 文奇事悉. 悅如足到而目覩. 今亦付寄. 愚謂此類亦可傳也."

41 『靑泉集』 권4, 「觀許相國恩居堂園記」. "維翰生山南, 田壄樵靑牧豎之與耦, 楚人何由識齊語. 顧以好古之癖, 篤於飮食. 甫辨音, 卽誦先生片辭零句, 得先生篆隷書, 輒櫝而珍之, 日沾沾喜曰, 鴨東人物. 自檀箕上下四千年間, 幸復見虞夏之文, 所以瓣香於先生者, 洎玆白首."

42 申維翰, 『靑泉集』 권3, 「答金麟蹄書」. "來教中所見堂銘云者, 乃是靜觀三言偈, 而今旣改扁曰景雲齋, 地在伽倻山下, 寓慕於孤雲故也. 已將此名此意作爲歌詩, 傳示於崔士集崔聖可諸公, 凡於書尺封題, 不稱某官, 而但着齋號, 亦足一笑."

43 이광우, 「최치원 평가를 둘러 싼 조선시기 유학자의 몇 가지 고민」, 『한국학논집』 73, 2018.

44 李瀷, 『桐江遺稿』 권1, 「答申周伯」. "竊睸足下, 非釋非儒, 煞有黃屋左纛, 自尊南越底意思. 請改扁額以晩醒者, 欲其末年有所歸宿於吾道也. 今聞改揭以景

雲云, 崔孤雲豈不誠當世高士, 比諸孔, 孟, 顏, 曾法門, 不知其落得幾百層. 朱子說云, 只據而今地頭, 便定脚跟做去, 便年八九十歲覺悟, 亦當據現在箚住做去, 尊筭雖高, 其不及八九十者, 尙有一二十年光陰. 三間屋一蒲團, 靜坐用工者, 宜以本源眞實之地. 景雲又改以景顏, 則旣同於古人希顏之意, 尤爲暮年光華, 未知如何."

4장

1 孫命來,『昌舍集』권5,「論申周伯文章說」. "余謂申君曰古今文章何限, 先秦以下, 代有其人, 而皆骨已朽矣, 每對黃卷, 但費想像, 今幸得與君幷世, 獲接言笑, 何必後世哉. 楊子雲在目中矣, 申君謙已居, 仍謂余曰丈人溢稱至此, 懼無以當之, 余答曰在君卽宜爾, 顧余之言, 奚足爲輕重哉. 揣稱臆說, 徒累君耳, 聞之者疑余言之夸, 否則以余爲推轂後輩, 嗚呼, 殊可憫歎, 世之疵申君之文者曰, 是何不爲歐蘇之切實委曲, 而故爲是戞乎其難讀者乎, 詆申君之詩者曰, 是何不爲三唐之嫩婉情致, 而故爲是淡然而無味者乎. 嗚呼, 此人不知世變, 又惡知文體哉. 文章與世而乘除, 故六經不說, 馬遷比左氏略輪矣, 班掾視西京微遜矣, 韓柳之於班馬, 李杜之於陶謝, 又不翅三舍退矣, 然而此非其才之爾殊也. 卽世運驅之耳, 使供奉埒馳於建安, 則五七律絶, 不至爲步兵記室, 使吏部幷驅於西京, 則順宗實錄, 豈讓於太史本紀, 而子長承左氏之浮誇, 不得不以風神矯, 孟堅踵太史之汗漫, 不得不以絜攟勝, 必欲使班馬儷武於左國, 李杜附響於六朝, 則夫人而能爲之矣, 尙奚待於若爾人哉. 歐蘇信切實矣信委曲矣, 而自其時論之, 則胡不爲山斗之障瀾反江, 而樂爲此坦率而粗俗乎, 三唐信嫩婉矣信情致矣, 而以其時觀之, 則胡不爲陶令之天然去餙, 而甘爲此聲律之局促乎, 歐蘇非企山斗而未由也. 亦非故反之也. 三唐非卑陶謝而不爲也. 亦非强矯之也. 文人意匠, 必別立門庭, 必自出機軸者, 乃大同之情也. 當然之理也. 何獨至申君而疑之乎, 申君生乎瀛海之東, 立乎百世之下, 而不顧時好, 蛻盡陳言, 儼然成一家數, 而猶恐人之視之爲宋也. 猶恐人之視之爲唐也. 方且直轡高駕, 幽尋獨詣之未已, 而世反以是而少之, 豈不遠哉. 況申君之文若詩, 難讀之處一節進一節, 無味之中愈咀而愈雋, 未始不切實, 亦未嘗不情致, 而但不若古人之信筆寫去, 吟過目前耳. 玆豈足爲申君之病哉. 且申君之才, 有大過人者, 自古文人, 以兼長爲難, 以太史公千秋軼才, 尙短於詞賦, 士不遇賦一篇, 絶不成文理, 山斗有起衰八代之力, 而其詩樸直無華, 破屋數間一句, 至今爲詩家之嚘矢, 至藝不兩能, 誠若人言, 而申君則不然, 能於文又能於詩辭, 籤弄跼闟, 若無豁遏, 而不違循吏之三尺, 流宕豪佚, 不受覊束, 而動合桑林之八音, 是則具鎔曲成古今之高手, 而晁董玉差合而爲一人也, 世之欲議申君之文者, 何曾夢見其脚板耶, 嗚呼, 豈獨文哉. 豈獨申君哉. 若余才分本薄, 精力仍衰, 固不敢望窺作者之門藩, 而猶持簾壁之見, 敢冒蜀越之吠者, 誠不量耳. 然而其樂道人之善, 人有技若已有之志則有足恕者, 且古有三年學道而以名母名者, 余亦百無一自見於後, 則以知申君名足矣. 覽者尙裁."

2 柳宜健,『花溪集』권8,「與申延日書」.

주註

3 申維翰, 『青泉集』 續集 권2, 「自叙」. "君誠好古有氣力, 可進於古, 而茫茫乎不識所由徑矣. 君欲以毛髮肖古人, 而不以筋髓神氣求古人, 故篇篇字句, 似馬似左似莊似子雲, 凡言似者皆非眞."

4 권진옥, 「곤륜 최창대의 문장론 연구」, 『동양고전연구』 73, 2018.

5 申維翰, 『青泉集』 권6, 「叙與尹太學士論文事」. "丁未冬, 余以薄祿在都下, 時太學士尹公爲天官少宰, 遣人言曰吾遼速在車塵間, 每與子左, 今因赴召坐禁中, 寂然無譁, 唯子之履屨是圖. 余固未嘗識公門, 然公有言, 豈敢後命, 遂束帶而入. 公果雖焉叙勞苦如平生曰, 何名位之落拓也. 余曰跡散材拙, 世自棄耳. 又問文辭之癖近如何, 曰少也不遜, 猥以塗鴉之墨汗人眼, 余髮今種種矣, 旣悟其非, 付之子虛已. 公曰曩見子文筆, 善傅會古語, 似用濟南家津筏, 是關於世運之波流而不自知者耶, 抑獨有昌歌之嗜乎. 余笑曰此非濟南病我, 我自有罪, 請循其本, 維翰起山南農家, 地僻而陋, 目未覩古今百家之書. 十五讀風雅, 十六讀典謨, 十七讀論語, 喜其字琢圭璋, 音如鍾磬, 遂以求古人於句節聲華之間, 而不復知有天理神解之奧. 性又局狹, 自謂刻畫古人, 可得其眉髮形肖, 而亦不知有生動氣魄之眞, 出而見左氏離騷兩司馬班椽之言, 有合於詩書聲口者, 則錄其尤瑰瑋者, 實諸懷袖, 沾沾諷誦曰文在是矣. 當是時, 有鄉里業擧少年持西山眞寶謝氏軌範等編, 輒取而寅目, 恠其音節大不類, 以爲是六藝之異端. 及年二十餘而得皇明王李之文李之文數篇於傳寫間, 見其用字用句, 似左似漢, 一毫不襲眞寶軌範中口氣, 卽又沾沾喜曰, 掃百氏而挽千古. 其斯爲藝家英雄. 盖余所見極狹而所好極偏, 雖古之斷章蠹簡如山海經汲家書黃庭石鼓之類, 亦貨而求之. 不喜讀儒家菽粟語, 所以爲叙述之體, 往往學古文不至而入於于鱗, 政如刻鵠不成而反類也."

6 南克寬, 『夢囈集』 乾, 「端居日記」. "余嘗謂王李之禍中國大矣, 而在我國則有破荒之功, 宜尸而祝之也."

7 金昌協, 『農巖集』 권34, 「雜識·外篇」 "中朝王李之詩, 又稍稍東來, 人始希慕倣效, 鍛鍊精工, 自是以後, 軌轍如一, 音調相似, 而天質不復存矣."

8 朴命燮, 「挽」(『青泉集』 續集 권12). "文似滄溟氣作虹, 鴨東千古有豪雄, 瓊英玉珮鳴遐邇, 能使高名鼎呂同."; 任珣, 「挽」. "王李翩翩作者風, 青泉嗣響更推工. 文窺腐史班椽後. 詩倣開元大曆中."

9 『承政院日記』, 영조 27년 2월 2일. "啓禧曰, 日本人, 至今盛稱其文章, 以爲有白雪樓氣味, 對製述書記, 則輒問申學士平安否, 其見重於外夷如此矣."

10 成海應, 『青城雜記』 권5, 「醒言」 "維翰詩亦淸警, 學王李而得其妙者也."; 이외에도 김덕오金德五는 신유한에게 보내는 서신에서 그의 문장이 이반룡보다 뛰어나다고 평가한 바 있다. 김덕오, 『치헌집癡軒集』 권3, 「與申周伯」. "足下文章, 曾於壽詩叙文覵之矣. 辯而實, 奇而有法, 直帶古作者旨趣風格, 其視濟南家風, 不翅牙官矣."

11 李象辰, 『下枝遺集』 권5, 「書申周伯贈通信副使詩後」. "其變化馳騁, 若不可測, 而意靡靡主於奇. 大槩不過爲弇州滄溟之純臣, 較諸國朝簡易五山之徒, 亦瞠乎退舍矣."

12 李瀷, 「青泉集序」(『青泉集』). "世之品翁者, 皆以爲翁早悅山海經穆天子傳, 及得弇山稿讀之, 喟然有並驅之意. 詩亦以李于鱗爲準, 尤力於楚辭, 讀之千萬遍.

而於賦又師盧次楩, 故其文章, 皆奇峻遒拔, 與三子者神會百代也…… 余見翁
貌古如世所畵羽人枯禪者, 磈礧之氣, 勃勃眉宇間, 口誦左馬滄㕦如掇蜩也."

13 왕세정의 「兪仲蔚集序」에 유사한 구절이 보인다: "諸少年 婆娑漫汪 白首途遂
豈其能逐重洛陽紙 而以是歎哉然."

14 조명정은 자 화숙和叔, 호 노포老圃, 본관 임천林川이다. 영조 때 과거 급제하
여 벼슬이 이조판서에 이르렀다. 저서로 『노포집』이 있다. 시호는 문헌 文獻이
다.

15 崔重純, 「行狀」(『青泉集』 권11). "吾生不逢皇明盛際, 與濟南諸子下上千古. 今天
下匵炎, 而奎璧淪喪. 是猶資章甫而遊於文身之俗, 誰與唱酬者."

16 申維翰, 『青泉集』 권4, 「送趙太史赴燕序」. "式至皇明, 七曜更始, 高皇帝以詩
書禮樂治天下, 天下蔚然爲周之文也. 文章鉅公, 若北地濟南郞邪新安, 岳立
星羅, 東人之貨其文者, 至今如琅玕月貝. 當其時, 使華之東來, 而寵光我, 聲施
我, 陽阿倡而采菱和, 曁我邦羣賢衣被同文之化. 用片辭而揚光耀於帝京者, 其
詩在人口, 其蹟在國乘. 自甲申蕩革以來百有餘年, 此事遂廢, 撥棄先王制禮,
陵夷天下冠裳. 其視文章聲藝, 如中行說用漢錦絮馳草棘中. 若是而使天下不
讀書, 可知已. 日吾捃拾於西使橐裝, 得所謂尤侗王晫冒襄沙起雲黃九烟之流
詩文梓集. 彼自藝林中翹楚, 而均之爲蟋蟀之音, 蜉蝣之羽, 熠燿之光, 以陰以
夜, 自生自滅. 卽亡論正嘉諸君子執金皷而攻之, 所不容於完顏鐵木之世何也?
鴟梟競則鳳凰隱, 彼其習尙之漸民, 在武力而不在文故也……今世斯文剝盡
矣. 獨吾鴨綠以東, 箕聖之敎, 碩果不食. 操觚者, 祖述姬周, 人矜二雅, 戶習五
誥. 所著作頗有古法度, 不如諸夏之亡也, 彼必椒然而恥, 懍焉思所以反於古."

17 김영진, 「18세기 嶺南 지역 한문산문 연구」, 『18세기 嶺南 한문학의 전개』, 계
명대학교출판부, 2011.

18 申維翰, 『青泉集』 권3, 「與任正言論文書」. "皇明諸子, 一鼓作氣, 挽千古甚力,
獻吉隺于鱗癡, 元美巧伯玉悍, 各欲超乘而上, 稅駕三代. 而畢竟寢處唐宋宮
室, 假借秦漢衣冠, 優孟之爲孫叔敖, 吾懼其不及眞也."

19 『史記』 권126, 「滑稽列傳」.

20 「三家狐白評」의 평가 내용이 일반적인 당송고문론의 입장을 취하고 있는지는
재고가 필요하다. 무엇보다 험벽하고 전고를 다용하는 글쓰기 스타일이 신유
한 생애 전반에 걸쳐 관찰된다는 점에서, 송대 고문에 대한 관심이 얼마만큼
이나 강력했고 오래 유지되었는지는 좀 더 고찰이 필요하다.

21 申維翰, 『青泉集』 권6, 「題詩書正宗後」. "客曰世方族好唐宋, 子何獨泥於古?
曰師法貴上, 牽牛于尾不于鼻, 末之行矣."

22 申維翰, 『青泉集』 권5, 「景雲齋與鄭生履寅讀書記」. "讀天下第一等書, 做天下
第一等事, 爲天下第一等人. 敬甫色赧若久之, 問何書何事可作如此人? 曰六
經猶崑崙仰之彌高, 左穀班馬猶岱宗, 望之彌遠, 韻而爲三閭文園, 筴而爲荀卿
賈傳, 屹然如五岳分峙, 天下皆誦法不衰. 吾願君琢磨斯藻衾斯, 以求當於古之
作者, 彼夫唐宋諸君子裴疊成章, 各極其詣, 不越乎龜蒙梟繹而止. 獨不聞睎驥
之馬, 亦驥之乘, 睎顏之士, 亦顏之徒乎?"

23 申維翰, 『青泉集』 권6, 「書許生西漢文抄」. "許生曰厥象類也, 學之當如何? 曰
鼎之用, 以木巽火, 變生而熟, 革剛而柔, 以子之篤好是書, 日習月融, 如飮湌者.

饋於是粥於是, 舍鼎而亡緣, 至於剝全牛之腱以爲實, 積南山之炭以供火, 何生不熟, 何味不甘? 夫其所積者厚而所發者大, 斯爲西漢, 吾子勉之."

24 申維翰, 『靑泉集』 권6, 「書鑿龍門卷末」. "每讀一篇, 必求當於本色. 夫如是, 可以得司馬氏聲容. 聲容似而氣相感, 氣相感而天機應, 君固將自化."

25 申維翰, 『靑泉集』 권6, 「書孫仲深史記抄」.

26 申維翰, 『靑泉集』 권6, 「題楚詞卷末」. "詩心聲也. 今夫物華之征吾心, 而觸之爲聲, 芒芒乎反入於心, 喜者蹈舞, 悲者涕泗, 其斯之異於鼗音, 而可以興可以羣且怨乎哉. 悲夫, 天下之詩人, 執觚墨以坫章句, 燁然而春華, 瑟然而秋聲, 沾沾焉我操其絲, 爾得其笙, 自儗於張咸池洞庭之野, 而其使怨者怨思者思, 湘靈海若之翩然而翼乎舞者, 皆莫之能焉. 何故? 情感之根未通, 而彼其所操者虛器也."

27 李滉, 『退溪集』 권35, 「與鄭子精」. "夫詩雖末技, 本於性情. 有體有格, 誠不可易而爲之."

28 權斗經, 『退陶先生言行通錄』 권2. "又曰, 某人甚有文才, 而爲人甚虛疎, 可恨, 是知務文學矣. 治心最緊, 不可忽也. 余因率爾而對曰, 心行不得正, 雖有文學, 何用焉. 先生曰, 文學豈可忽哉. 學文所以正心也."

29 위의 책, 권2. "儒家意味自別, 工文藝非儒也, 取科第非儒也."

30 金聖鐸, 『霽山集』 권7, 「答權一甫書」. "景文又移兵於我曰, 文章之流弊, 不下於釋氏之害"; 李象靖, 『大山集』 권6, 「答權江左」. "蓋朱書義理, 純實無新奇詭特之觀, 文詞平易, 少高古簡徑之趣. 然至純實處, 自有活法, 極平易中, 自有妙理. 惟用力多而造道深, 方始見其愈多而愈不厭. 今未暇升堂嗜藏, 以探其脂膏, 而徒循跡按本, 詆議其文體之古不古, 則是何足以病朱書哉!"

31 申維翰, 『靑泉集』 권6, 「莊子盜跖篇後題」. "儒者雅言, 莊生著書侮孔氏, 至盜跖一篇, 擧而界水火比, 周也敢毀天而詈日. 其有一二爲莊生地者, 則曰盜跖之著非莊生, 莊生意在宗孔氏. 余謂侮與宗, 皆原於有意, 莊生亡是也. (…) 第令莊生而著此篇, 不過爲文字幻, 後人而擬莊生, 當復作幻中事. 周乎蝶乎. 吾與子皷舞而觀者, 皆幻也."

32 申維翰, 『靑泉集』 續集 권2, 「離騷經後敍」. "紫陽疏註, 雖極精深, 其言主道理. 似於文章家聲曲規矩, 不用屑屑言也. 吾意三百篇詩人之旨, 大抵實中有虛, 如月在水, 虛中有實, 如鏡照物. 莊子逍遙遊, 秋水諸篇, 皆得此意, 故文章最高. 離騷一篇, 卽天地開闢以來, 詩詞朋法之祖. 觀其聲音情惻, 百節宛曲, 無一字不出於愛君憂國至誠惻怛矢死靡他之意. 而叙志行修潔, 則曰佩蘭, 曰餐菊, 曰芙蓉衣. 道君臣離合, 則曰蛾眉, 曰靈修, 曰黃昏期, 何言之曠也. 是其實中有虛, 如月在水."

33 申維翰, 『靑泉集』 권3, 「與任正言論文書」. "天下有舍是而稱爲文者, 一曰儒家訓詁學, 亦有本源矣. 夫子作系易孝經, 以至曾思大學中庸, 誨人明理盡性. 所以諄諄焉命之者, 必用之乎者也等字得力, 使天下家行戶踐, 如菽粟水火, 是聖人設敎之言, 而非吾所謂文也."

34 申維翰, 『靑泉集』 권3, 「與任正言論文書」. "年長而讀漢書所紀文武詔制賈傅治安策百千過, 始信文章正脉, 在史而不在他. 又就儒家所習四書, 而獨喜誦論語, 以爲是洙泗門人善記夫子一動一靜, 模寫入神, 故其文得史家之體. 所以

句琢字鍊, 式如玉式如金."

35 申維翰,『青泉集』권5,「景雲齋與鄭生履寅讀書記」. "吾斯知富貴與功業, 在人
而不在我, 惟文章不在人而在我, 在我者非本分與."

36 『承政院日記』, 영조 21년 8월 1일. "新除授扶安縣監申維翰, 爲人詭祕, 袒臂異
學, 爲世之指點者久矣."

37 申維翰,『青泉集』권4,「비추당기比鰍堂記」. "內舅蒼淵翁視馬湖西時, 時從稷
之士韓生游. 余過而揖韓生, 雖如舊相識. 發其袖, 得叙而詩者二, 其一蒼淵言,
余卽寅目焉, 生乃屬余曰, 吾以濠魚之樂而命吾爐, 規規然自喩適志, 今吾與
觀於淵翁之文, 獲夫千里之鰍, 而吾不爲故吾也, 請以子張吾大, 余謷而唔天
下莫大於海. 海之魚, 亡上於鰍, 子能蟬蛻而化, 汎汎乎其爲寥天一之所居, 其
視吾躑躅而歌者, 猶之一笑於楡枋間耳. 子何用余言而大聞, 曰三神山在東海
中, 能不格于祖龍之天下, 天下謂六王可一, 三皇可侮, 詩書可燔, 而海外之三山
不可能, 卽是秦天下不修於鰍之背也. 今子築堂于海上, 烟霞與居, 島嶼與游,
得亡三山者在堂之霤也乎, 子其遵海而眺, 目蒼蒼而心茫茫, 西不極于青齊, 東
不盡夷亶之州者, 境之有涯也. 爾名爾堂, 爾堂爾居, 嗒然隱几, 靜坐繙書, 視海
猶陸, 視人猶天, 視今猶昔, 不出戶牖而知九有者, 境之亡涯也. 斯焉而祖龍之
火不能燔, 祖龍之天下不可能, 韓生遽曰大哉譚止矣. 若有未竟, 吾不敢請已,
堂以比鰍名, 語具蒼淵記中."

38 申維翰,『青泉集』권4,「鄭蒙仙書序」. "余讀列子莊子書, 其言與六經異, 四顧
茫洋, 不識何所從來. 其曰御風而行, 乘風而歸, 其曰大浸稽天而不溺, 金石流
土山焦而不熱. 彼其百骸動靜與人同, 夫豈眞有是哉. 吾思夫七雄之世, 智能學
術倜儻非常之材, 踵相磨也, 至論策士辨士有功名載國史者, 皆以黃金市赤族,
有以六相印而睹五車, 裂千戶侯而取五鼎烹, 滔滔者滿天下, 乃知功名富貴, 慘
於水火, 而其人之不早睹, 如攫金而不見人. 於斯而始信二君子胷中, 眞有水不
能溺火不能熱, 其生與天地並, 其形與萬物俱, 其神與造化游, 其跡與風雲逝,
其言如金石之考而鳴, 其文如草木之敷而花, 若是者世之水火無由而至. 居亂
邦不出門, 而日逍遙乎六合之外, 嗚呼, 是不亦眞仙人哉."

39 『산해경山海經』,『관자管子』「지원지員」,『주서周書』「왕회편王會解」,「기양석
고岐陽石鼓」『주례周禮』「동관고공기冬官考工記」의 글을 발췌하여 베껴 적
은 것이다.(일본 동양문고 소장)

40 성섭,『필원산어』, 장유승, 부유섭, 백승호 역, 성균관대출판부, 2019.

41 김용태,「환성 지안의 宗統 계승과 禪教 융합」,『남도문화연구』36, 2019, 남
도문화연구소 참조.

42 『분충서난록』의 말미에 주무자 남붕과 함께 연초의 이름이 기록되어 있다.

43 신유한과 쇼탄의 필담에 대한 분석은 박희병, 이효원 외,『18세기 통신사 필담
1』, 서울대학교출판문화원, 2019에 상세하게 나와 있다.

44 『桑韓星槎答響』상권. "論儒釋跡而道原一語, 益爽人懷, 不侯雖魯鈍無似, 亦
嘗聞禪家之定慧, 自有動靜根葉, 互應於忠恕之門. 其要只在剗卻僞魔杜了妄
想, 如猫搏鼠, 如鷄抱卵, 使本原之地, 常常保得一片虛明, 原無毫髮可擊. 夫所
謂本原之地者, 即吾與人同得之天也, 自天降衷以來, 日月所照, 霜露所墜, 舟
車所通, 何往而非吾天者, 本原既明, 萬物皆燭, 以之居家, 以之奉國, 以之與

人交, 皆從活潑潑源頭做去, 一切絲絲岐念, 脈脈細意, 初未嘗容住其間, 儒釋之所其勉者, 若是而已."

45 신유한의 불교인식은 유호선, 「靑泉 申維翰의 불교관 연구」, 『불교학연구』 8, 2004를 참조.

46 申維翰, 『奮忠紓難錄』, 「新刻松雲大師奮忠紓難錄跋」. "佛氏之敎, 以定慧治一心, 以慈悲濟萬物, 其書與六經異, 其行與五倫異, 其俗與百姓異, 生如眷雲, 沒爲野火 儒家輒力排之不休. 然試使學佛之徒, 讀是錄而慕松雲之風, 觀其隻手勤王, 出萬死獲, 不知七尺之軀, 視刀山劍樹如平地, 卽非禪定乎. 觀其至誠報主, 誓天復讎, 憂宗社恤生靈, 力贊中興之策, 卽非眞慧乎. 觀其一帆滄海, 歷詆蠻王, 脫數千俘氓於鯨鰐之口, 卽非大慈悲乎. 其斯爲無上菩提般若宗法, 而雷霆可犯, 金石可貫, 鐵額蚩尤, 莫敢與爭強者, 皆是物也. 由是而升天堂, 反是而墮地獄, 種瓜得瓜, 鼓鍾聞鍾, 一念因果, 爲佛爲衆, 卽其法與五倫奚異, 其心與百姓奚異, 此朝家命立表忠祠意也. 又相國名是錄意也, 鵬乎, 汝歸告雙林諸法侶, 趣刻而傳之, 爲我謝曰今王德澤曁山野, 爾欲爲松雲, 是錄在."

47 申維翰, 『靑泉集』 권6, 「尙古堂自叙後題」.

48 申維翰, 『靑泉集』 권3, 「答崔士集書」. "所以病間之暇, 只對一部金剛經, 此是第一工夫. 用果歸因, 用空滅現, 差可慰意, 釋迦有言, 一切世間有爲法, 如夢幻泡影, 如露亦如電, 應作如是觀, 自服此言, 日覺五十年前憇羨憎慕長短姸媸種種伎倆, 減得一分, 亦謂足下愛士太重, 憂我太厚, 當必有宿世緣耳."

49 崔興遠, 『曆中日記』 권2. "晴. 慈候無添. 立夫一義. 尙兒歸自白場. 而不應製. 問其由. 答云申維翰掌試是崇佛人. 非儒者所可宗. 是以不納卷而來. 年少志槪. 頗可觀."

50 李象辰, 『下枝遺集』 권5, 「書申周伯贈通信副使詩後」. "宰于延日, 盖四年矣. 往往詣佛前長跪, 自稱老和尙. 吏民亦相呼爲大禪師云, 無乃負才亢鷹, 自恨名位之卑微, 故爲是方外可笑之態, 以發舒其憤懣歟."

51 이극성, 『형설기문』, 성균관대 출판부, 2016, 288~190쪽.

52 申維翰, 『靑泉集』 續集 권2, 「自叙」; 권3, 「抽懷賦」; 권6, 「與任正言論文書」 「叙與尹太學士論文事」.

53 申維翰, 『靑泉集』 권1, 「丁亥歲暮病瘉 謝諸友以書問訊」 「長歌行」 「竹林風雨歌」 「到郵亭留歡數日 將向嶺南 自叙道里游觀 因寫平生心素 得八十韻 留奉孫督郵」 「憶同遊五十韻 寄贈元秀才 景夏字華伯」 「靈川館 奉李學士夜話有述 四十韻」 「春夜海上 咏崔士集山有花歌 感別多懷 因得六十韻」 「野城作客 牢愁欝結 自叙平生 六十韻」 「書情四十韻 奉李季鷹 兼懷士集」; 권2, 「復用前韻 述懷續呈士集」 「遊攅翠巖 遣悶述懷 五十韻」 「景雲齋偈」 「景雲齋歌」 「抽懷賦」 「寄洞陰任使君五言十絶」.

54 申維翰, 『靑泉集』 권3, 「與崔士集書」. "是僕終於陰谷之株, 而不復見春日載陽, 寧欲乞秬持耒, 且從南畮備耕兒, 以角寸陰. 而腹中詩書又怒而雷鳴, 所以使我艱虞, 皆是物也. 恐一朝砭痼, 化作狂疾."

55 名利客, 懷刺가 가지고 있는 부정적인 어감으로 인해 2수의 객은 신유한 자신을 그려낸 것으로 보기 어려울 수 있겠지만, 「금일행」 전체가 상경과 귀환의 과정을 노래하고 있다는 점, 또 뒤에 살펴볼 「추회부」에서 서울에서의 삶을

천하제일의
문장

364

"名聲之遊"로 요약한 것을 볼 때 2수는 자신의 삶을 표현한 것으로 보는 것이 타당하다고 생각한다.

56 申維翰, 『青泉集』 권1, 「春夜海上, 咏崔士集山有花歌, 感別多懷, 因得六十韻」.

57 심경호, 『나는 어떤 사람인가』, 이가서, 2010, 495~508쪽의 번역을 참조, 수정했다.

58 申維翰, 『青泉集』 권2, 「遊攢翠巖, 遣悶述懷, 五十韻」. "萬古伽倻洞, 孤雲學士居. (…) 古賢稱逝者, 吾道日歸歟."

59 申維翰, 『海遊錄』 하, 「二十二日庚寅」. "不佞與此君有素, 蓋於密州舊庄, 手植百餘竿, 竹下有泉, 曰青泉, 泉傍有澗, 曰綠湄澗, 皆取義於竹."

60 비슷한 표현이 다음에서 확인된다. 申維翰, 『青泉集』 권5, 「西河集序」. "不佞嘗讀太史公書, 夫夫固以彼其才, 落魄羈絏, 至欲迹空言而藏之名山大川, 希覬夫不必然之境, 其叙致胡傷而志胡迂也. 夫人之不可恃如此, 吾不能及吾目而詔之, 奈何令幽竇中餘光買名聲於朽骨乎?"

61 申維翰, 『青泉集』 권3, 「抽懷賦」. "龍門生, 少與鄕人, 爲邊豆之游. 其稱仲尼六籍, 其論著古先喆王, 其駕舌而當古人, 必以上駟方之. 鄕先生子之坐曰, 是兒博而愚, 闊胡嘗試於世. 及長而擧進士, 京師與國人, 爲名聲之游. 其說國家掌故, 其法禮樂刑政, 其設網而漁遺利. 非錢谷甲兵, 則刀筆筐篋, 卽稍稍耳慣而日親之. 時則卿大夫賜之色曰, 是人肅而辨, 然厥容癯, 有山澤想. 芒芒乎繫馬而止也, 御鳥而觸也. 歸休乎子, 子之居甚淨而逸, 其名皭如也. 藉令鍾鼎乎爾, 寧詎能賈彼, 門生洒然異之, 逡巡及於市, 轡於野, 十日而返於其鄕."

62 申維翰, 『青泉集』 권3, 「抽懷賦」. "兄弟妻子縗纏而衣, 蔬食不厭, 然其自喜古人書日甚, 挾卷而師舊史氏, 卽以命後曰山曰龍門, 而自號爲山人, 人呼之山人則笑而應, 輒曰文在是矣. 旣而遠者憎於耳, 近者絀於口, 閉室而話之. 一日而響三至, 當是時, 山人未有對. 里中有孫仲子, 獨儵風而喜, 以脩脯先, 請執門人禮曰, 豈吾聞山人有事于都邑, 都人士并舌而賢之, 而不加勸, 今吾見闔闠之集笑也, 而山人不少沮. 人居與居, 人取與取, 睢盱者卒不能勝鹽之者. 余不佞願爲山人役, 然龍門奚取焉. 昔司馬氏南探禹穴, 北極秦城, 以天下之美盡在己, 出而爲文章, 其文在天下. 今山人局觀於斯, 貌其名不足, 而師其言, 其言之不足, 一培蔞而像其居. 侵假龍門在彼, 彼且有待也, 而山人欲待彼也耶?"

63 가와이 코오조, 심경호 역, 『중국의 자전문학』, 소명출판, 2002, 299쪽.

64 申維翰, 『青泉集』 권3, 「抽懷賦」. "語卒, 山人不豫曰 野語有之, 穴蟲見巢禽, 以爲莫此高. 其言猶女也, 吾嘗論四海之內爲中國, 卽夏后之所貢, 章亥之所步, 彈丸乎眇矣. 渤澥之涘, 有鳥焉, 其背不知幾千里, 其翼當天下之半. 有魚焉, 七日逢頭, 十日逢尾, 其脩似之, 而曾不能芥其間, 仲尼之博而存之不議者是已. 日吾處於東海, 爲亡何之游, 我屋我居, 我居我游, 逍遙乎無人之野. 于時也馮夷備楫, 海若司維, 登蓬萊歷夫桑, 觀於擊磬之休麻姑之室黃帝之故園, 吾天日廣, 吾貌日胖, 而神日益放. 反而求之司馬氏, 司馬氏游方之內者也, 吾游方之外者也, 彼以其有涯, 吾以其亡涯. 方且以禹穴之偪側而秦城之小邑, 邑於司馬氏, 今吾乎匹之. 侈於聞而儉於思, 病矣夫. 其斯之不信, 請且從我而游."

365

65 申維翰, 『青泉集』 권6, 「書孫仲深史記抄」. "今子役吻於斯, 讀范蔡傳, 卽欲駕

長轡, 讀荊卿傳, 卽欲提匕首悲歌, 讀項羽紀, 卽欲喑嗚叱咤, 讀李廣傳, 卽欲彎弓射單于. 此又誰之使耶? 卽司馬氏之自爲至, 而亦不得自言其至者, 天機之所動也. 我且有知乎, 惡乎言於君? 有言乎, 惡乎使女知? 已乎已乎! 我與若同乎不知矣, 司馬氏亦同乎不知矣. 抑吾聞學禪者有願佛焉, 無口耳目, 無色聲香生死善惡之念, 而唯佛之念, 其神定則寂然而悟, 一超而上如來地, 彼其所觀者眞, 而亡待乎外也. 卽大雄氏得之, 以游於波羅蜜, 而吾與子得之, 以觀於司馬氏, 其斯爲會心印, 其斯爲象罔得也."

66 申維翰, 『靑泉集』권3, 「與任正言論文書」. "書契之作而取其紀事紀言紀物之炳炳郁郁者曰文. 紀事之文, 祖二典, 以及周官三百六十紀, 素王春秋, 光如鼎彝, 音中鍾磬. 紀言之文, 祖三謨詁命, 以及檀弓樂記魯論諸編, 光如袞繡, 音中琴瑟. 紀物之文, 祖禹貢, 以及考功記山海經汲冢書, 光如玉璧, 音中琅璆, 是其通天壤匣古今媲三光而不墜者. 故翼素王而爲臣曰左丘公穀, 收秦火而置史曰馬遷班固, 俱能嫡傳史家宗法而網羅千古事變, 言辭以斐其文. 譬之善畫者摹寫人物, 亡論形色惟肖, 必以造化精神, 得其生動氣魄之眞, 然後斯合神品. (…) 自是而降, 有唐韓退之始立操觚家集卷門戶, 所作篇目, 各有制度, 曰序曰記曰書牘曰誌銘曰傳贊論辨, 設名雖殊, 同出於紀事紀言紀物之法則皆史體也."

67 申維翰, 『靑泉集』권3, 「與任正言論文書」. "盖今人之知有古文尙書, 不過六七百年. 所以忘筌左穀, 覆瓿班馬, 屬之羲皇畫前事, 是其不格干歐蘇, 則訓詁學而已. 浸假不遺餘力, 各極其詣, 磨博作鏡, 孰與琢玉求文, 刻蠟剪綵, 孰與種花得花?"

68 申維翰, 『靑泉集』권3, 「與任正言論文書」. "始信文章正脉, 在史而不在他. 又就儒家所習四書, 獨喜誦論語, 以爲是洙泗門人善記夫子一動一靜, 模寫入神, 故其文得史家之體."

69 申維翰, 『靑泉集』권4, 「紺岳山記」. "山形削立, 高不知幾千仞, 而大石鱗鱗, 如屋角如車輪如釜鬲, 爲盤虬怒獅伏虎者, 以次受人趾. 氷蹲雪伏, 尺滑寸陷, 步步不踐土, 挽緶者不力, 與舁者足趺, 覺性命如一髮. 卽人人自賈勇, 驟汗雨瀉. 至絶頂, 有祠宇奉位版, 屋下設壇場被莎, 方廣十餘尺, 四更行享禮, 厲風吹雨至, 衣袖淋濕, 頃刻不可淹. 炬燈以風雨明滅, 四望昏黑. 度在是山外數百千里海山林藪, 亡敢追吾目者, 而皆屬之玄虛."

70 「書孫仲深史記抄」「書許生西漢文抄」「書鑿龍門卷末」「書鵝山桂石卷」등을 예로 들 수 있다.

71 申維翰, 『海游錄』, 9월 24일. "輿中見雨森東下馬步行, 余笑問何爲作白頭拾遺, 東云此嶺奇險, 以馬則恐傷我, 以輿則恐傷人, 莫如自步. 如是作四十里而到上頭. 適見湛長老停輿於路傍, 禪儀侍立, 見余而噱曰, 學士過矣. 長老喜而出, 余亦出, 但與相揖, 而時無通事, 不得發語. 各於掌中, 指劃數字, 以示繾綣之意."

72 위의 책, 9월 24일. "松杉楓竹, 鬱然靑蔥, 落霞飛鳥, 與秋波爭媚, 漁艇杳渺, 若從天際來往."

73 申維翰, 『海游錄』중, 9월 11일. "秋熱未穫, 穰稬盈疇, 稻色皆白. 木綿花最美, 爛熳如雲. 刈稻者, 各於田中, 立雙大竿, 上橫一竿, 高丈餘, 束禾而歧之, 倒着橫竿, 其穎皆秀, 以曝以乾. 摘綿者, 盛之竹簍, 分載而歸. 藍興中, 坐瞰農野, 慨

然憶馬少游言耳.」

74　『後漢書』권24,「馬援傳」.「士生一世, 但取衣食足, 乘下澤車, 御款段馬, 為郡掾史, 守墳墓, 鄕里稱善人, 斯可矣.」

75　申維翰,『靑泉集』권5,「林西河集跋」.

76　「藏之名山, 副在京師, 俟後世聖人君子.」

77　『書經』,「大禹謨」.「汝惟不矜, 天下莫與汝爭能, 汝惟不伐, 天下莫與汝爭功.」

78　「不佞嘗讀太史公書, 夫夫固以彼其才, 落魄羅殃, 至欲述空言而藏之名山大川, 希覬夫不必然之境, 其叙致胡傷而志胡迂也. 夫人之不可恃如此. 吾不能及吾目而詔之, 奈何令幽竇中餘光買名聲於朽骨哉? 然至覃精結思, 出神入玄, 隱然與宰物者同其權. 昭乎爛乎, 莫與汝爭能, 莫與汝爲郵, 忽卷而藏. 或闔而發, 水不能沉, 火不能焦, 盜賊不能窺, 咸使其造化而已, 不與知焉. 卽空山淨溪黑甜禪夢, 與夫區區數尺之銅, 獨得人間不傳之寶, 凌風雨閱年紀而莫或墜亡者, 彼固無待於先生, 而亦非先生意也. 然則斯集之成, 先生視太史猶賢, 豐城之掘而胥合於延津, 魯壁之藏而載見於舫頭者, 皆是物也. 如吾不信, 有天地鬼神在.」『서하집』과『청천집』의 글을 비교할 때, 자구의 출입과 이자異字가 많다. 이 작품은 신유한 나이 34세인 1714년에 창작된 글로, 이후 수정한 작품이『청천집』에 다시 수록된 것으로 보인다.

79　李象辰,『下枝遺集』권5,「書申周伯贈通信副使詩後」.「其變化馳騁, 若不可測, 而意靡靡主於奇. 大槩不過爲弁州, 滄溟之純臣.」

80　송혁기,「신유한 산문의 일고찰 - 기사(記事)의 문학성을 중심으로」,『한국학논집』39, 2009 참조.

81　申維翰,『靑泉集』續集 권2,「離騷經後敍」.「吾意三百篇詩人之旨, 大抵實中有虛, 如月在水, 虛中有實, 如鏡照物. 莊子逍遙遊, 秋水諸篇, 皆得此意, 故文章最高.」

82　「昔李于鱗擬古樂府, 而元美譏之曰優孟之爲孫叔敖, 不如其自爲優孟. 嗟乎, 余苦不得見優孟, 將孫叔之云何, 斯言也並以質之士集氏, 其必以龜玆王樂漢制度目笑吾, 吾且甘之矣.」

83　申維翰,『靑泉集』續集 권2,「贈李明俊歸家序」.「余少也, 謬以濫竽而縠於京, 旣三十餘年, 習與四方諸彦由科第而進者目親之, 以經則鸚鵡徒能言, 以藝則栀蠟冒善價, 彼皆趯趯自大, 得龍斷富貴, 驕一世, 吾斯之不願從, 以爲世運之波流, 而應學者滔滔皆是也.」

84　申維翰,『靑泉集』續集 권2,「寅賓閣集序」.「日於都市間, 見朱輪而佩者, 有貨利交, 服儒而談者, 有名聲交, 又其下有慕勢交, 彼其設機巧以漁苞苴, 操膏沐以當蹇修, 否則傲然生貴, 甚卒卒烏合而烏散者恒也.」

85　申維翰,『靑泉集』권6,「書僑鶴事」.「楊之北境, 與漣接, 其水曰鶴淵. 絶壁斗削, 爲高十餘丈, 壁有窪似曰, 禽鳥可隱, 諺稱鶴巢臺. 辛酉春, 有恠鳥不知名, 一雄一雌, 集于臺, 其大如鷺, 綠背丹膺. 雄出而暮歸以哺雌, 雌常伏而不出, 有時緣崖跳佯, 觀者異之, 金剛一緇髡過而作禮曰仙鶴也, 於是旪俗訛言鶴有靈, 齋而敬則現, 否則隱. 遠近聞者簇簇如歸市, 西自松京, 北泊鐵峽, 嬴糧而至者踵相磨, 皆攢手膜拜請見, 見卽大喜謌曰果也. 崖名鶴巢, 信有徵. 如是者月餘, 傍近居人疲於供客, 閭童若店媼設廛肆水邊, 賣酒餅販屨爲利. 一朝見其雛翮

翩出石罅, 雄飛夾雌下洲渚, 俛首啄蟲魚, 其行蹢躅, 其音呷喋, 鳥脛而鷲喙,
又不能善飛, 所竄於絶壁之窪者, 爲其翼卵而毈也. 衆始大驩呶罡之, 桀石相
向, 鳥乃駭而遁去, 不復來矣. 客有過余而談其事者, 皆以鳥無實而得空名, 爲
世人戒. 余笑曰是鳥豈能自以爲鶴, 而沽名於鶴巢之居乎. 觀者妄也. 鶴之貌多
著於古聖書, 丹頂而圓吭, 縞衣玄裳, 脛長三尺, 聲聞于天使華表縱氏, 而無鶴
則已, 有則其貌必若此而止矣. 今其觀者不知鶴, 而鳥本無意於名, 不知故不殆,
無意故無禍. 世之談詩書業經綸者, 師賈竪以名伊傅, 矯佞夫以衒管葛, 卒之
爲居攝周公, 熙寧孔子, 而禍天下國家者衆矣. 鶴而非眞, 又奚病."

86   申維翰, 『靑泉集』 권2, 「祖江行」. "坐思民生凋弊盡, 吾獨胡爲不種伽耶數畝
     田."

5장

1   申維翰, 『靑泉集』 권3, 「秋篁對」. "余愛朴秀才十四敦詩書, 入吾室而聽左莊司
    馬氏, 卽沾沾左祖曰文在是矣. 從我遊三年, 與世人若避者, 其家人強之歸, 不
    日而又至, 至則啓卷, 而喜蒙苦蓋坐剝廬, 四壁堆然立霜雪, 抵掌而哦不顧也.
    方是時, 人或謂若誤聽申生語久困, 何自苦爾, 卽自吾而不聽, 誰當聽者, 終亦
    不以言酬之."

2   申維翰, 『靑泉集』 권2, 「答鄭進士書」. "而辱令孫遠來過從, 旬月講磨, 觀其好
    學之誠, 逈出今古, 所以慕先秦而傲末流, 亦奇氣使之也. 方進而未艾, 執事以
    不循科曰, 妄意高遠爲憂, 敢問盛意視近日科文體何如, 而擢高第者有能如
    曩時賦策有規模可尋耶? 如使令孫塤墉儘佣, 彊學今人無愧語, 昌黎所謂抑而
    行之 必發狂疾, 吾恐爲捷徑窘步, 故嘗戒之曰與其行險徼幸 毋寧直道而俟命
    命乃天也. 非今掌選者所制, 循道而行者. 豈無一奮翼耶?"

3   鄭元始, 「言行實錄」(『靑泉集』 續集 권11 附錄). "受業於門下者, 各隨其才, 以書
    授讀. 抄西漢文. 命以龍門, 與任師古. 又抄漢儒章奏. 命以汾陰古鼎, 與許汝
    楫, 抄南華經與典謨諸書, 命以寶筏, 與李伯深. 抄楚詞, 與金思則. 以史記英
    選署曰西京一佛, 授孫仲深, 以韓柳文署曰鵝山桂石, 授張漢師. 以八大家, 授
    朴聖光, 以春秋左史, 授鄭幼觀與孫壽聲, 以三家狐白, 授崔天翼, 以庸學, 授
    崔岱與金敬中, 以易學圖說, 授姜柱華, 元華伯, 以鄒傳, 授元始, 其因材成業,
    不可殫述."

4   申維翰, 『靑泉集』 권5, 「景雲齋與鄭生履寅讀書記」.

5   김윤조, 「靑泉 申維翰의 門人들과 그 文學的 성향」, 『한국학논집』 39, 계명대
    학교 한국학연구소, 2009; 이종호, 「신유한의 문도와 고문사 교육」, 『漢文學
    報』 21, 2009.

6   鄭元始, 「言行實錄」(『靑泉集』 續集 권11 附錄). "敎育薰陶之力, 各因其材而篤之,
    其獅孫金君壽增, 才鈍口吃, 始也受讀, 聲音不分, 街路上樵汲輩, 佇立聽之,
    相與譏笑, 及其半年, 聲氣洪暢, 如鶴鳴於雲霄, 汲樵之前日譏笑輩, 聽之而忘
    歸, 其變化氣質, 至於如此."

7   申維翰, 『靑泉集』 권4, 「縣齋與諸生讀書記」.

8　南景羲,『癡庵集』권9,「鄭滄海傳」.“滄海先生者, 姓鄭氏名某字某, 自號曰滄海. 滄海先生者, 一國兒童走卒之言也. 其先出東萊, 東萊之鄭, 甲於東方, 名公鉅人, 史不絶書, 三世隱德而先生出, 先生狀貌枯奇異衆, 性亢傲好箕踞, 不規規於禮法, 詞藝夙成, 又不肯屈首爲公車業, 弱冠從申靑泉遊, 聞文章大旨, 已而喟然歎曰, 大丈夫生於海東, 縱不能如司馬子長之爲, 觀盡海東名山大川足矣. 於是備一匹驢, 蕭然獨行.”

9　沈師周,『寒松齋集』권3,「與申延日書」.“今世文章之士, 盖可數矣, 獨雄渾瞻博, 爲一世之巨擘, 足下一人. 足下之盛名, 日聞于四方, 見足下擢第之文 如龍騰虎躍, 恍惚奇怪, 讀之足以眩魂耳目. 夫應擧之文, 退之猶病其不合于古 而足下能於倉卒程文如此, 豈不可畏. 其後又見擬赤壁賦, 與任學士論文書, 益見足下之所存, 果雄渾瞻博, 非近世沾沾自喜者比. 人之得尺簡片牘者, 宜乎愛之如金玉, 不能去手也. 某向與邑中士子, 作三江遊, 長老或曰, 百年後始一有之事也, 宜有以記之, 以傳於後也. 於是略叙其事, 仍錄舟中所得詩篇, 作爲冊子. 若又得足下之一言, 則邑人之見者, 不曰太守之文與詩, 而曰足下之文也. 家膾而戶藏之, 流傳於無窮, 不但江游之勝, 賴足下以聞也 某之名, 亦與榮矣. 玆冊子呈上, 須於政暇, 泚筆以惠也, 千萬切仰, 戊辰十一月十三日.”

10　成大中,『靑城雜記』권5,「醒言」.“李瀰爲嶺伯, 刊行其文集, 印者甚衆, 未久, 板爲之漫. 然佳者多漏, 忠原二絶, 及平海諸作皆然. 其祖墳在盈德, 筆筆對之.” 속집은 1891년 후손에 의해 간행된다.

11　『靑泉雜言』(고려대학소장본)에는「與任正言論文書」「答金靈巖書」「上兪鐵原書」「答沈佐郎」「答東萊伯洪公書」「與息山萬敷書」「寶盖山川祈雨文」「再次祭文」「三次祭文」「漣川縣社稷祈雨文」「祭廣神文」「祭古塚吉由文」「祭故友金天開文」「觀許相國恩居堂園記」「四美亭記」「奉贐任書狀赴燕序」「奉送冬至副使金參判燕序」「送李東望之燕序」「杜機詩選叙」「奉送通信正使洪公啓往日本序」「贈通信副使南公書」「祭堂姑文」「書僞鶴事」등 23편의 산문과 시가 수록되어 있다. 이 중「與息山萬敷書」는『靑泉集』에 수록되지 않은 것이다. 『靑泉集抄』(한중연 D3B-1037)에는「李子野字說」「自叙」「野城三江錄跋」「雜說」「與任正言論文書」「奉壽金護軍八十九序」「叙與尹太學士論文事」「祭古塚吉由文」「祭堂叔文」「祭故友金天開文」「答金靈巖書」「答沈佐郎」「答宗人書」「答三近族中」「與崔上庠」「答楸庵金鼎甫」등 16개의 산문이 수록되어 있다. 『靑泉集抄』(한중연 D3B-1037A)에는「上李學士書」「與李季鷹書」「與崔士集書」「書與李仲晦, 與崔士集書」「答崔士集書」「答金靈巖書」「上兪鐵原書」「與任正言論文書」「答金麟蹄 書」「答李伯深書」「與芝山李斯文書」「與芝山李斯文書二」「答李生敏德書」「追和崔士集別詩序」「送萬頃權使君莅任序」「送李東望之燕序」「念佛契序」「杜機詩選叙」「贈朴聖光 履坤」「奉送通信正使洪公往日本序」「贈鄭大哉序」「雲水菴記」「梧月樓記」「長延好會記」「新荏漣川縣記」「四美亭記」「紺岳山記」「新刻松雲大師奮忠紓難錄跋」「故西河任學士臨終詩贊」「洛巖大師碑銘」「祭鳳巖崔公守慶文」「讀金人銘後題」「書許生西漢文抄」「書鵝山桂石卷」「題李仲浩詩卷」「題士集秋響別詩後」등 37개의 산문이 수록되어 있다.

12　林光澤,『雙柏堂遺稿』권4,「書靑泉子海遊錄後」.“然則兩翁之於百執事, 誰之

不如乎. 假使踈於任職, 文章之高, 一世所瞻仰而山斗者, 使之操文柄而導率章甫, 必將丕變文風, 超詣古雅, 不至如今日之委靡脆弱也. 不幸而更有是事, 誰當其任, 環顧一世, 未見其可者, 其將起兩翁於九原乎. 國家之視兩翁, 如諺所謂厠籌, 秖爲其副急之用, 而事過則投諸溷穢, 不少惜焉. 地處之低者, 誰復屈首讀書治文詞哉. 噫, 高門貴族, 有所恃而不讀書, 蔀屋賤士, 無所望而不讀書, 文才之不能蔚興固然也, 可勝咄歎哉, 書此於海遊錄後, 惜其抱大才而不能展布, 仍及簡易翁事蹟, 使後人知文明之化不能與古匹美, 坐於衰晉之風也."

청천 신유한 연보

신유한의 『청천집』의 부록에는 그의 문인 박이곤朴履坤이 지은 연보가 남아 있다. 아래의 연보는 박이곤의 연보를 참조하여 작성하였으나, 지나치게 과장되거나 여타의 기록과 맞지 않아 신뢰할 수 없는 내용은 따로 인용(고딕)으로 표기하여 구분한다.

1681 | **신유 숙종 7년, 1세**
4월 15일 밀양 죽원리(오늘날 산외면 다죽리)에서 태어나다.
부친은 신태래申泰來고 모친은 김해 김씨 김석현金碩玄의 따님으로 신유한은 2남 1녀 중 장남이다.

선생은 날 때부터 남다른 면이 있었다. 앞서 모친은 푸른 학이 대나무 숲에서 노니는 태몽을 꾸었다. 선생의 집 근처 대나무 숲 사이에 샘물이 돌무더기서 솟아, 물길이 맑게 흘렀는데 날이 가물어도 줄지 않았다. 산달에 임하자 일곱 날 동안 물길이 멈추었다가 태어난 날 저녁에 다시 예전처럼 철철 흘렀다. 또 태어날 때 이상한 향기가 집에 감돌아 밤이 지나도록 멈추지 않아 온 집안이 이상하게 생각하였다. 이후 선생의 호 '청천'은 이러한 연유로 지어졌다.

1682 | **임술 숙종 8년, 2세**
돌잡이 날, 장난감과 붓과 먹, 서책을 앞에 늘어놓았는데, 선생은 『효경』을 먼저 잡아 모친에게 배우기를 청하였으니 '효경' 두 글자를 안

것이다. 모친 김씨는 성품과 행실이 정숙하고 곧으며 규방의 법도가 가지런하였다. 또 예법에 박식하니 책에서도 보기 드문 경우이다. 선생의 가르침과 덕성이 유래가 있다.

| 1683 | 계해 숙종 9년, 3세 |

모친을 따라 『효경』을 배웠다.

| 1684 | 갑자 숙종 10년, 4세 |

「비파행琵琶行」과 이백의 고풍古風 59수를 송독하였다.

| 1685 | 을축 숙종 11년, 5세 |

『효경』과 『소학小學』 「입교立敎」 여러 편을 읽고, "이는 자식이라면 늘 지켜야 하는 일이다"라고 하였으니, 효성과 우애는 타고난 천성임을 알 수 있다.

| 1686 | 병인 숙종 12년, 6세 |

해서楷書를 잘 썼다. 이소경을 끊임없이 읽어, 잠방이가 모두 터질 정도였다. 충심과 분노가 일어나 때로 울고 때로 일어나 춤을 추며 감개를 가누지 못하였다.

| 1687 | 정묘 숙종 13년, 7세 |

소학을 읽고 말하기를, "이는 비록 어린아이를 위한 학문이나, 대인이 덕에 나아가는 문이 여기서 시작한다" 하였다.

| 1688 | 무진 숙종 14년, 8세 |

동네 서당에서 수학하였다. 『시경』의 국풍을 가르치는 것을 듣고는, "이는 굴원의 「구소九騷」와 음조가 같다" 하였다. 『대학』을 읽고는 "이는 성문聖門에 입교하는 법이자 학자가 본성을 회복하는 도이니 쉽게 읽을 수는 없다" 하였다.

| 1689 | 기사 숙종 15년, 9세 |

『시경』 『사기』 『당송팔대가』를 읽었다. 봄에 영내 백일장에서 장원을 차지하였다. 방백이 영남루嶺南樓를 순회하다가, 백일장을 열었다. 선생이 응시하려는데 집안이 가난해서 초지草紙를 준비할 수 없어, 모

친이 혼서지를 잘라서 주어 이에 시권試券을 낼 수 있었다. 순사巡使가 보고는 크게 칭찬하기를, "종이는 볼품이 없으나, 글솜씨는 더 좋을 것이 없구나. 넉넉하게 상을 주어 글 읽는 데 도움을 주도록 하라" 하였다.

1690 │ **경오 숙종 16년, 10세**
「서경」을 읽고 「사기」「한서」에 현토를 달았다.
10월 청도 외삼촌 댁을 방문했다. 날이 저물도록 청도에 도착하지 못해 도중에 어떤 집에서 투숙하였는데, 주인이 모자란 아이로 보고 저녁상을 매우 박하게 주었다. 또 거처가 매우 추워 밤이 늦도록 자지 못해 일어나 앉아 「사기」「화식열전」을 한번 읽어 내려갔다. 주인도 일어나 글 읽는 것을 듣고는 마침내 이불을 내주고, 그의 아들을 시켜 국과 반찬을 정갈하게 갖다주게 하였다. "내 늙어 눈이 보이지 않아 봉황이 닭들 속에 들어온지 몰랐으니, 수재는 허물하지 마시오. 우리들도 어릴 적부터 독서로 이름났더이다. 스스로 읽었던 것이 착오가 없다고 생각했는데, 지금 수재의 구두를 들으니 나도 모르게 탄복하게 되었소" 하였다. 선생은 집으로 돌아와 현토를 달았다.

1691 │ **신미 숙종 17년, 11세**
논어를 만 번 읽었다. "이는 성문의 언행이니, 학문에 뜻을 둔 자가 이 외에 무엇을 구하리오" 하였다.

1692 │ **임신 숙종 18년, 12세**
「맹자」를 읽고 말하였다. "인욕을 막고 천리를 보존하고 이단을 물리치고 정학正學을 붙드는 공은 진실로 우禹임금보다 못하지 않다." 「중용中庸」을 읽고 말하였다. "성문의 도학이 오로지 이 글에 있으니 정부자程夫子가 드러낸 공 또한 맹자와 똑같다."

1693 │ **계해 숙종 19년, 13세**
「주역」을 읽고, 괘효卦爻의 변화, 상수象數의 분석에 모두 정통하였다. 밤낮으로 탐색하여 먹고 자는 것을 잊을 정도였다.

1694 │ **갑술 숙종 20년, 14세**
「주례」「춘추」와 제자백가를 읽고 모두 섭렵하였다. 문장이 날로 진전하여, 사람들이 멀리서도 소문을 듣고 찾아와 보고는 세상에 드문 영재라 하였다.

1695 | **을해 숙종 21년, 15세**
『시경』의 풍風, 아雅를 만 번 읽었다.

1696 | **병자 숙종 22년, 16세**
『서경』의 전모典謨를 만 번 읽었다.

1697 | **정축 숙종 23년, 17세**
『논어』,『중용』을 읽었다.

1678 | **무인 숙종 24년, 18세**
봄에 고령 김씨高靈金氏 호군護軍 김정중金鼎重의 딸과 혼인하다.
송암松庵 김면金沔의 후예이다.

1679 | **기묘 숙종 25년, 19세**
11월 양부 신태시申泰始의 상을 당하다.
몇 달 동안 부친의 병환을 간호하였다. 11월 13일 마침내 부친상을
당하였다. 선생의 참된 효는 천성에서 나와 지극한 슬픔에 병이 났
다. 12월 밀양부의 동쪽 승학동乘鶴洞 유좌酉坐 언덕에 이장을 했다.
집과의 거리가 거의 수십 리였는데 날마다 가서 살펴, 무더울 때나
추울 때나 빠진 적이 없었다. 나무꾼과 목동이 그를 위해 길을 닦아
주어 산길 사이에 어느덧 길이 만들어졌으니 그 성효誠孝가 인심을
감동시킨 것이 이와 같았다.

1680 | **경신 숙종 26년, 20세**
『의례』를 읽었다.

1681 | **기묘 숙종 27년, 21세**
복을 마치다.

1702 | **임오 숙종 28년, 22세**
봄에 영덕盈德에서 추암楸菴 김하구金夏九와 교유하다.

| 1703 | 계미 숙종 29년, 23세
백련사白蓮社에서 글을 읽다. |

| 1704 | 갑신 숙종 30년, 24세
가을에 향시鄕試에 합격하다.
선생은 선비들이 다투어 경쟁하는 습성을 싫어하여 과거 공부할 뜻이 없었는데 부모님의 명으로 응시하게 되었다. |

| 1705 | 을유 숙종 31년, 25세
진사시에 급제하다.
진사 갑방에 급제하였다. 일전에 읊은 「추황대秋篁對」 여러 편을 최창대 공에게 보이니, 칭상하기를 그치지 않으며, "우리나라에 이러한 작품이 없어진 지 오래되었다. 『초사』와 나란히 둘 만하다." 하였다.
*『을유증광별시사마방목乙酉增廣別試司馬榜目』에 의하면 2등 18위이다. |

| 1706 | 병술 숙종 32년, 26세
상경하여 성균관成均館에 입학하다.
서울의 진신 사대부들이 모두 선생을 추천하고 칭송하여 한번 만나 보기를 원하였다. 그러나 교유한 자는 모두 문장과 덕망이 높은 이였고 권세가의 집에는 족적을 두지 않았다. 비록 억지로 초청받더라도 몸을 굽혀 그들의 비위를 맞추지 않으려 했다. 훗날 사로仕路가 막힌 것은 이 때문이다. |

| 1707 | 정해 숙종 33년, 27세
별시에 응시하였는데, 급제하지 못하다.
당시 재상에게 거슬림을 받아 억울하게 급제하지 못하여 여러 사람이 안타깝게 여겼다.
병들어 죽다 살아나다. |

| 1708 | 무자 숙종 34년, 28세
생부生父의 상을 당하다.
당시 생부가 향유사鄕有司로 선발되어 상경하던 길에 병에 걸려 3월 13일에 상주 여관에서 죽었다. 길은 멀고 집이 가난해서 관을 받들고 돌아갈 길이 없었다. 날마다 길에서 울고 상복을 벗지 않은 채 밤 |

에도 잠들지 않았다. 마을의 사인士人들이 선생의 효성에 감동해서 모두들 하인과 식량을 주어 도와주었다. 관찰사 홍만조洪萬朝가 여러 고을에 관문關文을 보내 장정壯丁을 징발해 호송하게 하였다. 장례를 치를 적에 예를 갖추고 참여한 마을 선비가 수천 명이었다. 선생이 『영애록永哀錄』을 저술하였다.

1709 | **기축 숙종 35년, 29세**
모친상을 당하다.

1710 | **경인 숙종 36년, 30세**
상복을 벗지 않았다. 여막에 노비만 출입하였다.

1711 | **신묘 숙종 37년, 31세**
복을 마치다.
『가례비감家禮備覽』 2권을 저술하다.

1712 | **임진 숙종 38년, 32세**
아들 신몽기申夢騏가 출생하다.
두기杜機 최성대崔成大과 교유하다. 「군마황곡君馬黃曲」 3장을 지어 서로 시교를 맹약하다.
당시 사람들이 당唐의 원진元稹과 백거이白居易의 우정에 비유하였다. 선생이 죽고 난 뒤 최성대 공이 3개월간 상복을 입었다. 또 선생의 「세가」를 찬술하였다.
김시빈金始鑌과 청도淸道에서 교유하다.
가을, 촉석루矗石樓에 오르다.
훗날 진주목사가 촉석루에 선생의 시를 편액으로 걸어, 온 세상에 명성이 자자하였다. 중국에까지 전해졌는데, 선생의 시가 악부의 음조에 맞는다고 하였다.

1713 | **계사 숙종 39년, 33세**
증광시 회시에 장원급제를 하고, 전시에 병과丙科 35위로 합격하다.
상시관上試官인 상서尙書 민진후閔鎭厚가 선생의 부賦를 보고는, 세상에 드문 영재라 하였다. 시제는 「고를 지어 탕임금의 부끄러움을 풀어주다作誥釋湯慙」 38구인데 삼상三上으로 장원을 차지하였다. 백하白

임춘林椿의 『서하집西河集』을 간행하다.

| 1714 | **갑오 숙종 40년, 34세** |

봄, 고령高靈 양전리量田里로 이거하다.

김시진金始鎭과 함께 강상에서 교유하며 「방가행放歌行」 1편을 지었다.

홍치중洪致中과 조양각朝陽閣에서 창수하다.

여름, 원경하元景夏(당시 17세)와 함께 영천榮川(영주)에서 상경하다.

가을, 이세박李世璞과 최성대의 필원筆苑에서 10여 일을 머물다.

겨울 서울에서 호남으로 돌아왔다. 목천임睦天任을 방문하였는데, 만나지 못하였다. 이후 목공이 시를 보내 정을 표하였다. 선생이 돌아가신 후 선생에게 화를 입히려는 자들이 이 시를 가지고 목호룡睦虎龍의 시라고 고발하여 선생을 역당逆黨으로 추좌追坐하였다. 그 화가 돌아가신 선생에게 미칠 지경이었는데 연석의 신하가 극력 구제하고 명백히 밝혀, 마침내 목천임의 시집을 올려 신원될 수 있었다. 당세의 권귀들이 기필코 죄에 엮는 것이 이처럼 극악하였다.

김창집金昌集을 방문하여 아우 김창흡金昌翕과 교유하다.

선생이 몽와夢窩 김창집 공을 만나러 갔을 때 삼연이 한자리에 있어 누구냐고 물었다. 몽와가 영남의 신청천이라고 하니, 삼연이 손을 잡고 곁방으로 들어가 삼 일간 나오지 않았고 마침내 세상에 드문 신교神交를 허여하였다.

| 1715 | **을미 숙종 41년, 35세** |

봄, 부교리 이정제李廷濟와 영천관靈泉館에서 교유하다.

| 1716 | **병신 숙종 42년, 36세** |

차자 몽준夢駿이 태어나다.

여름, 성환찰방成歡察訪으로 근무하는 외숙 김중겸金重兼을 방문하다. 순천부사 남구명南九明을 만나 16운의 시를 증여하다.

가을, 서울에서 한 달간 머물며 최성대와 교유하다.

| 1717 | **정유 숙종 43년, 37세** |

권지 교서관 부정자權知校書館副正字에 제수되다.

비서관 저작랑에 제수되었다. 선생이 훈척에게 노여움을 사서 끝내 이러한 관직을 받게 되었다. 후에 연석의 신하가 합계合啓하여 승문

천하제일의
문장

378

원 부정자에 이배移排되었다.

1718 | 무술 숙종 44년, 38세
통신사 제술관에 제수되다.

일본 관백 도쿠가와 요시무네가 새로 즉위하여 교린交隣을 맺을 것을 청하였다. 조정에서 홍치중을 정사로, 황선黃璿을 부사로, 이명언李命彦을 종사관으로 삼았다. 세 사신에 각각 군관, 서기관, 의원을 두는데 선조 때 통신사행 이후로 별도로 제술관 한 명을 두어 전한典翰을 겸하게 하였다. 사행 문학을 관장하게 하여 이국異國에 국위를 선양하게 하는데, 반드시 조정의 선비 중에 문장에 능한 자를 뽑아 그 임무를 책임지게 하였다. 그러므로 선생의 이름을 계하啓下하였는데, 선생이 모친이 병들었다는 이유로 고향에 돌아가겠다고 고하였다.

1719 | 기해 숙종 45년, 39세
4월 제술관 겸 전한製述官兼典翰으로 일본에 파견되다.『해유록海遊錄』을 저술하다.

제술관 겸 전한으로 일본으로 갔다. 당시 모친이 병에서 회복되었다. 나라의 법이 매우 엄하여 사직하려 해도 할 수 없어 결정해서 마침내 떠났다. 4월 1일 대궐에 나아가 하직 인사를 하였다. 6월 5일 동래 영가대永嘉臺에서 풍신제風神祭를 지냈다. 바다에 상서로움이 보였다.

20일 쓰시마를 건넜다. 쓰시마 도주가 사사로이 연회를 열어 제술관을 초청하여서는 시를 요구하고 금을 주는 전례가 있었다. 전례에 제술관이 나아가 앞에서 절을 하면, 도주가 앉아서 읍을 한다고 하였는데 선생이 불가하다고 하였다. 여러 왜인이 시끄러이 떠들며 억지로 굴복시키려 하였는데 선생이 끝내 따르지 않았다. 오랑캐의 성질은 사나워 싸움을 벌이고 문제를 일으킨다. 칼을 뽑아 겨누었는데 선생이 더욱 맹렬한 기세로 굴복하지 않았다.

도주가 말하기를, "그렇다면 내 금을 주는 예를 없애겠다" 하고는 또 선생을 말을 태우지 않고 보내려 하였다. 선생이 "내 나라의 명을 받고 왔으니 죽고 사는 것을 하찮게 여기오. 또 중국의 소무蘇武는 북해에서 억류당하는 고통을 감내했으니 내 어찌 걸어가는 것을 사양하리오. 금을 받지 않는 것은 내 오랑캐의 선물로 내 행장을 더럽히고 싶지 않기 때문이오" 하였다. 왜인 역관 아메노모리 호슈가 선생의 절의를 알아 도주에게 말하기를, "학사대인學士大人은 문장과 절의를 지닌 의로운 선비로 억지로 그의 뜻을 굽힐 수 없습니다" 하여 마침내 제술관이 절하는 예가 사라졌다.

오사카성에 도착해서는 관백이 주는 금은, 비단 이불 등의 물건을 모두 큰 배의 격졸格卒에게 주며 말하기를, "내 어찌 육대부陸大夫가 남월南越에 가서 황금을 가득 받고 돌아와 호치好畤 땅에서 편안하게 살았던 것을 본받겠는가" 하며 전대를 다 비웠다. 다만 사가지고 온 것은 『한당서』 100권, 아카마赤間의 벼루 한 개뿐이었다.

이조참의 치재恥齋 임정任珽은 『해유록』에 찬하기를, "굳건한 붓 한 필로 쓴 문장, 수천 갑병을 무찌를 수 있겠네. 만약 도요토미 히데요시 무리가 이 말을 들었다면 임진년 흉악한 마음이 사라졌으리"라고 하였고 원경하는 찬하기를, "필력도 사람을 경동시킬 만하고 기백도 마치 칼이 칼집에서 나오는 것처럼 드높았네. 신 사백이 절의를 지킨 명성까지 아울러 전할 줄을 누가 알았으랴"라고 하였다.

1720 | **경자 숙종 46년, 40세**
1월 일본에서 돌아오다.
승문원 부정자에 제수되다.
정사 홍치중이 돌아와 연석에서 아뢰기를, "왜인들이 문자를 좋아하는 벽이 근래에 더욱 심해져서 신유한이 아니었다면 감당하기가 힘들었을 것입니다. 신유한의 사행은 실로 국가의 위상을 드높인 것입니다. 또 신유한을 교서관에 분방한 것은 실로 잘못된 일입니다" 하였다. 연신筵臣 이주진李周鎭, 이천보李天輔 이하 여러 공이 합사合辭하여 계청啓請하여, 이에 승문원으로 이배되었다.
성균관 전적에 제수되다.
김창집의 제청으로 명을 받아 『태상지太常志』 편찬에 착수하다.
6월 6일 숙종이 승하하다.
선생은 밤낮으로 통곡하여 슬픔을 가누지 못하였다. 과거에 일찍 급제하였는데도 특별한 은혜에 보답하지 못하였기 때문이다.

1721 | **신축 경종 1년, 41세**
봉상시 판관奉常寺判官이 되다.
겨울, 태묘大廟의 망제望祭 전사관典祀官으로 차임差任되었는데, 대신臺臣이 술맛이 싱거운 것을 제대로 단속하지 못했다는 이유로 논척을 하여 의금부에 나추되었다. 조정의 신하들이 힘써 구제하여 상언해서 억울함을 호소하였다. 이 일은 신유한이 훈척勳戚의 눈 밖에 나 생긴 일이다.

1722 임인 경종 2년, 42세
무장 현감茂長縣監에 제수되다.
무장은 바닷가에 위치하여 백성들이 드세世歲 제일 다스리기 어려운 곳으로 불렸다. 선생은 봉급을 덜어 구휼하였고, 형벌을 느슨하게 하여 백성들을 교화시켰다. 더욱이 인재를 교육하는 것에 힘써 문사를 초청하여 밤낮으로 강학하였다. 수년 사이에 문화文化가 성대하여 호남 지역 중 과거시험에 응시하는 자들이 무장에서 제일 많이 나왔다. 돌아갈 적에 많은 선비가 술과 음식으로 선생을 전송하였다.

1723 계묘 경종 3년, 43세
봄에 진휼 정사를 행하다.
가을에 객사를 중수하다.
무장은 피폐한 고을이라 현감이 자주 바뀌고 객사가 무너져갔다. 고을 백성들이 객사를 가리켜 한탄하며 정비하고자 해도 결행하지 못했다. 선생이 백성의 소원을 따라 정비하였다.

1724 갑진 경종 4년, 44세
가을, 무장 관아와 정금헌淨琴軒을 세우다.
경종이 승하하다.

1725 을사 영조 1년, 45세
장자 신몽기를 예안의 상사上舍 김봉장金鳳章의 딸과 혼인시키다. 백암栢巖 김륵金玏의 5대손이다.

1726 병오 영조 2년, 46세
봄, 무장에서 돌아오다.
가을, 봉상시 첨정에 제수되다.

1727 정미 영조 3년, 47세
평해군수平海郡守에 제수되다.
평해군은 바닷가에 접해 있고 땅은 소금밭인 데다가 당시에 큰 흉년을 만나 백성들은 살아갈 방법이 없었다. 선생은 일념으로 다스려 진휼하는 데 힘썼다. 백성에게 거두어야 하는 공삼貢蔘(공물로 상납하는 삼蔘) 1000민緡과 곤궁하여 갚지 못한 군전세軍田稅를 모두 녹봉을 덜어 메웠다. 가난한 백성 중에 상사喪事를 당하여 장례를 치르지 못하는 자가 있으면, 모두 돈과 쌀을 주어 부의하였다. 백성이 다리가 부러진 소를 반값으로 고을 푸줏간에 팔면, 값을 다 주어 소를 사게 하였다. 인자한 은혜가 모두 넉넉하게 미쳐 온 경내가 편안해졌다. 또 양로례養老禮를 행하는 것을 해마다 상례常例로 삼았다. 이때 관동關東 중에서 평해군이 제일 잘 다스려지는 것으로 평가받았다.

1728 | **무신 영조 4년, 48세**
이인좌李麟佐의 난이 일어나다.
조희량의 반란이 갑자기 일어나 호남湖南과 영남嶺南이 들끓었다. 수령들이 모두 그의 칼날에 맞서지 못했는데, 선생이 강릉진관江陵鎭管으로 평해, 울진 두 고을을 겸하여 통솔하여 나라를 위해 죽겠다 결심하였다. 강원감영에 급히 보고하여 영로嶺路를 끊게 하였다. 관찰사 이형좌李衡佐가 평소 선생의 절의를 알고 시를 주기를, "책과 칼로 속마음을 함께 말했더니 전란 만나 나라에 보답할 기회 얻었네. 어이하면 바닷물을 가지고 무기를 쓸어버려 백성의 근심을 풀 수 있을까" 하였다. 이어 훈련병들이 농사에 힘쓰면서 징발령을 기다리게 하였다. 이 때문에 적이 감히 고개를 넘어 동쪽으로 오지 못했다. 반란이 마침내 평정되었다.

1729 | **기유 영조 5년, 49세**
차자 신몽준이 관례를 치르다.
친척 이익필李益馝이 이인좌의 난을 평정한 공을 축하하였다.
문사를 불러 물품을 하사하고 학문을 권하였다. 관동의 문학이 이로부터 날로 성하게 되었다.

1730 | **경술 영조 6년, 50세**
차자 신몽준을 남원 김씨 집안과 혼인을 시키다. 언양 김씨 사인 김천주金天柱의 딸이다.

1731 | **신해 영조 7년, 51세**
평해 관사를 중건하고 오월루梧月樓를 짓다.
영덕盈德 수정동水晶洞에 선사先祠인 사경재思敬齋를 창건하다.

임자 영조 8년, 52세

선정을 베풀어 관찰사 이보혁李普赫과 암행어사 한현예韓顯譽가
포계襃啓를 올리다.

돌아갈 적에 유림의 많은 선비와 산골의 나무꾼, 상인이 모두 한 해
만 더 있어달라고 원하여 길목마다 막아서 나아갈 수가 없었다. 여러
날 가는 말을 멈추고 위로하여 겨우 고을의 경계를 벗어날 수 있었다.

병들어 봄부터 가을까지 병석에서 일어나지 못하다.

삼척부사 이병연이 평해를 방문하여 함께 시를 창수하다.

최성대가 문과에 급제하다.

10월 연석에서 우의정 서명균徐命均이 평해군수 신유한의 치적
이 좋으므로 잉임시키기를 청하다.

1733 │ **계축 영조 9년, 53세**

생모生母의 상을 당하다.

모친의 병이 심해지자 의원이 해파리와 석청石淸(석벌에서 얻는 꿀)이
제일 좋다고 하였는데, 물산이 실로 부족하고 바다와는 먼 데다가 눈
까지 와서 구할 길이 없었다. 선생이 울며 하늘에 기도하였는데, 갑
자기 어떤 이가 선생을 찾아와 선물을 주었는데 바로 해파리였다. 괴
이하게 여기며 물어보니, "저는 평해의 백성입니다. 제가 모친상을 당
하였을 때 가난해 장례를 치르지 못했는데, 다행히 원님의 은혜를
입어 후하게 장례를 치렀습니다. 이 일을 마음에 새겨 잊지 못한 지
오래되었습니다. 지난번에 꿈을 꾸는데, 한 노인이 와서 말하기를 '고
령에 원님이 해파리를 구하고 있으니 바치도록 하라' 하였기에 와서
바치게 되었습니다" 하였다. 모친이 위급한 상황이라 해파리를 목으
로 넘기게 하니 잠시 뒤 소생하여 남은 해 동안 편안하게 지낼 수 있
었다. 지극한 효가 신을 감격시키고, 인애仁愛가 백성에 미친 것이 모
두 이와 같았다.

남원괘서사건이 일어나다. 괘서 작성자로 의심을 받은 곽처웅
의 집에서 「풍신제문風神祭文」이 발견되었는데, 그 글에 신유한
의 과작科作의 구절이 인용되어 대신의 의심을 사다.

1734 │ **갑인 영조 10년, 54세**

봉상시 주부에 제수되었으나 취임하지 않다.

1735	을묘 영조 11년, 55세

삼년상을 마치다.

『이하록二何錄』을 저술하다. '아비가 아니면 누굴 의지하고 어미가 아니면 누굴 믿는가'라는 『시경』의 뜻을 가지고 감회를 부친 것이다.

연풍 현감 최성대를 방문하여 함께 노닐다.

1736	병진 영조 12년, 56세

승문원 교검校檢, 봉상시 판관에 제수되었으나 나가지 않다.

문생에게 말하기를, "내 산남의 밭두둑에서 자라 외람되이 나라님의 은혜를 입어 20여 년 동안 벼슬살이를 하였는데 부모 봉양도 이미 끝났으니 분수에 족하다. 어찌 배를 채우려고 스스로를 얽매이게 하고 벼슬의 높고 낮음을 따지겠는가" 하고는 끝내 나아가지 않았다.

연행의 서장관으로 천거되었지만 나아가지 않았다. 상공 이집李壤에게 서신을 보내기를, "저는 이반룡李攀龍을 비롯한 전후칠자들이 천고千古를 오르내리던 명나라의 성대한 시절에 태어나지 못했습니다. 지금 천하는 오랑캐 세상이라 문장이 사라져버렸습니다. 사행을 가는 것은 선비가 쓰는 관을 가지고 문신을 하는 오랑캐 세상에서 노니는 것이니 어느 누구와 시를 창수하겠습니까" 하였다.

서장관 임정을 전송하다. (「奉贐任書狀赴燕序」)

선생이 당시에 고령 집에 있었는데, 임공이 사람을 보내 전별하는 글을 요청하였다. 선생이 송서를 써서 보내 존주尊周의 뜻을 보였다.

1737	병진 영조 13년, 57세

장손 신경집申慶集이 태어나다.

봉상시 첨정에 제수되었으나 나가지 않다.

1738	무오 영조 14년, 58세

연천 현감에 제수되었으나 나가지 않다.

영의정 이광좌李光佐의 청으로 봉상시 첨정에 제수되다.

1739	기미 영조 15년, 59세

영조가 친경례親耕禮를 거행했다. 적전령籍田令으로 「신농위차도神農位次圖」를 올리다.

2월 연천 현감에 다시 제수되어, 마침내 부임하다.

당시에 흉년이 들어 대신들이 진휼책을 논의하다가 갑자기 선생의 이름을 연석에 아뢰어 억지로 부임하게 하였다. 고을에 이르러서는 진휼에 힘쓰고 관대하게 아랫사람을 대하였다. 다스릴 적에 주자의 향략조례鄕約條例를 따라 온 경내의 사민士民을 인도하였다.

미수眉叟 허목許穆의 구택舊宅을 방문하고 「은거당기恩居堂記」를 짓다.

웅연熊淵과 징파강澄波江을 유람하다.

사명당四溟堂의 서신, 상소문과 함께 그의 사적을 정리하여 『분충서난록奮忠紓難錄』을 편찬하다.

1740 | **경신 영조 16년, 60세**
연천에 사미정四美亭을 짓다.

1741 | **신유 영조 17년, 61세**
차손次孫 신성집申聖集이 태어나다.
최성대의 시집에 서문을 써주다.
허목의 유훈을 따라 사인들과 현재縣齋에서 강학하다.
영조가 연석에서 연천 현감 신유한이 근래에도 독서를 하는지 물었다. 임상원이 대답하길, "그에게 물어보니 겸손하게 답하나 백성들이 공사公私에 응하는 여가에 독서를 한다고 합니다. 정사도 잘하고 있지만, 아랫사람을 잘 검속하지는 못하는 듯합니다"라고 하였다.(『승정원일기』)

1742 | **임술 영조 18년, 62세**
임박任璞에게 자신의 문학론을 논하는 서신을 보내다.(「與任正言論文書」)
경기도 관찰사 홍경보洪景輔(1692~1745), 양천 현감 정선鄭敾(1676~1759)과 함께 소식蘇軾의 유람을 기리며 연천 적벽강赤壁江을 노닐다.
금수정金水亭을 노닐다.
연천은 다스리기 어려운 잔약한 고을인 데다가 흉년까지 만나 백성들이 의지할 데가 없었는데 선생이 백성을 구제하여 온 경내가 편안해 백성들이 흉년을 근심하지 않게 되었다. 암행어사 임상원林象元의 포계褒啓에 "독서하고 남은 시간에 여가로 정사를 펴고, 흉년에 환곡을 거둘 적에는 매질하며 독촉하지 않았으니 옛 순리循吏의 풍모가 있다" 하였다.

1743	계해 영조 19년, 63세
	연천에서 돌아오다.
	겨울, 임정과 함께 설야회雪夜會를 가지다.

1744	갑자 영조 20년, 64세
	봉상시 첨정에 제수되다. 원경하의 천거로 「태상지太常志」 찬성撰定의 책임을 맡다.
	「대전춘접차大殿春帖子」 「대전영상시大殿迎祥詩」 「영수각명靈壽閣銘」을 지어 올리다.
	가을, 성균관의 과장에서 시관을 하다.

1745	을축 영조 21년, 65세
	부안 현감에 제수되었으나, 사헌부의 탄핵을 받아 체차되다.
	부안은 기름진 고을이라 당시에 지방관의 청요직으로 불렸다. 조정의 대신들이 등급을 뛰어넘어 선생을 발탁하고 싶었지만 가로막는 의견이 있어 얼마 지나지 않아 체차되었다.
	11월 연일 현감에 제수되다.
	연일은 잔약한 고을이지만 선영이 있는 고령과 가까워 성묘하기에 편하였다. 또 흉년을 맞아 진휼 정사가 시급하여, 상이 특별히 말을 내려주라 명하여 억지로 부임하였다. 밤낮으로 노심초사 가난한 백성들을 구제하여 온 경내가 선생 덕분에 회생하여 모두 편안할 수 있었다.
	월성 기생 영매英梅와 사랑을 나누다. (1745~1747년 사이에 있었던 일로 시기를 정확히 파악하기는 어렵다.)

1746	병인 영조 22년, 66세
	8월 영천永川 시소試所에서 시관을 하다.
	영천의 시소의 부시관副試官이었는데 결국에는 주사主司가 되었다. 소매에 명함을 넣은 많은 선비가 문을 가득 메우고 모두 읍을 하며 물러갔다. 유생에게 최선을 다할 것을 권면하고 명함을 취하지는 않았다. 시험이 끝나 돌아가려 하는데, 낙방한 많은 선비가 길을 막고 선생이 탄 말을 세우고 억울하다고 하소연했다. 선생이 그 이유를 물어보고, 답안을 읊게 하였다. 선비가 자신의 답안 몇 구절을 읊으면 선생이 이어서 그 문장을 읊으면서 말하기를, "이 구절은 흠이 있고, 이 구절은 졸렬하다"라고 하며 하나하나 문제를 지적하였는데, 한 글자

천하제일의
문장

도 틀린 것이 없었다. 이와 같이 수십 번을 하니, 선비들이 다 굴복하였다.

동래부사 홍중일洪重一, 김광수金光遂가 5일간 해운대를 함께 노닐고 그린 「해운쌍유도海運雙遊圖」에 발문을 쓰다.

삼손三孫 의집義集이 태어나다.

1747 정묘 영조 23년, 67세

연일읍의 읍기邑基를 이건하다.(「淸明閣記」)

연일의 읍기는 매우 좁은 곳에 위치하여 백성들이 의지해서 살 것이 없었다. 신유년에 관찰사가 장전莊田으로 옮길 것을 계청하여 조정에서 옮길 것을 명하였다. 그런데 흉년이 겹치고 장리長吏가 자주 바뀌어 할 겨를이 없었다. 이때 모든 사람들이 함께 원하여 이건하게 되었다. 정당政堂은 청명각淸明閣이다. 기문이 있다.

청나라에 가는 조명정趙明鼎을 송별하는 서序를 짓다.(「與趙慶州書」)

일본에 가는 홍계희洪啓禧를 송별하다.

홍계희가 일본에 갔을 때 여염집 벽과 공관과 역관의 거처에 모두 선생의 문자를 금색 실로 꾸몄다. '칠석에 소를 끌고 가는 밤, 외로운 등불 켠 쓰시마七夕牽牛夜, 孤燈對馬州'를 사람마다 외우며 신 학사는 지금 어떤 벼슬을 하고 있는지 물었다. 학사의 문장과 덕망은 지금 세상에서 제일일 뿐 아니라, 당송唐宋의 문인에 비교해도 모자라지 않는다.

「일동죽지사一東竹枝詞」를 지어 일본에 가는 남태기南泰耆를 송별하다.

아전 권태식權台式의 시집 『의한록宜閒錄』에 제題하다.(「題宜閒錄」)

1748 무진 영조 24년, 68세

가을, 경주慶州 공도회公都會의 고시관考試官이 되다.

심사주沈師周의 『야성삼강록野城三江錄』의 발문을 쓰다.

영재에게 학업을 권하여 강론講論하는 것을 즐기다. 원근의 선비들이 현재縣齋를 가득 채우다.

1749 기사 영조 25년, 69세

「관란이선생정효각기觀瀾李先生旌孝閣記」를 찬술하다.

6월, 벼슬을 그만두고 고령으로 돌아가다.

선생이 연로하고 세상이 험하다는 이유로 벼슬에 뜻이 없어 누차 사직을 청하였는데, 전 경상감사가 잔약한 고을 가난한 백성은 좋은 관리가 아니면 다스리기 힘들다는 이유로 선생의 사직을 끝내 허락하지 않았다. 새로 부임한 경상감사가 선생을 미워했던 자의 후손의 아들閔百祥이었는데, 선생을 중과中科로 낮추어 평가하여 선생이 인끈을 반납하고 돌아갈 수 있었다. 『서둔록筮遯錄』을 저술하다.

『공진록拱辰錄』을 저술하다.

*전 경상감사는 소북인 남태량南泰良이며 새로 부임한 감사는 노론 민백상閔百祥으로 민형수閔亨洙의 아들이다.

| 1750 | 경오 영조 26년, 70세 |

최치원崔致遠을 경모하여 고화동高花洞에 경운재景雲齋를 짓고 가야초수伽倻樵叟로 호를 삼다.

고화동에 정사精舍를 짓고 경운이라 편액하였다. 또 난간 밖에 돌을 쌓아 산을 만들고 매화, 국화, 소나무, 대나무를 심었으며 물길을 끌어 못을 만들어 편안히 쉬는 곳으로 만들었다. 당을 3칸 만들었는데 왼쪽을 '호둔와好遯窩'라고 하여 경서와 거문고, 벼루, 화로, 술잔을 두어 은거하는 즐거움을 두었다. 오른쪽은, '양몽헌養蒙軒'이라 이름하고 글을 가르쳐 후학이 그 안에서 학업을 익히도록 하였다. 서울과 시골에서 책 상자를 짊어지고 오는 자들이 이어졌다. 선생은 날마다 관에다 띠를 두르고 더욱 권면하여 문하가 엄숙하여 제사를 지내는 여막 같았다.

『도정절심강도陶靖節潯江圖』를 그렸다.

조정에서 애석하게 여겨 선생을 크게 등용하려 하여 글을 보내 나오기를 권하였으나 끝내 나아가지 않았다. 겨를이 날 때면 등나무 지팡이를 짚고 거친 짚신을 신고 아름다운 산수를 방문하여 하루 종일 편안하게 돌아가는 것을 잊곤 했다.

만년에 향저鄕第에 거처할 적에 고령 및 이웃 수령들이 억지로 선생과 종유하기로 하였으나, 선생이 글을 보내 사양하며 말하기를, "담대멸명澹臺滅明은 그래도 공무公務가 있어 자유子游를 방문했죠. 저는 관직을 버린 이후로 시골의 늙은 농부가 되었으니, 수령께서 저와 종유할 필요가 있겠습니까" 하였다.

사손四孫 신영집申永集이 태어나다.

『시서정종詩書正宗』을 엮다. 1권은 『시경』 『서경』을, 2권은 「이소」, 악부, 3권은 서한西漢의 문장을 뽑아 필사한 것이다.(「題詩書正宗後」)

『경학략설經學略說』 『역리정해易理精解』 『문장곤월文章袞鉞』을 찬술하다.

| **신미 영조 27년, 71세**
이주진, 이천보李天輔, 남태제南泰齊의 천거로 봉상시 정에 제수되었으나 나가지 않다.

조정에서 늘 선생의 관로가 막힌 것을 안타까워하였다. 이조판서 이주진, 병조판서 이천보李天輔, 이조참의 남태제, 승지 홍익삼洪益三을 비롯해 입시한 신하들이 연석에서 건의하기를, "신유한의 문장은 성대하여 오랑캐나 중국인이나 모두 선망합니다. 매번 일본이나 중국에 사행을 갈 때마다 학사 신유한은 어떤 벼슬을 하는지 묻곤 합니다. 그런데 우리나라의 사로仕路가 몹시 좁아, 그의 관력이 태상시 낭관에 그칠 뿐이니 실로 개탄스럽습니다. 봉상시 정은 매우 청선의 자리이니 차차 등용하는 것이 어떻겠습니까?" 하여 상이 윤허하여 특별히 조용하라는 하교를 내렸다. 전조銓曹에서 성명成命을 받아 천거하였는데 선생이 끝내 사양하고 나아가지 않았다.

「독서잠讀書箴」「성신잠誠身箴」「침병명枕屛銘」「침천록枕泉錄」을 짓다.

| **임신 영조 28년, 72세**
6월 9일 고화동 경운재에서 졸하다. 10월 10일 현 서쪽 좌랑봉佐郎峰에 장사 지내다.

선생이 평소 설사병을 앓고 있었는데, 이때 증세가 심각해졌다. 이날 일찍 일어나 목욕하고 관대冠帶를 정리하고는 집안사람을 불러 이별을 고하였다. 집안일에 대해 별다른 말 없이 다만 효우孝友하고 근검하라고 당부하였다. 그리고는 문인들과 함께 평소처럼 책상에 놓인 『춘추春秋』를 강론하기를 평소와 다름없이 하였다. 탄식하기를,

"내 평생토록 시서詩書에 힘쓰고 문장을 일삼았는데, 성조聖朝의 은혜에 답하지 못하고, 또 살아서 황명皇明의 성대한 시절을 만나 북쪽으로 중국에 가서 사마천司馬遷의 옛터를 보지 못하였으니, 운명이구나, 운명이구나."

말을 마치자, 시자侍者가 임종을 확인하였다. 갑자기 동남쪽으로 보라색 기운 한 줄기가 하늘로 뻗어 동이 트자 사라졌으니, 아 이상한 일이었다.

| **계유 영조 2년**
두기 최성대 선생이 세가世家를, 고령 현감 정창유鄭昌兪가 「유사遺事」를 찬하다.

1770	경인 영조 4년
	경상도 관찰사 이미李瀰가 묘지를 찬하고 문집을 간행하다.(李瀰의 序)
	문인 이회근李晦根이 행략行略을 찬하다.

| 1789 | 기유 정조 1년 |
| | 문인 정원시鄭元始가 「언행실록言行實錄」을 찬하다. |

| 1792 | 임자 정조 1년 |
| | 토목와土木窩 최중순崔重純이 행장을 찬하고, 참판 홍재洪梓가 비명碑銘을 찬하다. |

| 1891 | 신묘 고종 2년 |
| | 후손 신상선申相璇이 산절된 유고와 부록을 엮어 속집을 간행하다.(권연하權璉夏가 서序를 작성하다.) |

고자료

『東華雜錄』, 일본 동양문고 소장.

申維翰, 『青泉雜言』, 고려대학교 소장.

申維翰, 『青泉集抄』, 한국학중앙연구원 소장.

李東允, 『樸素村話抄』, 미국 버클리대학교 동아시아도서관 소장.

鳥山芝軒, 『芝軒吟稿』, 일본 도쿄대학교 도서관 소장.

鳥山芝軒, 『日本鳥山氏詩稿』, 동국대학교 도서관 소장.

국역 『조선왕조실록』, 한국고전종합DB.

국역 『통색촬요』, 한국고전종합DB.

權斗經, 『退陶先生言行通錄』, 유교넷DB.

權相一, 『清臺日記』, 한국사데이터베이스.

金德五, 『癡軒集』, 한국고전종합DB.

金聖鐸, 『霽山集』, 한국고전종합DB.

金昌翕, 『三淵集』, 한국고전종합DB.

南景義, 『癡庵集』, 한국고전종합DB.

南克寬, 『夢囈集』, 한국고전종합DB.

南玉, 『日觀記』, 한국고전종합DB.

南龍翼, 『扶桑日錄』, 한국고전종합DB.

柳宜健, 『花溪集』, 한국고전종합DB.

李奎象, 『韓山世稿』, 한국역대문집DB.

李象辰, 『下枝遺集』, 한국고전종합DB.

李睟光, 『芝峯集』, 한국고전종합DB.

李㴭, 『桐江遺稿』, 한국고전종합DB.

李瀷, 『星湖全集』, 한국고전종합DB.

朴趾源, 『燕巖集』, 한국고전종합DB.

成大中, 『青城雜記』(국역), 한국고전종합DB.

孫命來, 『昌舍集』, 한국고전종합DB.

申維翰, 『青泉集』, 한국고전종합DB.

安仁一, 『竹北集』, 한국역대문집DB.

王世貞, 『弇州四部稿』, 사고전서DB.

元景夏, 『蒼霞集』, 한국고전종합DB.

李德懋, 『青莊館全書』, 한국고전종합DB.

李德壽, 『西堂私載』, 한국고전종합DB.

李萬敷, 『息山集』, 한국고전종합DB.

李秉淵, 『槎川詩選批』, 국립중앙도서관 소장.

李象靖, 『大山集』, 한국고전종합DB.

李象辰, 『下枝遺集』, 한국고전종합DB.

李滉, 『退溪集』, 한국고전종합DB.

曹植, 『南冥集』, 한국고전종합DB.

崔成大, 『杜機詩集』, 한국고전종합DB.

崔昌大, 『昆侖集』, 한국고전종합DB.

許穆, 『記言』, 한국고전종합DB.

『承政院日記』, 한국고전종합DB.

『楓林實記』, 규장각 소장본.

단행본

申維翰, 강혜선 역, 『조선 선비의 일본견문록: 대마도에서 도쿄까지』, 이마고, 2008.

가와이 코오조, 심경호 역, 『중국의 자전문학』, 소명출판, 2002.

姜浚欽, 『三溟詩話』, 민족문학사연구소 한문분과 옮김, 소명출판, 2006.

고동환, 『조선시대 서울도시사』 태학사, 2007, 86~89쪽.

고운기 역주, 『桑韓星槎答響』, 보고사, 2014.

김백철, 『조선후기 영조의 탕평정치』, 태학사, 2010, 239~245쪽.

김영주, 『조선후기 문학론 연구』, 이회, 2009.

김영진, 송혁기 외, 『18세기 영남 한문학의 전개』, 계명대 출판부, 2011.

김준석, 『朝鮮後基 政治思想史 硏究』, 지식산업사, 2003.

김철범, 『한문산문 글쓰기론의 논리와 전개』, 보고사, 2012.

김태준, 『朝鮮漢文學史』, 시인사, 1997.

박희병, 이효원 외, 『18세기 통신사 필담1』, 서울대학교출판문화원, 2019.

성대중, 홍학희 역, 『부사산 비파호를 날 듯이 건너: 일본록』, 소명출판, 2006, 33쪽.

송혁기, 『조선후기 한문산문의 이론과 비평』, 월인, 2006.

_____, 「신유한 산문의 일고찰 – 기사(記事)의 문학성을 중심으로」, 『한국학논집』 39, 2009.

신승훈, 『조선 중기 문학사의 적층과 단면』, 신지서원, 2012.

_____, 『조선 후기 한문학의 전변과 양상』, 신지서원, 2012.

심경호, 『한문산문의 미학』, 고려대학교 출판부, 1998.

_____, 『나는 어떤 사람인가』, 이가서, 2010.

이극성, 장유승·부유섭·백승호 역 『형설기문』, 성균관대 출판부, 2016.

이근호 외, 『한양의 중심, 육조거리』, 서울역사박물관, 2020.

이동훈, 『학맥에 따른 고령의 유학자』, 고령문화원, 2019.

이성무, 『조선시대 당쟁사』, 동방미디어, 2000.

이수건, 『嶺南學派의 形成과 展開』, 일조각, 1995.

이원식, 『조선통신사』, 민음사, 1991.

이종묵, 『조선의 문화공간』, 휴머니스트, 2006.

이종호, 『조선의 문인이 걸어온 길』, 한길사, 2004.

이효원, 『조선 문인의 일본 견문록』, 돌베개, 2011.

이혜순, 『조선 통신사의 문학』, 이화여자대학교 출판부, 1996.

이혜순 외, 『한국 한문학 연구의 새 지평』, 소명출판, 2005.

이혜순, 박무영 외, 『우리 한문학사의 새로운 조명』, 집문당, 1999.

장인진, 『영남 문집의 출판과 문헌학적 양상』, 계명대출판부, 2011.

정만조, 「영조대의 정국추이와 탕평책」, 『영조의 국가정책과 정치이념』, 한국학중앙연구원, 2012.

조동일, 『인물전설의 의미와 기능』, 영남대학교 민족문화연구소, 1979.

차미희, 『조선시대 문과제도연구』, 국학자료원, 1999.

홍만종 저, 신해진 역주, 『增補 海東異蹟』, 경인문화사, 2011.

참고문헌

논문

강명관, 「16세기 말 17세기 초 擬古文派의 수용과 秦漢古文派의 성립」,
『한국한문학연구』 18, 한국한문학회, 1995.

_____, 「16세기 17세기 초 진한고문파의 산문비평론」, 『대동문화연구』 41,
대동문화연구원, 2002.

고운기, 「申維翰의 海遊錄 재론 Ⅰ」, 『열상고전연구』 34, 열상고전연구회,
2011.

권진호, 「眉叟 許穆의 尙古精神과 散文世界」, 성균관대 박사학위 논문,
2000.

권진옥, 「곤륜 최창대의 문장론 연구」, 『동양고전연구』 73, 2018.

김경숙, 「18世紀 前半 庶孽文學 硏究」, 이화여대 박사학위 논문, 1999.

김용태, 「환성 지안의 宗統 계승과 禪敎 융합」, 『남도문화연구』 36, 남도문
화연구소, 2019.

김윤조, 「靑泉 申維翰의 門人들과 그 문학적 성향」, 『한국학논집』 39, 계명
대학교 한국학연구소, 2009.

김주부, 「息山 李萬敷의 山水紀行文學 硏究」, 성균관대 박사학위 논문,
2010.

_____, 「李承延의 생애와 〈嶺對〉에 나타난 영남인식」, 『대동한문학』 37,
대동한문학회, 2012.

김철범, 「靑泉 申維翰의 문장학습법과 글쓰기론」, 『동양한문학연구』 25,
동양한문학회, 2007b.

박경남, 「16,17세기 程朱學的 道文一致論의 균열과 道文分離的 경향」, 『고
전문학연구』 35, 한국고전문학회, 2009a.

_____, 「18세기 文學觀의 변화와 '개인'과 '개체'의 발견(1)」, 『동양한문학
연구』 31, 동양한문학회, 2010a.

_____, 「兪漢雋 문학의 실학적 면모」, 『한국실학연구』 26, 한국실학학회,
2013.

배재홍, 「朝鮮後期의 庶孽許通」, 『복현사림』 10, 1987.

_____, 「조선후기 서얼 과거합격자의 성분(成分)과 관력(官歷)」, 『조선사연
구』 2, 1993.

백승호, 「李弘悳의 《雜覽》: '역적' 이인좌의 아버지」, 『문헌과 해석』 29, 문
헌과해석사, 2004.

成渉, 『筆苑散語』, 『중국어문학』 1~2호 영인게재, 영남중국어문학회,
1980.

송병하, 「靑泉 申維翰의 散文論과 作品世界」, 고려대 석사학위 논문,
2005.

송지원, 「영조대 국가전례정책의 제 양상」, 『공연문화연구』 17, 2008.

송혁기, 「18세기 초 散文理論의 전개양상 一考」, 『한국한문학연구』 31, 한 국한문학회, 2003.

_____, 「17세기말~18세기 초 산문이론의 전개양상」, 고려대 박사학위 논 문, 2005.

_____, 「신유한 산문의 일고찰-記事의 문학성을 중심으로」, 『한국학논집』 39, 계명대학교 한국학연구소, 2009.

심경호, 「申維翰의 통섭적 사유방법과 문학세계」, 『漢文學論集』 28, 근역 한문학회, 2009.

안대회, 「18세기 여성화자시 창작의 활성화와 그 문학사적 의의」, 『한국고 전여성문학연구』 제4권, 2002.

원창애, 「조선시대 문과 급제자의 관직 진출 양상」, 『조선시대사학보』 43집, 2007.

유호선, 「青泉 申維翰의 불교관 연구-〈奮忠舒難錄〉을 중심으로」, 『불교학 연구』 8, 불교학연구회, 2004.

이광우, 「최치원 평가를 둘러 싼 조선시기 유학자의 몇 가지 고민」, 『한국 학논집』 73, 2018.

이동희, 「조선시대 전라도 부안현감의 임용실태」, 『전라문화논총』 6, 1993.

이종호, 「青泉의 現實認識과 思維方式」, 『안동대 논문집』 11, 안동대학교, 1989.

_____, 「17~18세기 안동한문학 연구-갈암학파의 독서론을 중심으로-」, 『대동한문학』 9, 대동한문학회, 1997.

_____, 「조선 후기 영남 남인의 문학관 연구」, 『퇴계학논집』 103, 퇴계학연 구원, 1999.

_____, 「신유한의 문예인식과 문장론」, 『한국한문학연구』 35, 한국한문학 회, 2005.

_____, 「신유한의 문도와 고문사 교육」, 『한문학보』 21, 우리한문학회, 2009.

이태호, 「새로 공개된 謙齋 鄭敾의 1742년작〈漣江壬戌帖〉」, 『동양미술사 학』 2, 2013.

이향배, 「청천 신유한 고문론 연구」, 『어문연구』 31, 어문연구학회, 1999.

이현호, 「申維翰 산문의 擬古性과 『莊子』 패러디」, 『동양한문학연구』 20, 동양한문학회, 2004.

이혜순, 「충격과 조화 : 신유한의 해유록 연구」, 『동방문학비교연구총서』 2, 한국동방문학비교연구회, 1992.

이효원, 하지영, 「1719년 통신사행과 일본 문단에 대한 인식의 변화」, 『한국고전연구』38, 한국고전연구학회, 2017.

이효원, 「18세기 한일 교류에서 雨森芳洲의 역할에 대한 일고찰」, 『어문연구』101, 어문연구학회, 2019.

전경목, 「조선후기 지방유생들의 修學과 과거 응시」, 『사학연구』88, 2007.

정우락, 「申維翰의 文學思想과 그 詩世界의 意味構造」, 『퇴계학과 유교문화』41, 慶北大學校 退溪硏究所, 2007.

전경목, 「조선후기 지방유생들의 修學과 과거 응시」, 『사학연구』88, 2007.

최박광, 「한일간의 문학교류 - 신유한과 월심성담의 (月心性湛) 경우」, 『인문과학』29, 성균관대학교 인문학연구원, 1999.

하지영, 「18세기 진한고문론의 전개와 실현 양상」, 이화여자대학교 박사학위 논문, 2014.

하강진, 「촉석루 제영시의 역사적 전개와 주제 양상」, 『남명학연구』62, 경상대학교 경남문화연구원, 2019.

한태문, 「申維翰의 『海游錄』 연구」, 『동양한문학연구』26, 동양한문학회, 2008.

황수연, 「18세기 지식인의 交遊와 문학적 담론 검토 : 신유한과 최성대를 중심으로」, 『한국고전연구』8, 한국고전연구학회, 2002.

WEB DB

남명학고문헌시스템 http://nmh.gsnu.ac.kr/

文淵閣 四庫全書電子版.

상우천고 http://www.s-sangwoo.kr/

승정원일기 http://sjw.history.go.kr/main/main.jsp

조선왕조실록 http://sillok.history.go.kr/main/main.jsp

한국고전번역원 한국고전 DB http://db.itkc.or.kr/itkcdb/mainIndexIframe.jsp

한국학종합DB http://db.mkstudy.com/

KRpia : 한국의 지식콘텐츠 http://www.krpia.co.kr/

찾아보기

천하제일의
문장

400

작품명

천하제일의
문장

404